Hauschildt / Gemünden · Promotoren

Jürgen Hauschildt /
Hans Georg Gemünden (Hrsg.)

Promotoren

Champions der Innovation

GABLER

Prof. Dr. Dr. h.c. Jürgen Hauschildt ist Direktor des Instituts für Betriebswirtschaftliche Innovationsforschung der Christian-Albrecht-Universität zu Kiel.

Prof. Dr. Hans Georg Gemünden ist Leiter des Instituts für Angewandte Betriebswirtschaftslehre und Unternehmensführung der Universität (TH) Karlsruhe.

Die Deutsche Bibliothek - CIP-Einheitsaufnahme

Promotoren : Champions der Innovation /
Jürgen Hauschildt/Hans Georg Gemünden (Hrsg.). - Wiesbaden : Gabler, 1998
ISBN 3-409-13062-4

Lektorat: Ralf Wettlaufer / Michael Gließner

Der Gabler Verlag ist ein Unternehmen der Bertelsmann Fachinformation.

http://www.gabler-online.de

Höchste inhaltliche und technische Qualität unserer Produkte ist unser Ziel. Bei der Produktion und Auslieferung unserer Bücher wollen wir die Umwelt schonen: Dieses Buch ist auf säurefreiem und chlorfrei gebleichtem Papier gedruckt.

Druck und Buchbinder: Lengericher Handelsdruckerei, Lengerich/Westf.
Printed in Germany

ISBN 3-409-13062-4

Herrn Professor Dr. Dres. h.c.

Eberhard Witte,

unserem Mentor und Ko-Autor,
mit herzlichem Glückwunsch
zum 70. Geburtstag.

Inhalt

Das Promotoren-Modell im Spannungsfeld von Erklärung und Gestaltung

Vorbemerkungen der Herausgeber

Jürgen Hauschildt und Hans Georg Gemünden

In der vorliegenden Schrift sind Forschungsergebnisse zusammengestellt, die in kontinuierlicher Beschäftigung mit Promotoren von Innovationen entstanden sind. Diese *Kontinuität* bezieht sich zum ersten auf die inhaltliche Frage, ob und wie bestimmte Persönlichkeiten den Erfolg von Innovationsprozessen bestimmen. Dieses Problem wurde von Eberhard Witte vor 25 Jahren am Beispiel der Erstbeschaffung von Computern in Deutschland aufgeworfen, mit dem eingängigen Begriff „Promotoren-Modell“ belegt und empirisch bestätigt. Die Kontinuität bezieht sich zum zweiten auf die Forschergruppe, die sich - jetzt in der vierten Generation - mit diesem Thema beschäftigt, ein seltenes Beispiel für die persönliche Bindung an das Vorbild. Die Kontinuität bezieht sich zum dritten auf den realtheoretischen Grundansatz des Wechselspiels von Theorie und Realität, von Hypothese und Prüfung. Und damit endet auch die Kontinuität, es sei denn, daß man das Streben nach Wandel, Korrektur und Ergänzung des ursprünglichen Ansatzes nicht schon wieder als ein kontinuierlich verfolgtes Ziel unserer Forschungsgruppe ansieht.

Das Promotoren-Modell ist mit viel Zustimmung in Wissenschaft und Praxis aufgenommen worden. Für die Praxis dürfte es von Interesse sein, „wie es weiterging“. Denn mit der Entdeckung des Nutzens einer bestimmten Arbeitsteilung im Innovationsmanagement im Jahre 1973 konnte es nicht sein Bewenden haben. Man fragt uns nach Umsetzungsmöglichkeiten. Man stellt fest, daß das Umfeld einzelner Unternehmen Modifikationen nötig macht. Man will wissen, ob die Erkenntnisse der 70er Jahre auch noch im Übergang ins nächste Jahrhundert gelten. Man ist an flankierenden Maßnahmen interessiert, die die Effektivität und Effizienz von Promotoren verstärken. Man stellt die Frage, ob das Promotoren-Modell auch in der Welt der systematisch betriebenen Forschung und Entwicklung gilt. Und vor allem: Man möchte das Promotoren-Modell mit dem immer bedeutsamer werdenden Projektmanagement verbinden.

Das Promotoren-Modell ist in empirischer Forschung, also in unmittelbarem Kontakt mit der Praxis, entstanden. Wenn ein Forschungsgegenstand für sich beanspruchen kann, Erklärung und Gestaltung miteinander zu verknüpfen, dann dieses Konzept der Arbeitsteilung im Innovationsmanagement. Diese Verknüpfung muß erhalten bleiben und durch weitere Beiträge vertieft werden. Die Forschung bleibt dabei in Konzept und Methoden *theoriegesteuert* und in Problemzuschnitt und Problemverknüpfung *praxisgeleitet.*

Es scheint uns daher sinnvoll, den bisherigen Forschungsprozeß und den heutigen Stand des Wissens erneut und zusammenfassend zu dokumentieren, um diesen fruchtbaren Dialog auf einer einheitlichen Basis fortzuführen. Es ist keinesfalls unsere Absicht, diesen Prozeß abzuschließen. So werden am Ende dieser Schrift wieder neue Fragen aufgeworfen. Das Thema erscheint uns weiterhin äußerst ergiebig. Es ist auch nicht unsere Absicht, die Bearbeitung des Promotorenproblems für unsere Forschergruppe zu monopolisieren. Das wäre schon deshalb unmöglich, weil diese Thematik zuvor von Schon (1963) aufgegriffen und mit den Arbeiten von Rothwell et al. (1974), Jervis (1975), Chakrabarti (1974), Chakrabarti/O'Keefe (1977), Maidique (1980) sowie Howell/Higgins (1990) in England und den USA ergebnisreich und völlig unabhängig von unseren Studien bearbeitet wurde. Um die Verbindung zu diesen Studien herzustellen, verwenden wir bewußt den Begriff des *Champions im Untertitel* dieser Schrift. Auch die zahlreichen Untersuchungen zum *Gatekeeper* von Tom Allen (ab 1967) und seinen Schülern, die zwar eher die strukturelle als die prozessuale Perspektive des Innovationsmanagements betrachten, sind in diesem Zusammenhang zu nennen. Unsere Absicht kann es nur sein zu dokumentieren, daß wir dieses vielstimmige Konzert durch eine eigenständige deutsche Melodie bereichern, wobei wir Wert auf die Tatsache legen, daß die Instrumente dieses Konzertes weltweit die gleichen sind.

Die hier zusammengefaßten Forschungsergebnisse basieren auf acht großzahligen empirischen Studien. Wenn man in rigoroser Vereinfachung die unterschiedlichen Stichprobenelemente addiert, liegt dieser Schrift eine Gesamtzahl von 1.578 Untersuchungseinheiten zugrunde: Unternehmen, Behörden, Verbände, Großforschungszentren, Geschäftsbeziehungen, Projekte, F&E-Projektleiter. Die Erhebungen wurden mit unterschiedlichen Methoden durchgeführt: Dokumentenanalyse, Interview, schriftliche Befragung, Feldexperiment. Diese sachliche und methodische Vielfalt sei besonders hervorgehoben, denn sie sichert dem Promotorenkonzept seine hohe Gültigkeit.

Der *Aufbau dieser Schrift* entspricht nicht vollständig der zeitlichen Folge der Erscheinungsdaten der einzelnen Beiträge, wenngleich sich zum Schluß hin eher die aktuellen Ergebnisse finden. Der Forschungsprozeß hat bei allem Respekt für die gemeinsame Wurzel doch ganz unterschiedliche Verläufe genommen.

An den Anfang haben wir die ursprüngliche, wenn auch verkürzte Fassung des Promotoren-Modells von *Witte* (1.1) gestellt. Es handelt sich um eine der ersten Publikationen aus dem Projekt COLUMBUS, in Problemverständnis und Diktion noch sehr dem Weltbild der 60er Jahre verbunden und zugleich schon bemüht, die seinerzeit noch wenig praktizierte empirische Forschung behutsam und werbend einzuführen. Das Ergebnis überzeugte seinerzeit Wissenschaft und Praxis: Innovationen mit einem Gespann aus Macht- und Fachpromotor sind insgesamt erfolgreicher als Innovationen ohne erkennbare Promotoren oder mit allein agierenden Macht- oder Fachpromotoren.

Gemünden sieht die von Witte analysierte erstmalige Beschaffung von EDV-Anlagen als ein *Interaktionsproblem* zwischen einem Innovationshersteller und einem Innovationsverwender an. Die Macht- und Fachpromotoren des Verwenders sind demnach nicht nur Schlüsselpersonen zur Überwindung innerbetrieblicher Willens- und Fähigkeitsbarrieren. Sie sind auch die zentralen Koalitions-, Verhandlungs- und Arbeitspartner für die Kooperation mit dem Hersteller. Von ihnen hängt es ab, welche Forderungen an den Hersteller gestellt werden und welche Förderung seine Maßnahmen erhalten. Im empirischen Teil der Arbeit werden erneut die COLUMBUS-Daten ausgewertet. Dabei wird die Analyse der Erfolgswirkungen auf beide Parteien und auf die Implementierungsphase ausgedehnt. Die Gespannstruktur erweist sich erneut als erfolgreich, der allein agierende Machtpromotor als besonders problematisch. Sowohl die theoretischen Überlegungen als auch die empirischen Befunde hierzu werden im Beitrag (1.2) vorgelegt. An diese Vorarbeit knüpfen Gemündens Arbeiten zum Beziehungspromotor (3.1, 3.2) später an.

Der Beitrag von *Hauschildt/Chakrabarti* (2.1) war eine erste vergleichende Untersuchung der bis dahin weltweit vorliegenden Forschungsergebnisse. Die theoretische Leistung dieses Beitrages lag in der Trennung von Leistungsbeiträgen und Machtquellen der Promotoren. Diese Aspekte waren in der Literatur vielfach vermischt. Die heuristische Leistung lag in der überraschenden Beobachtung, daß das Zweier-Gespann von Macht- und Fachpromotor unter bestimmten Bedingungen zu einem Troika-Modell auszubauen ist, in dem ein dritter Promotor, der Prozeßpromotor, zum Zweier-Gespann hinzutritt.

Mußte diese auf die Literatur gestützte Überlegung zunächst noch Hypothese bleiben, so wurde durch die Untersuchung Kirchmanns der empirische Nachweis geliefert, daß diese Troika auch besonders erfolgreich zu sein verspricht. Der Beitrag von *Hauschildt/ Kirchmann* (2.2) faßt die Ergebnisse zusammen.

Gemünden, der sich zunehmend mit der Rolle von Kooperationen, Netzwerken und Allianzen in Innovationen beschäftigte, beobachtete, daß diese noch in den 60er Jahren wenig verbreiteten strategischen Orientierungen den Einsatz eines anderen Promotors verlangten, des Beziehungspromotors. In bewußter Analogie zur theoretischen Argumentation Wittes wird die besondere Leistung des Beziehungspromotors von *Gemünden/Walter* darin gesehen, die Barrieren der zwischenbetrieblichen Zusammenarbeit zu überwinden. Dieses theoretische Konzept wird im Beitrag (3.1) vorgelegt. *Walter/Gemünden* (3.2) bestätigen es durch zwei empirische Untersuchungen über grenzüberschreitende Geschäftsbeziehungen und Technologietransferprojekte kleiner und mittlerer Unternehmen.

Eine andere Perspektive wählen *Hauschildt/Schewe* (3.3): Sie sind irritiert, daß das Promotoren-Modell und das Gatekeeper-Konzept scheinbar beziehungslos nebeneinander stehen. Sie vermuten, daß Prozeßpromotoren, die ihre Tätigkeit nachhaltig, in mehreren aufeinander folgenden Innovationsprozessen erfolgreich ausüben, allmählich den Rang eines respektierten Gatekeepers einnehmen. Die empirische Prüfung dieser Hypothese steht noch aus.

Die beiden folgenden Beiträge von *Lechler* (4.1) und *Hauschildt/Keim* (4.2) gehen von der ärgerlichen Tatsache aus, daß die Brücke zwischen dem Promotoren-Modell und der vielfältigen, sehr detaillierten, normativen Literatur zum Projektmanagement bisher nicht geschlagen wurde.

Anhand der zentralen Hypothesen des Promotoren-Modells kann *Lechler* (4.1) die Erfolgsfaktoren des Projektmanagements theoretisch ableiten. Die empirische Prüfung bestätigt die Erfolgshypothesen. Das Promotoren-Modell erweist sich damit auch als geeignet, Hypothesen für das Projektmanagement zu bilden. Das Zusammenwirken von Macht-, Prozeß- und Fachpromotoren erhöht den Erfolg, auch wenn man ihn nach unterschiedlichen Kriterien bestimmt. Schließlich zeigt eine Kontingenzanalyse, daß der Grad und der Erfolg der Arbeitsteilung - als Gespann oder Troika - von der strategischen Bedeutung, dem Innovationsgehalt, dem Risiko und der Komplexität des Projektes abhängt.

Der Beitrag von *Hauschildt/Keim* (4.2) konzentriert sich auf die zentrale Figur des Projektmanagements, auf den Projektleiter. Im Lichte des Promotoren-Modells handelt es sich um den Prozeßpromotor, wie sowohl die Wunschkataloge zum idealen Projektleiter als auch die Eigenschaften tatsächlich agierender Projektleiter belegen. Leider stimmen Wunsch und Wirklichkeit nur in einem Fünftel der Fälle überein. Arbeitsteilung im Projekt-Innovationsmanagement ist im Prinzip schon wirkungsvoll, noch wesentlich wirkungsvoller ist sie aber, wenn die Projektleiter die Eigenschaften von Prozeßpromotoren haben.

Der abschließende Beitrag von *Hauschildt* (5) fragt nach den stillschweigenden Unterstellungen des Promotoren-Modells. Bei Wandel dieser impliziten Annahmen muß das Promotoren-Modell selbst immer wieder in Frage gestellt werden. So endet diese Schrift mit neuen Hypothesen und lädt zur weiteren Auseinandersetzung mit dem Promotoren-Modell ein.

Teil I

Das Gespann der Promotoren

Eberhard Witte

Das Promotoren-Modell 11

Gekürzte und überarbeitete Fassung von:

Organisation für Innovationsentscheidungen - Das Promotoren-Modell,

Schwartz & Co. Göttingen 1973

Das Promotoren-Modell

Eberhard Witte

Wie entsteht wirtschaftlicher Fortschritt? Entwickelt er sich zwangsläufig und selbständig, wenn nur die eigentliche technische Erfindung (Invention) vorliegt; oder besteht Gefahr, daß von der technischen Chance kein fortschrittlicher Gebrauch gemacht wird? Diese Frage ist in das Zentrum des wissenschaftlichen und praktischen Interesses gerückt. Man spricht von einer internationalen Konkurrenz der Industriestaaten, einen vergleichsweise hohen Stand in der Verwirklichung von technischem Fortschritt zu erreichen.

In diesem Bemühen stieß man auf eine empfindliche Wissenslücke: Wir wissen zu wenig von jenem Wandlungsprozeß, den man in der Umgangssprache Fortschritt nennt. Die wissenschaftliche Forschung hat sich zwar seit jeher mit der Hervorbringung neuer Ideen, neuer Produkte und Verfahren befaßt. Aber sie hat die Umsetzung der Forschungsergebnisse in praktisches Geschehen vernachlässigt. Das Interesse konzentriert sich jetzt auf den Durchbruch zur Nutzung einer Erfindung, also zur Durchsetzung einer *Innovation* (Kieser 1969, Sp. 742; Walter 1970, S. 37; Becker/Whisler 1967, S. 462 f.), wobei man zwischen volkswirtschaftlicher und betriebswirtschaftlicher Innovation zu unterscheiden hat. Beiden Betrachtungsweisen ist gemein, daß die *erst*malige Anwendung des Neuen in einer Unternehmung oder einer Behörde unzweifelhaft ein Innovationsakt ist.

Aus betriebswirtschaftlicher Sicht stellt sich das Innovationsproblem folgendermaßen: *Für die Unternehmung ist eine Innovation dann zu konstatieren, wenn sie eine technische Neuerung erstmalig nutzt, unabhängig davon, ob andere Unternehmungen den Schritt vor ihr getan haben oder nicht* (Kieser 1969, Sp. 742; Knight 1967, S. 478; Becker/Whisler 1967, S. 462.).

Offensichtlich ist die Invention eine zwingend notwendige, aber nicht hinreichende Bedingung. Innovation setzt das Novum voraus, aber andererseits reicht das Vorliegen der Erfindung nicht aus, um die Innovation tatsächlich auszulösen. Es müssen weitere Faktoren hinzutreten, die zur Förderung des Innovationsprozesses beitragen. Dabei interessiert uns, denjenigen Faktor zu isolieren, der einen relevanten Einfluß auf das Innovationsgeschehen ausübt und der nach Möglichkeit beeinflußbar ist.

Die Innovationsbereitschaft mikroökonomischer Einheiten hängt nicht nur von den objektiven Voraussetzungen zur Innovation ab, sondern in entscheidendem Maße von der subjektiven Einstellung, das Neue realisieren zu wollen und zu können. Dieser Grundgedanke geht auf den Nestor der Innovationsforschung, auf Joseph Schumpeter (1912) zurück. Er ordnet die „Durchsetzung neuer Kombinationen" dem dynamischen Unternehmer zu, also nur denjenigen Unternehmern, die Innovationen vollziehen. In diesem Denkansatz erscheint der Innovator als Einzelperson. Es ist zu fragen, weshalb es der dynamischen Kraft eines solchen Durchsetzers bedarf, um den Schritt von der alten Situation zur innovativen Situation vollziehen zu können. Dabei ist zunächst offen, ob eine Einzelperson im Sinne des dynamischen Unternehmers ausreicht oder ob in moderenen Unternehmen eine arbeitsteilige Organisation zur Durchsetzung des Neuen notwendig ist.

1. Das Modell

Wenn der Innovationsprozeß zwangsläufig, gleichsam selbsttätig ablaufen würde, ohne daß sich ihm personelle und sachliche Barrieren in den Weg stellten, so bedürfte es keiner spezifischen Förderung der Innovation. Wir wissen jedoch aus empirischen Untersuchungen, daß *innovative Entscheidungsprobleme nur durch komplexe multipersonale und multioperationale Entscheidungsprozesse bewältigt werden können* (Witte 1968, S. 625 ff., 1969, S. 490 ff., 1969, Sp. 497 ff., 1971, S. 381 ff.; Mann/Williams 1966, S. 336 ff.; Cyert/Simon/Trow 1966, S. 591 ff.; Le Compte 1966, S. 309 ff.). Vor dem endgültigen Entschluß findet eine Vielzahl problemdurchschauender und problemlösender Tätigkeiten, wie Informations-, Untersuchungs-, Steuerungs-, Wertungs- und Entschlußoperationen statt. Insbesondere durch die Vorentschlüsse, die mit den einzelnen Teilvorgängen verknüpft sind, wird der komplexe Gesamtvorgang zum Entscheidungs-Prozeß. Er benötigt immer wieder erneute Willensakte, um gestartet, in seinen Teilschritten vorangetrieben und schließlich im verbindlichen Hauptentschluß vollendet zu werden. Damit ist das Voranschreiten des Innovationsprozesses auf die *Bereitschaft* und die *Fähigkeit* zur Mitwirkung der verschiedensten Führungskräfte angewiesen.

1.1 Barrieren

Wir gehen von der grundsätzlichen Überlegung aus, daß sowohl die *Bereitschaft*, am Entscheidungsprozeß mit positiver Einstellung teilzunehmen, als auch die *Fähigkeit*, problemlösende Beiträge beizusteuern, im Falle der Innovation schwach ausgeprägt sind. Es sind dies Barrieren, die sich der Innovation hemmend entgegenstellen und - falls sie nicht durch gezielte Maßnahmen überwunden werden - die Innovation überhaupt verhindern. Das Wort "Barriere" bezeichnet den gemeinten Tatbestand insofern gut, als es das hemmende, aber eben überwindbare Hindernis ausdrückt.

1.11 Willensbarrieren

Die Willensbarrieren sind im wesentlichen aus den *Beharrungskräften des Status quo* zu erklären. Der gegenwärtige sozio-technische Zustand ist bekannt und vertraut: Sowohl Chance als auch Risiko sind für alle betroffenen Personen kalkulierbar. Innovationen verändern diesen Zustand. Es ist in der Regel ungewiß, wie der neue Zustand beschaffen sein wird, welche Vor- und Nachteile mit ihm verbunden sein werden. Diese Ungewißheit erklärt den Wunsch, am Status quo festzuhalten. Ein Hinweis für diese Präferenz gegenüber dem Status quo läßt sich aus der Anreiz-Beitrags-Theorie ableiten (March/Simon 1958; Wilson 1966, S. 196 f.; Kieser 1969, Sp. 748): Innovationen verunsichern das Verhältnis von "Anreizen" zu "Beiträgen". Diese Einschätzung der Innovationswirkungen beruht auf subjektiven Prognosen und ist deshalb von Person zu Person verschieden.

Innovationen werden vielfach auch als Prozesse dargestellt, die ein System von einem Gleichgewichtszustand (Lewin 1961, S. 238 f.; Zaleznik/Moment 1964, S. 446 f.) in einen neuen führen. Nun ist aus der Mechanik bekannt, daß die Änderung eines Gleichgewichtszustandes nur mit Hilfe von Energie erreicht werden kann. Um so mehr Energie ist nötig, wenn zusätzliche Kräfte (Opponenten) in den Prozeß eingreifen, um den alten Zustand zu erhalten bzw. einen anderen, entgegengesetzten Änderungsprozeß herbeizuführen streben (Judson 1966, S. 40 ff.; Zander 1961, S. 544; Dienstbach 1972, S. 104 ff.).

Die Willensbarrieren der Innovation können durch eine spezielle Gattung von Energie überwunden werden, durch eine Energie, die in der Lage ist, das Sanktionssystem der Unternehmung zu mobilisieren und damit die notwendigen Anreize für die Bereitschaft zur Teilnahme am Innovationsprozeß zu bieten. Die Möglichkeit zum *Einsatz* derartiger *positiver und negativer Sanktionen* wird in der vorherrschenden organisatorischen Realität vor allem den *Inhabern hierarchischer Macht* zugesprochen.

1.12 Fähigkeitsbarrieren

Die Fähigkeitsbarrieren erklären sich aus dem Wesen der Innovation selbst. Das Novum ist nicht nur als technisches Objekt unbekannt. Es stellt auch bisher unbekannte Ansprüche im Rahmen der Arbeitsprozesse zur *Nutzung* des Neuen. *Es besteht Unklarheit gegenüber den Zielen, den alternativen Maßnahmen und den Daten der Innovationsentscheidung.* Die Fähigkeitsbarriere ist in solchen Fällen besonders hoch, in denen das Innovationsproblem nicht nur (definitionsnotwendig) neu, sondern auch *komplex* strukturiert ist. Gemeint ist, daß die Innovation eine Mehrzahl von Problemfeldern berührt, die miteinander integrativ verknüpft sind, sich also gegenseitig bedingen. Die Barriere der Unwissenheit potenziert sich durch die Notwendigkeit, den Problemzusammenhang durchschauen zu müssen.

Die Barriere des Nicht-Wissens kann nur durch eine spezielle Energie überwunden werden: durch *Fachwissen, das intellektuell in der Lage ist, die neuen und komplexen Aufgaben sachgerecht zu lösen.* Der Träger dieser Fachenergie wird für jeden Innovationsfall eine andere Person sein. Auch kann nicht ausgeschlossen werden, daß zur Bewältigung hochkomplexer Innovationen mehrere Experten nötig sind. Andererseits wird nicht erwartet werden dürfen, daß das Fachwissen bereits zu Beginn des Innovationsprozesses in Perfektion vorhanden ist. Um den Prozeß zu starten und schrittweise voranzutreiben, wird es zunächst genügen, wenn ein *Minimalwissen* mit Aussicht auf erfolgreiches Lernen gegeben ist. Schließlich wird auch das *Fähigkeitsgefälle* zwischen den Trägern des Fachwissens und den unwissenden Opponenten eine Rolle spielen. Diese sind es, die die Fähigkeitsbarrieren verkörpern. Ihnen gegenüber ist derjenige, der ein Novum in seinem Grundzug durchschaut, dessen versuchsweise Anwendung zu vollziehen versteht und im übrigen weiß, was zu lernen ist, ein Wissender.

1.2 Promotoren

Wie die Betrachtung der Barrieren der Innovation gezeigt hat, entwickeln sich Innovationsprozesse nicht zwangsläufig und selbständig in Richtung auf den Entschluß zur Anwendung einer Neuerung, sondern werden durch Willens- und Fähigkeitsbarrieren behindert. *Zur Überwindung der Barrieren bedarf es der Eingabe kinetischer Energie* (Knight 1967, S. 490; Lewin 1961, S. 238 ff.), *die den Prozeß startet und bis zum Entschluß vorantreibt.* Wir hatten sowohl bei der Barriere des Nicht-Wollens als auch bei der Barriere des Nicht-Wissens gesehen, daß die Prozeßwiderstände personalisiert sind, d. h., daß es eben Menschen sind, die die Innovation nicht wollen oder sachlich nicht vollziehen können. Dementsprechend sind auch die Energien zur Überwindung der Barrieren an Personen (Energieträger) gebunden.

Personen, die einen Innovationsprozeß aktiv und intensiv fördern, nennen wir Promotoren. Wir verwenden bewußt nicht das angelsächsische „promoter", weil es einengend den freiberuflich tätigen Förderer einer Person oder einer Sache meint, was übrigens auch mit der Verwendung des Wortes „Promotor" bei Schumpeter (1912, S. 179 f.) zusammenfällt. Promotoren starten den Prozeß und treiben ihn unter Überwindung von Barrieren bis zum Innovationsentschluß voran. Promotoren sind *keine Verwalter*, die pflichtgemäß und verordnungstreu ein vorgeschriebenes Stellenbild ausfüllen. Promotoren sprengen das instanziell festgelegte Maß an Aktivität. Sie ergreifen nicht in dem Sinne die "Initiative", daß sie das Neue aufgreifen und zur Weiterverfolgung an andere Stellen delegieren (Hauschildt 1969, Sp. 734 ff.). Vielmehr geben sie *selbst* nachhaltige Energie zur Prozeßförderung ein und identifizieren sich mit dem Prozeßerfolg.

Der Promotor mag auf den ersten Blick als *organisationsfeindlich* erscheinen. Denn er ist nicht auf Ordnung, Bewahrung oder Stetigkeit ausgerichtet, sondern verkörpert Veränderung und Ablösung des Alten. Eine solche Deutung, die den Promotor eher mit revolutorischen als mit evolutorischen Aktionen verbindet, würde jedoch verkennen, daß er durchaus innerhalb der Hierarchie handelt. Zur Überwindung der Willensbarrieren setzt er sogar selbst hierarchische Macht ein, um den Prozeß voranzutreiben. Aber er tut eben mehr, als die hierarchische Ordnung verlangt. *Neben* seinen "normalen", dauerhaft wiederholten Arbeitsaufgaben setzt er sich für eine ganz bestimmte Innovation ein, die - nachdem sie einmal durchgesetzt ist - selbst Bestandteil der auf Dauer gerichteten Ordnung wird. Der

Promotor braucht sich also nur insofern von seinen hierarchischen Bindungen zu befreien (Shepard 1967, S. 473 f.), als er für den jeweiligen Innovationsfall Energien einsetzt, die er seinen regelmäßig wahrzunehmenden Arbeitsaufgaben vorübergehend entzieht (oder über das Arbeitspensum hinaus aufbringt). Er ist nicht Promotor im "Hauptberuf". Vielmehr läßt ihm seine Stellenaufgabe hinreichend *Spielraum*, die Promotorenrolle spontan zu übernehmen. In diesem Sinne allerdings muß die Hierarchie innovationsfähig sein. Sie muß ein organisatorisches Vakuum zulassen, in das die Promotoren prozeßfördernd und prozeßgestaltend hineinstoßen können.

Die organisatorische Problematik der Promotoren wird vollends deutlich, wenn wir uns daran erinnern, daß der Innovationsprozeß zwei verschiedene Gattungen von Barrieren zu überwinden hat und daß dafür der Einsatz von Energie der Macht und von Energie des Fachwissens nötig ist. Folgerichtig haben wir zwei Arten von Promotoren zu unterscheiden: Machtpromotoren und Fachpromotoren.

1.21 Machtpromotoren

Als Machtpromotor bezeichnen wir diejenige Person, die einen Innovationsprozeß durch hierarchisches Potential aktiv und intensiv fördert. Definitionsmerkmale sind also eine bestimmte Position innerhalb der Aufbauorganisation und außerdem eine spezifische Verhaltensweise. Die Position ist dadurch gekennzeichnet, daß sie hinreichenden formalen Einfluß verleiht, der es gestattet, die Opponenten des Nicht-Wollens mit Sanktionen zu belegen und die Innovationswilligen zu schützen (Shepard 1967, S. 471). Da die Opponenten auf allen Rangebenen angesiedelt sein können, ist es im Interesse der Innovation von Vorteil, wenn der Machtpromotor hochrangig, im Idealfall ein Mitglied der höchsten Ebene ist.

Man stelle sich die gemeinte Macht jedoch nicht ausschließlich als instanzielle Kompetenz zu Zwang und Befehl vor. Vielmehr besteht sie aus dem gesamten Instrumentarium moderner Führungsstile, das sich der Überzeugungs- und Begeisterungskraft genauso bedient wie der Gewährung von Belohnungen und Anreizen aller Art. Ausschlaggebend ist lediglich, daß der Machtpromotor in der Lage ist, sein Wort einzulösen, und seine organisatorische Umwelt auch weiß, daß dies so ist. Nicht die ständige Gewalt kennzeichnet den Machtpromotor, sondern das *glaubwürdige hierarchische Potential*, das allein durch sein Vorhandensein wirkt, ohne regelmäßig eingesetzt werden zu müssen (Irle 1970, S. 521 ff.; Witte 1969, Sp. 595 ff.).

Soweit der Machtpromotor nicht Mitglied der obersten Leitung ist, wird er darauf angewiesen sein, dort im Zweifelsfall Schutz zu genießen. Wäre dies nicht so, hätten die Opponenten eine Chance, ihren Widerstand bis zur Verhinderung der Innovation durchzusetzen. Damit stellt sich die Frage, ob nicht schließlich die Spitzeninstanz als Machtpromotor zu kennzeichnen ist, selbst wenn der aktiv und intensiv Fördernde auf der zweiten Rangebene steht. Wir lehnen diese Deutung jedoch ab, denn zum Promotor gehört mehr als passives Wohlwollen, wie es die "duldende" Geschäftsleitung praktiziert. Der von uns definierte Machtpromotor setzt alle ihm zur Verfügung stehende Kraft ein, um die gewollte Innovation voranzutreiben, und scheut auch nicht die *Auseinandersetzung* mit Übergeordneten. Er regt den Prozeß immer wieder erneut an, überbrückt Schwierigkeiten, gewährt materielle und immaterielle *Hilfe*, sieht über Mißerfolge hinweg und ermutigt zu neuen Versuchen. Vor allem steht er in *enger Kommunikation* mit jenen, die sich der fachlichen Bewältigung des technischen Novums widmen. Er ist der Adressat ihrer Wünsche und Beschwerden und verleiht ihnen die Gewißheit, daß mit der Innovation ernst gemacht wird. Die so umschriebene Verhaltensweise läuft immer wieder auf denselben Tatbestand hinaus: die *Energieeingabe zur Überwindung von Willensbarrieren*. Deshalb werden wir den Machtpromotor - außer an seiner Rangposition - an der Häufigkeit seines aktiven Tuns und an der Häufigkeit des Bemerktwerdens durch die von ihm beeinflußten Personen im empirischen Feld identifizieren.

1.22 Fachpromotoren

Den Fachpromotor definieren wir als diejenige Person, die einen Innovationsprozeß durch objektspezifisches Fachwissen aktiv und intensiv fördert. Die hierarchische Position ist unerheblich. Der Fachpromotor ist auch nicht vorwiegend in Stabsstellen zu vermuten, denn wegen der Neuigkeit des technischen Objektes kann nicht erwartet werden, daß bereits eine Spezialistenposition - etwa in Angliederung an den Machtpromotor - existiert. Viel eher wird der Fachpromotor aus derjenigen Linienabteilung hervorgehen, die in ihrer bisherigen Arbeitsroutine der technischen Neuheit am nächsten ist (Shepard 1967, S. 471). Vielleicht wird der Fachpromotor dadurch auf das fortschrittliche Objekt aufmerksam, daß er Mängel innerhalb des traditionellen Leistungsprozesses erkennt und nach neuen Wegen Ausschau hält. Das Interesse für das Novum muß nicht unbedingt mit den Routineaufgaben des Arbeitsplatzes zusammenhängen, sondern kann auf ganz persönlicher *Neigung* beruhen. Damit kann praktisch jeder Angehörige einer Unternehmung oder Behörde zum Fachpromotor einer bestimmten Innovation werden.

Wir erkennen, daß der Fachpromotor *nicht ein von vornherein Wissender, sondern zunächst ein Interessierter* ist. Aber erst wenn er daraufhin eine fachliche Mindestkenntnis über das angebotene Innovationsobjekt gewonnen hat, kann er jene fördernde Aktivität gegenüber anderen entfalten, die für das Verhaltensprofil eines Promotors notwendig ist. *Der einsame Gelehrte ist kein Fachpromotor.* Er beherrscht zwar die technische Neuigkeit, aber er veranlaßt niemanden, davon innovativen Gebrauch zu machen.

Zur fördernden Aktivität steht dem Fachpromotor entweder keine oder nur eine unwesentliche hierarchische Macht zur Verfügung. Darin unterscheidet er sich grundlegend vom Machtpromotor. Die prozeßtreibende Energie wird von seinem Fachwissen gespeist, das er ständig weiter vermehrt und gegenüber Innovationswilligen und Opponenten als Argumentationskraft einsetzt. *Der Fachpromotor ist nicht nur selbst ein fortlaufend Lernender, sondern auch ein Lehrender.* Damit überwindet er die Fähigkeitsbarrieren der Innovation.

1.23 Personalunion von Machtpromotor und Fachpromotor

Die Personalunion von Macht- und Fachpromotor bezeichnet diejenige Person, die einen Innovationsprozeß sowohl durch hierarchisches Potential als auch durch objektspezifisches Fachwissen aktiv und intensiv fördert. Die Vereinigung beider Promotorenrollen in einer Person wurde von der wissenschaftlichen Literatur zuerst beachtet. Der Innovator im Sinne des *dynamischen Unternehmers*, wie ihn Schumpeter plastisch beschrieben hat, verfügt über beide Energieformen zur Überwindung von Willens- und Fähigkeitsbarrieren. Als Durchsetzer neuer Kombinationen besitzt er zweifellos genügend Macht, um neue Ideen zu realisieren. Aber er verfügt eben auch über diese Ideen und ist fachlich hinreichend befähigt, sie auszuloten und mit Niveau in Aktion umzusetzen. Das Idealbild der souveränen und universellen Einzelperson findet sich in den Innovationen der ersten industriellen Revolution des 19. Jahrhunderts und paßt zur theoretischen Vorstellung der punktuellen Ein-Mann-Entscheidung.

1.24 Hypothesen zu Promotorenstrukturen

Mit der Kennzeichnung der Promotoren sind die notwendigen Voraussetzungen geschaffen, um die Promotorenstruktur herauszuarbeiten, die wir als die wirkungsvollste Organisation zur Förderung der Innovation vermuten. Da bereits deutlich wurde, daß der Machtpromotor und der Fachpromotor unterschiedliche Förderungsbeiträge erbringen, und da nicht erwartet werden darf, daß Macht und Fachwissen ohne Beeinträchtigung des Innovationseffektes gegenseitig substituierbar sind, werden beide Promotoren eingreifen müssen. Die alleinige Existenz eines Machtpromotors mag zwar kraft hierarchischen Potentials einen Innovations-Entschluß erzwingen. Aber die beschlossene Lösung wird kaum einen hohen Innovationsgrad, also einen großen Schritt ins Neuland darstellen. Denn weder verfügt der Machtpromotor über die fachliche Einsicht zur Beurteilung der Alternativen, noch darf er hoffen, die Innovation entschlußgemäß realisieren zu können. Auch der isoliert (ohne den Schutz des Machtpromotors) tätige Fachpromotor bietet kein glücklicheres Bild. Er wird durchaus in der Lage sein, ein Innovationsprojekt zu entwerfen und seine Realisierung im Detail zu planen. Jedoch wird er an den Willensbarrieren scheitern oder zumindest von Kompromiß zu Kompromiß voranschreiten müssen, bis schließlich ein geringfügiger Innovationsschritt zustande kommt.

In jedem Falle wird der einsame und einseitige Promotor waffenlos sein gegen eine der Innovationsbarrieren, gegen die Barriere des Nicht-Wollens oder gegen die Barriere des Nicht-Wissens.

Gegenüber der Personalunion von Macht- und Fachpromotor gilt dieses Argument nicht. Denn hier sind prinzipiell beide Förderungselemente vorhanden, jedoch nicht in der prozeßanregenden Spannung zwischen zwei organisatorisch verknüpften Energieträgern. Es fehlt der schöpferische Dialog zwischen dem Machthaber und dem Experten, ganz abgesehen von der geringeren Energiekapazität einer Einzelperson.

Deshalb vermuten wir, daß beim Auftreten des Machtpromotors und des Fachpromotors in getrennten Personen am ehesten eine fachlich hochrangige, durchsetzbare Entscheidung entsteht. Während der Fachpromotor ständig bemüht ist, die Arbeit im Detail zu leisten und den Machtpromotor auf die durchzusetzende Lösung hinzuweisen, treibt der Machtpromotor die Dinge voran, sorgt für die

Bewilligung von Etatpositionen für weitere Untersuchungen und Ausbildungsschritte, stellt die am Innovationsprozeß beteiligten Personen von Routineaufgaben frei und schirmt sie von Opponenten ab.

Die beiden Promotoren sind also nicht getrennt voneinander tätig, sondern stehen in einem organisatorischen Arbeitszusammenhang, den wir *Gespann-Verknüpfung* nennen. Es handelt sich um eine Zuordnungsstruktur, die weder mit der üblichen Linienverbindung zweier hierarchischer Instanzen noch mit dem Stab-Linien-Verhältnis identisch ist. Der Machtpromotor ist für den Fachpromotor kein Vorgesetzter im alten Sinne. Auch ist der Fachpromotor kein Stab, der lediglich Informationen vorlegt und Beratungsleistungen erbringt. Er ist dem Machtpromotor nicht dauerhaft beigegeben, sondern arbeitet - unabhängig von allen weiteren (Dauer-)Aufgaben - nur in diesem einen Innovationsprozeß mit ihm zusammen. Die beiden Promotoren können hierarchisch weit voneinander entfernt sein, also etwa unterschiedlichen Hauptabteilungen angehören und auf sehr verschiedenen Rangebenen stehen. *Sie haben keine Verpflichtung zur Zusammenarbeit, sondern verbünden sich notwendigerweise, weil sie die Innovation wollen und weil sie wissen, daß sie diese nur gemeinsam bewältigen können.* Das Wort Promotoren-*Gespann* bezeichnet wohl am besten die Tatsache der engen gemeinsamen Zugkraft, die keine Vorrangigkeiten kennt, sondern durch das Aufeinander-Angewiesen-Sein charakterisiert ist.

Wir können nicht generell angeben, ob der Machtpromotor sich "seinen" Fachpromotor sucht oder umgekehrt. Wahrscheinlich gibt es beide Fälle. Wenn es sich um eine im Frühstadium der Diffusion stattfindende Innovation handelt, wird der Fachmann zuerst Kenntnis von der technischen Neuheit erhalten und bei der Geschäftsleitung um eine Schutzmacht werben. Wenn dagegen bereits eine breite Diffusion über viele Unternehmungen und Behörden erfolgt ist, kann der Machtpromotor sogar einen Außenstehenden als Fachpromotor einstellen und für eine formale Kompetenz zur Förderung der Innovation sorgen.

Damit haben wir das gesuchte *Promotoren-Modell* gewonnen: Es ist diejenige Promotoren-Struktur, bei der *Machtpromotor und Fachpromotor gemeinsam im Gespann* agieren. Wir behaupten, daß sich bei Realisierung dieses Modells in der Organisationspraxis eine Innovation höheren Grades einstellt als bei anderen Promotoren-Strukturen.

2. Empirische Erhebung

Unser forschungspraktisches Problem bestand darin, in der wirtschaftlichen Wirklichkeit eine Gattung von Entscheidungsprozessen zu identifizieren, die eindeutig auf die Erstanwendung einer *technischen Neuheit* gerichtet sind. Weiterhin war es im Interesse der statistischen Absicherung der Befunde wichtig, daß die Innovations-Entscheidung bereits in einer *hinreichenden Anzahl von Unternehmungen und Behörden* abgeschlossen war, so daß verläßlich festgestellt werden konnte, ob bei dieser Innovation Promotoren aufgetreten sind und in welcher Organisationsstruktur. Nicht zuletzt war es wichtig, *Zugang zu den empirischen Fakten* zu gewinnen, also die Zustimmung zur Untersuchung des Innovationsprozesses und seiner Förderer zu erhalten.

Die Anforderungen an das Untersuchungsobjekt schienen uns in besonderem Maße bei der Einführung des Computers erfüllt zu sein. Nachdem der Computer bereits seit 1949 in den USA für kommerzielle Zwecke eingesetzt worden war, eröffnete sich im Jahre 1956 auch für deutsche Anwender die Möglichkeit zur Nutzung elektronischer Datenverarbeitungsanlagen. Bis zum 30.6.1966 - dem Stichtag für unsere Untersuchung - hatten sich 2.426 Unternehmungen, öffentlich-rechtliche Körperschaften, Behörden und Verbände innerhalb der Bundesrepublik Deutschland einschließlich West-Berlin zur Bestellung eines Computers bei den Herstellern Bull, IBM, Remington-UNIVAC und Siemens entschlossen. Auf diese *Grundgesamtheit*, die lediglich die Bestellungen bei kleineren Herstellern unberücksichtigt läßt, beziehen sich unsere Aussagen.

Die zu untersuchende *Stichprobe* wurde durch *Zufallsauswahl* festgelegt. Über Gewinnung der Stichprobe sowie über die Erhebungstechnik unterrichtet Übersicht 1.

1. Empirisches Feld

(1) **Grundgesamtheit:** 2426 Erstbeschaffungen elektronischer Datenverarbeitungsanlagen innerhalb der Bundesrepublik Deutschland, soweit die Bestellung bis zum 30.6.1966 bei Bull/General Electric, IBM, Remington Rand oder Siemens eingegangen war.

(2) **Stichprobe:** 420 Unternehmen, Behörden und Verbände zur Ermöglichung eines Repräsentationsschlusses (Sicherheitsgrad: 95%, Genauigkeitsgrad: 0,1)

(3) **Rücklaufquote:** 84%, Erhebungsstichprobe: 345 Fälle

(4) **Auswertungsstichprobe:** 233 Fälle nach Aussonderung von lückenhaften und nicht verläßlich dokumentierten Fällen

2. Erhebung

(1) **Spiegelbilderhebung:** Zur Gewinnung der Daten dieser weit zurückliegenden Ereignisse erwies sich das Interview als nicht geeignete Methode. Der Entscheidungsprozeß des präsumtiven Computer-Verwenders war indessen in den Verkaufsakten des Computer-Herstellers minutiös aufgezeichnet. Daher wurde eine Dokumentenanalyse des Verwender-Verhaltens aus den Akten des Herstellers vorgenommen („Spiegelbilderhebung“). Damit galt es, ca. 147.000 Schriftstücke auszuwerten.

(2) **Codierung:** Die üblichen Verfahren der Datenerfassung (Erheberprotokolle, Aufzeichnungen verbaler Äußerungen, Formulare) erwiesen sich als ungeeignet. Es mußte vielmehr ein eigenes Schlüsselsystem entwickelt werden, das es erlaubte, die verschiedenen Tätigkeiten, die Tätigkeitsobjekte, die beteiligten Personen und die Kennzeichnungsmerkmale des einzelnen EDV-Verwenders aufzuzeichnen.

(3) **Erhebung und Reliabilitätskontrolle:** Die Erhebung wurde von 15 wissenschaftlichen Mitarbeitern in acht Monaten im Jahre 1967 durchgeführt. Jede Codierung wurde von einem „Kollationierer“ kontrolliert.

Übersicht 1: Empirisches Feld und Erhebungsmethode

3. Befunde

Der empirische Einblick zeigt deutlich, wie schwer es ist, einen Innovationsprozeß zu starten. Die vielfältigsten Pochimpulse seitens der Hersteller, anderer Verwender, außenstehender Berater oder allgemein der öffentlichen Diskussion treffen wiederholt auf die Unternehmung, ohne daß daraufhin eine ernsthafte Beschäftigung mit dem Novum beginnt. Keinesfalls ist die Situation gegeben, daß auf die Innovationschance „gewartet" und bei ihrem Auftreten sofort zugegriffen wird. Es dauerte im Gegenteil sehr lange, bis man die Innovationsmöglichkeit auf sich bezog. In den von uns untersuchten Innovationsprozessen vergingen durchschnittlich 477 Tage vom ersten Innovations-Impuls (Anregung) bis zur nachhaltigen Beschäftigung mit der Innovation (Start).

Aber selbst wenn der Entscheidungsprozeß bewußt und unter Kenntnis der mit der Innovation zusammenhängenden Probleme gestartet wurde, war noch keine Gewähr gegeben, daß er auch mit problemlösender Wirkung vorankam und zu einem Entschluß führte. Jede ernsthafte Beschäftigung mit dem Problem offenbarte nämlich neue Unklarheiten und schwer wägbare Konsequenzen. Da der Innovationsprozeß im übrigen in ein Netz anderer (Routine-)Prozesse eingeflochten war und wegen dringlicher Arbeiten immer wieder zurückgestellt wurde, war guter Anlaß gegeben, ihn versanden zu lassen. Wenn er nicht von einer aktiven Kraft immer wieder erneut angestoßen wurde, bestand ständige Gefahr, daß der Innovationsentschluß unterblieb.

3.1 Die Barrieren in der Realität

(1) Über diese Trägheit des Status quo hinaus waren die verschiedensten Kräfte am Werke, die den Innovationsschritt zu verhindern suchten. Wir vermuteten von vornherein das Auftreten von *Opponenten.* Während unserer empirischen Erhebung sprang uns die Tatsache der *Willensbarrieren* auch geradezu entgegen. Aber es war nicht möglich, die Opponenten verläßlich zu identifizieren. Sie blieben *im Hintergrund* und argumentierten eigentlich nicht gegen die Innovation selbst, sondern gegen bestimmte innovationsfördernde Prozeduren. Sie hatten keine Zeit

für den Innovationsprozeß und übertrugen ihre *"abwartende" Haltung* auch auf die ihnen unterstellten Instanzen, so daß ganze Bereiche der Hierarchie als Oppositionsfelder gelten mußten. Tatsächlich war aber der Innovationsvorgang auf die Mitwirkung dieser Stellen angewiesen, denn sie repräsentierten die Anwendungsgebiete des Computers.

Man stelle sich die Opponenten der Innovation jedoch nicht als Dunkelmänner vor, die bewußt eine gute Sache zu vereiteln suchten. Häufiger schienen uns - mindestens subjektiv - gute Gründe für den hinhaltenden Widerstand zu existieren. Das *Risiko des Mißlingens* der Innovation war objektiv gegeben und wurde von den Opponenten eben größer eingeschätzt als von den Innovationswilligen. Da sich die Opponenten andererseits ihrer Argumente nicht sicher genug waren, um einen klaren Entschluß zur Nicht-Innovation zu erzwingen, warteten sie ab.

Als nächstes haben wir auf Widerstände hinzuweisen, deren Einordnung als Willens- oder Fähigkeitsbarrieren nicht eindeutig ist, weil sie Elemente von beiden enthalten. In vielen Unternehmungen gab es Funktionsbereiche, die sich in besonderem Maße gegen die Innovation sperrten, wobei weniger die Person als der Sachinhalt die Gegenargumente auslöste. Man befürchtete; daß der noch nicht zuverlässig beherrschte Computer *mit Gefahren verbunden* ist und bevorzugte die vielleicht kostspieligeren und langsameren Verfahren der traditionellen Technik, wobei oft genug noch zusätzlich und berechtigt darauf hingewiesen wurde, daß die Tatsache der *Kostensenkung* mit Hilfe des Computers noch *nicht erwiesen* war. Auch die Aussicht auf die größeren Informations- und Integrationsmöglichkeiten verfing angesichts des *hohen Sicherheitsbedürfnisses* nicht. Ein solcher Widerstand war durch die Leitungsspitze durchaus überwindbar, indem man hierarchische Macht einsetzte. Aber wer dies tat, mußte sich bewußt sein, im auftretenden Schadensfall die Verantwortung zu tragen. Deshalb unterblieb häufig die innovationsfördernde Aktion gegenüber den auf Sicherheit bedachten Opponenten.

(2) Mit Blick auf die *Fähigkeitsbarrieren* waren im Verlauf der Erhebung ebenfalls zahlreiche Varianten festzustellen. Bereits die Tatsache, daß zur technischen Bewältigung des Computers neuartige Berufe entstanden waren, mußte als Barriere wirken. Denn wer sollte die *neuen Mitarbeiter* auswählen und unter welchen Gesichtspunkten? Wer konnte beurteilen, ob die genannten personellen und finanziellen Wünsche gerechtfertigt waren?

Die bedeutendsten Fähigkeitsbarrieren zeigten sich jedoch nicht im engeren Fachbereich der Computertechnik, sondern im Problemfeld der Anwendungsgebiete. Man erkannte sehr bald, daß es leichter ist, eine industrielle Fertigung intuitiv zu steuern als ein Computerprogramm zur Fertigungssteuerung zu entwickeln. Dabei lag die Schwierigkeit nicht einmal in den anspruchsvollen Verfahren der Programmierung, sondern im Arbeitsinhalt dessen, was man seit vielen Jahren tatsächlich vollzog, ohne seine inneren Regelmäßigkeiten je erkannt zu haben. Der Computer erwies sich hier als *geistige Herausforderung* an die Systemanalyse. Man hatte nicht nur den Datenfluß lückenlos zu durchschauen sowie das Datenvolumen und die Fehlerquellen mit ihren Häufigkeiten zu erkennen, sondern man mußte für alle überhaupt voraussehbaren Ereignisdaten die zielgerechte Reaktion des Systems festlegen. Dazu gehören ein hoher Rang an *analytischer Einsicht* und eine Fülle von Grundsatzentscheidungen, deren Fehlen im Ablauf habitueller Arbeitsprozesse bisher nicht aufgefallen war. Nicht allein eine Theorie der Datenverarbeitung wurde gebraucht, sondern eine Theorie des Vertriebes, der Lagerung, der Fertigung, der Verwaltung und aller weiteren inhaltlich zu bewältigenden Leistungen. Daß aus dieser Notwendigkeit Fähigkeitsbarrieren erwachsen, ist unmittelbar einzusehen.

Die genannten Fähigkeitsbarrieren genügen, um erkennen zu lassen, daß der Innovationsprozeß ständig in Gefahr schwebte, auf eine schwer lösbare Aufgabe zu stoßen und zum Erliegen zu kommen. Unter diesem Eindruck mag es nicht überraschen, daß der Entscheidungsprozeß zur Computer-Innovation im Durchschnitt 421 Tage und in vielen Fällen mehrere Jahre dauerte (Witte 1968, S. 625 ff.).

Als letztes haben wir auf jene Barrieren hinzuweisen, die sich unmittelbar vor der Beendigung des Entscheidungsprozesses durch einen rechtskräftigen Entschluß stellen. Selbst wenn nämlich die Leitungsspitze entschlossen ist, ihr Ja zu sagen, nachdem alle Willens- und Fähigkeitsbarrieren im Prozeßverlauf überwunden wurden, sind noch formale organisatorische *Schwierigkeiten des "letzten Wortes"* zu bedenken. Da eine Computerbeschaffung durchaus als *Investition* mit bedeutendem Einfluß auf die zukünftige Entwicklung der Unternehmung anzusehen ist, müßte man sie den Vorbehaltsrechten unterwerfen, die z.B. nach Aktienrecht und Satzung dem Aufsichtsrat zustehen. Auch übergeordnete Konzernvorstände, Verbandsorgane oder Aufsichtsbehörden besitzen in bestimmten Fällen Genehmigungskompetenzen. Es werden soziale, kreditpolitische oder regionalorientierte Gesichtspunkte herangezogen. Aus ihnen können Willensbarrieren erwachsen, die durchaus den Entschluß verhindern können.

3.2 Die Promotoren in der Realität

Um exakt angeben zu können, in wievielen Untersuchungseinheiten unserer Stichprobe Promotoren aufgetreten sind und um welche Gattung und Kombination von Promotoren es sich handelt, müssen wir die *Identifizierungsmerkmale des Promotors* festlegen. Wir hatten bereits bei der Definition der Promotoren gesagt, daß es sich um Personen handelt, die sich durch aktive und intensive Förderung von Innovationsprozessen oder, wie wir es nannten, durch Eingabe von kinetischer Energie auszeichnen. Die Häufigkeit des aktiven Tuns und die Häufigkeit des Bemerktwerdens seitens anderer Personen sind deshalb die Erkennungsmerkmale für jeden Promotor, für den Machtpromotor, für den Fachpromotor und für deren Personalunion.

Wir haben die Entscheidungsprozesse zur erstmaligen Beschaffung eines Computers aus den verschiedensten Dokumenten, Berichten, Notizen, Organisationsvorschlägen, Angeboten und aus der regen Korrespondenz rekonstruiert. Diese Dokumente enthielten Informationen über die problemlösenden Aktivitäten und ihre Träger. Dadurch konnten wir die Anzahl der *Tätigkeiten* für jede namentlich genannte Person auszählen. Darüber hinaus war es möglich, auch diejenigen Nennungen zu erfassen, in denen man sich auf eine innovationsfördernde Person beruft, auf sie hinweist, vor ihr Respekt zeigt, ihr widerspricht oder sich in irgendeiner anderen Äußerung auf sie bezieht. Sie ist in dem Sinne Objekt der Nennung, daß man ihre Bedeutung innerhalb des Innovationsprozesses bemerkt hat und sie im eigenen Tun berücksichtigt. Da dies zum Wesen des Promotors gehört, wurden nicht nur die aktiven Handlungen, sondern auch die passiven Erwähnungen herangezogen, um (aus beiden Tatbeständen) die *Anzahl der "Nennungen" für alle am Innovationsprozeß Beteiligten* zu ermitteln. Auf der Grundlage der Zahl der Nennungen mußte der Erheber entscheiden, welcher Person die Promotoren-Eigenschaft zuerkannt werden konnte. Dieses Erheberurteil wurde nochmals durch einen weiteren (leitenden) Erheber kontrolliert und im Zweifelsfall dem Erheberteam zur Entscheidung vorgelegt. Dadurch wurde die Gleichbehandlung der Fälle sichergestellt. *Als Promotoren wurden für unsere Untersuchung nur solche Personen erfaßt, die Mitglied der betroffenen Institution waren, nicht also Angehörige der Herstellerunternehmung oder andere Außenstehende.*

Um zu unterscheiden, welcher Promotorengattung eine Person mit hervorragender Nennungszahl zugehört, wurde für den Fall des Machtpromotors der hierarchische Rang und für den Fall des Fachpromotors das Fachwissen herangezogen. Beides war in der Regel aus den Dokumenten ersichtlich. Der *Rang* ergab sich aus Anreden, expliziten Rangbezeichnungen oder Unterschriftsvollmachten. Das *Fachwissen* wurde im Zusammenhang mit dokumentierten Ausbildungsaktionen oder durch ausdrückliches Urteil anderer Prozeßbeteiligter deutlich. Diese Operationalisierung erlaubte auch die Kennzeichnung desjenigen Promotors, der sowohl über Macht als auch über Fachwissen verfügt (Personalunion).

Nach Abschluß der Erhebung und aufgrund kritischer Analyse aller Befunde konnten wir feststellen, daß die Promotoren-Eigenschaften *bemerkenswert klar aus den Urbelegen erkennbar* waren. Die Abgrenzung gegenüber den Nichtpromotoren war so offensichtlich, daß es nur wenige Zweifelsfälle gab. In diesen haben wir es vorgezogen, die Codierung als Promotor zu unterlassen. Denn entweder war die eigene Aktivität so schwach oder die passive Nennung so gering, daß man zögern mußte, von einer energischen Prozeßförderung zu sprechen.

3.21 Zur Existenz der Promotoren

Als erstes wollen wir prüfen, ob unsere Vermutung richtig ist, daß Innovationsprozesse durch das Auftreten von Promotoren gekennzeichnet sind oder ob Entscheidungsprozesse auch ohne Promotoren zum Innovations-Entschluß vordringen. Die bereits vorgestellte Stichprobe von 233 Unternehmungen zeigt unter diesem Gesichtspunkt in Tab. 1 folgende Verteilung:

Innovationsprozesse mit Promotoren	183	79%
Innovationsprozesse ohne Promotoren	50	21%
Summe	233	100%

Tab. 1: Existenz von Promotoren in 233 Innovationsprozessen

Der Befund zeigt, daß in der deutlich überwiegenden Zahl der Fälle Promotoren existieren.

Dennoch müssen wir den Tatbestand ernst nehmen, daß in 50 Innovationsprozessen *kein Promotor* explizit in Erscheinung trat. Es ist möglich, daß sich der Innovation hier tatsächlich keine Willens- und Fähigkeitsbarrieren in den Weg stellten. Genauso ist es denkbar, daß diese nur nicht bemerkt bzw. durch den Willensnachdruck der Spitzeninstanz überspielt wurden. Wir vermuten das letztere und erwarten, daß diese Fälle durch einen Innovationsentschluß geringer Effizienz gekennzeichnet sind. Zunächst aber wenden wir uns der weiteren Untersuchung derjenigen Prozesse zu, in denen Promotoren existierten.

Dabei interessiert uns als erstes, welche Gattung von Promotoren tatsächlich in Aktion trat und in welcher Häufigkeit. Unsere organisationstheoretische Vermutung richtet sich ja nicht lediglich auf das Wirken von Promotoren schlechthin, sondern auf das Zusammenwirken von Macht- und Fachpromotor. Wir zählen für den folgenden Befund (Tab. 2) sämtliche Personen aus, denen die Promotoreneigenschaft aufgrund der empirischen Analyse der 233 Innovationsprozesse unzweifelhaft zuerkannt werden konnte.

Machtpromotoren	126
Fachpromotoren	141
Personalunion	20
Summe	287

Tab. 2: Gattung und Anzahl der Promotoren in 233 Innovationsprozessen

Da wir bereits wissen, daß in 50 Prozessen kein Promotor auftrat, können wir als erstes festhalten, daß 183 Innovationen von 287 Promotoren bewältigt wurden. Über diese summarische Aussage hinaus entnehmen wir dem Befund zwei wichtige empirische Details. Erstens ist erkennbar, daß die Gattungen der Machtpromotoren und der Fachpromotoren in einem *zahlenmäßig ausgewogenen Verhältnis* existieren. Man wird also nicht (mehr) sagen dürfen, Innovationen in Wirtschaft und Verwaltung würden *nur* von der mächtigen Spitzeninstanz oder nur vom Experten bewirkt. Wir werden noch sehen, ob und wie häufig es zu einem Zusammenspiel beider Elemente kommt und wie oft lediglich einer der beiden Promotoren, also *entweder* der Machtpromotor *oder* der Fachpromotor als Träger der Prozeßenergie auftritt.

Zweitens tritt die Variante der *Personalunion* von Machtpromotor und Fachpromotor nur in geringer Zahl auf. Damit haben wir - wenn auch nur bei 20 von 287 Promotoren - immerhin den Beleg vor uns, daß die traditionelle Unternehmerfigur, die beide Rollen auszufüllen vermag, tatsächlich (noch) existiert.

Für die Promotorentypen werden die folgenden *Kurzbezeichnungen* eingeführt:

MP = Machtpromotor

FP = Fachpromotor

MFP = Personalunion von Machtpromotor und Fachpromotor

3.22 Zur Existenz von Promotorenstrukturen

Wir legen im folgenden Befund (Tab. 3) die Promotorenstrukturen der 233 Innovationsprozesse vor und fragen, wieviele Promotoren und in welchen Kombinationen in jedem einzelnen Prozeß mitgewirkt haben.

Die Vielzahl der unterschiedlichen Promotorenstrukturen muß bei erster Durchsicht des Befundes verwirren, zumal der Analytiker sofort vermutet, daß es in anderen Innovationsprozessen noch weitere Unterfälle geben kann. Aber bereits die Zahl der Fälle läßt den Kern des Befundes hervortreten: *Als deutlich häufigster Wert tritt die kombinierte Macht- und Fachförderung auf, während die einseitige Machtförderung und die einseitige Fachförderung ebenso klar zurücktreten wie die Prozeßförderung durch die Personalunion.*

Art der Promotorenstruktur	Zahl der Prozesse
1 MP + 1 FP	78
1 MP + 2 FP	3
2 MP + 2 FP	1
2 MP + 4 FP	1
1 MFP + 1 FP	2
1 MP + 1 MFP	1
1 MP + 1 MFP + 1 FP	1
1 MP	35
2 MP	2
1 FP	38
2 FP	5
MFP	16
Ohne Promotoren	50
Summe	233

Tab. 3: Die Promotorenstrukturen der 233 Innovationsprozesse

Interessant ist das Auftreten von *zwei oder mehr Promotoren der gleichen Gattung*. Wir hatten diesen Fall nicht in unsere theoretische Ableitung eingeschlossen und müssen uns nun empirisch belehren lassen, daß es ihn gibt. Erklärbar ist die Pluralität der Promotoren sowohl von der Seite der Innovations-Barrieren als auch von der Förderungs-Kapazität der Personen her. Wahrscheinlich treten mehrere Machtpromotoren oder mehrere Fachpromotoren dann in Aktion, wenn die Willens- oder Fähigkeitsbarrieren besonders zahlreich sind. Da sowohl die hierarchische Macht als auch das Fachwissen des einzelnen begrenzt sind, kommt es zur weiteren *Arbeitsteilung*. Mit Blick auf die Fachpromotoren bietet sich die Arbeitsteilung insbesondere dann an, wenn das Innovationsproblem für die betroffene Institution hoch komplex ist und in Problem(teil)felder zerlegt werden muß. Möglicherweise ist das Auftreten mehrerer Promotoren der gleichen Gattung auch dadurch zu erklären, daß das Innovationsobjekt in den betreffenden Unternehmen besonders heftig umstritten war. Die geringe Zahl der Fälle läßt es jedoch nicht zu, diesem Gedanken nachzugehen.

Wir konzentrieren uns im folgenden auf die fünf wichtigsten Konstellationen:

(1) Die Gespann-Struktur: Diese Struktur des Innovationsprozesses ist durch die ausgeprägte Mitwirkung von Machtpromotor und Fachpromotor gekennzeichnet. Beide Energieformen sind personell getrennt, jedoch organisatorisch verknüpft. Es handelt sich um diejenige Struktur, die durch das Promotoren-Gespann gekennzeichnet ist. Im Vordergrund stehen die 78 Fälle, in denen ein MP und ein FP zusammenarbeiten. Dem Grundgedanken folgen auch die Kombinationen, in denen die Promotorenrollen mehrfach besetzt sind.

(2) Die einseitige Machtpromotoren-Struktur: Diese Struktur des Innovationsprozesses ist dadurch gekennzeichnet, daß der Machtpromotor ohne Ergänzung durch andere Promotoren auftritt. Es fehlt die Energieeingabe durch objektspezifisches Fachwissen. Die Struktur ist auch in den Fällen einseitig und damit unvollkommen, in denen mehrere Machtpromotoren, also Promotoren der gleichen Gattung, prozeßfördernd wirken.

(3) Die einseitige Fachpromotoren-Struktur: Auch hier wird die Innovation einseitig beeinflußt, und zwar durch die spezifische Argumentationskraft des Experten. Es fehlt die Energieeingabe durch hierarchisches Potential. Die Einseitigkeit wird auch nicht durch das plurale Auftreten von Fachpromotoren aufgehoben.

(4) Die Personalunion-Struktur: Hier prägt der einsame Innovator, der sowohl über hierarchisches Potential als auch über Fachwissen verfügt, der aber ohne jede organisatorische Verknüpfung mit anderen Promotoren bleibt, den Prozeß. An dem Prozeß nehmen außer dem "dynamischen Unternehmer" noch die verschiedensten anderen Personen mit unterschiedlichen geistigen Beiträgen teil. Nur liegt eben die aktive und intensive Prozeßförderung in einer Hand und nicht - wie im Promotorenmodell - in der Hand eines Promotorengespanns.

(5) Die Struktur ohne Promotoren: Als letzte Gruppe sind die Prozesse zu nennen, in denen keine Promotoren erkennbar waren. Auch diese Prozesse haben eine organisatorische Struktur, aber eben keine Promotorenstruktur, d. h. die Struktur der Innovationsprozesse ist nicht durch Mitwirkung von Promotoren geprägt.

Struktur	Anzahl der Prozesse absolut	%
Gespann-Struktur	87	37
Einseitige Machtstruktur	37	16
Einseitige Fachstruktur	43	19
Personalunion-Struktur	16	7
Struktur ohne Promotoren	50	21
Summe	233	100

Tab. 4: Die Promotorenstrukturen der 233 Innovationsprozesse

Um einen tieferen Einblick in das Vorkommen der Promotorenstrukturen zu gewinnen, haben wir den Befund (**Tab. 4**) zusätzlich nach der Rechtsform, nach dem Wirtschaftszweig, nach der Unternehmensgröße (gemessen an der Belegschaftszahl) und nach dem Startjahr des Innovationsprozesses geschichtet. Es zeigt sich,

- daß die Verteilung der Promotorenstrukturen unabhängig von der Rechtsform ist,
- daß Industrieunternehmungen häufiger die reine Fachpromotorenstruktur entwickeln als Unternehmungen anderer Wirtschaftszweige.

Bei der Schichtung nach Unternehmungsgrößen wird deutlich, daß die Gespannstruktur und die einseitige Fachpromotorenstruktur überdurchschnittlich häufig in Großunternehmungen vorkommen, während die einseitige Machtpromotorenstruktur, die Personalunion und die Struktur ohne Promotoren für Kleinunternehmungen kennzeichnend sind.

3.3 Zum Einfluß der Promotoren auf den Innovationsprozeß

3.31 Anzahl der Aktivitäten

Da unser Denkansatz von der grundlegenden Behauptung ausgeht, der Innovationsprozeß werde durch die aktive und intensive Mitwirkung von Promotoren mit kinetischer Energie versorgt, müssen wir erwarten, daß die Prozesse mit Promotorenstruktur eine größere Anzahl von Aktivitäten enthalten als die Prozesse ohne Promotoren. Wir vermuten auch, daß die Gespann-Struktur eine größere Prozeßaktivität bewirkt als die einseitigen Promotorenstrukturen. Als *Aktivität* bezeichnen wir jede *Tätigkeit*, die sich auf ein *Objekt* richtet, das für die Lösung des Innovationsproblems relevant ist.

Die 233 Innovationsprozesse unserer Stichprobe zeigen unter dem Einfluß der Promotorenstrukturen das folgende Bild (Tab. 5). Die Anzahl der Aktivitäten ist für jede Promotorenstruktur in einer Durchschnittszahl pro Prozeß ausgewiesen.

Struktur	∅ Anzahl der Aktivitäten
Gespann-Struktur	57,6
Einseitige Machtstruktur	31,5
Einseitige Fachstruktur	35,1
Personalunion-Struktur	26,9
Struktur ohne Promotoren	13,3
	$p < 0{,}001$

Tab. 5: Die Anzahl der Aktivitäten in 233 Innovationsprozessen

Die inhaltliche Analyse dieses Befundes zeigt deutlich, daß die Innovationsprozesse *ohne Promotoren* ein sehr *geringes Aktivitätsniveau* aufweisen. Innerhalb der Promotorenstrukturen ragt die *Gespann-Struktur* als die Struktur *höchster Aktivität* heraus.

Interessant ist, daß die einseitige Fachstruktur durch derart wenig Aktivität gekennzeichnet ist. Offensichtlich fehlt hier die vorantreibende Energie des Machtpromotors. Zu notieren ist auch, daß der isoliert operierende Machtpromotor sowie die Personalunion den Prozeß nur sehr schwach aktivieren.

Um Mißverständnisse zu vermeiden, sei nochmals gesagt, daß wir im Befund der Tab. 4 nicht die Aktivitäten der Promotoren, sondern die Aktivitäten *aller* am Innovationsprozeß beteiligten Personen messen. Der Promotor ist kein einsamer Innovator, sondern ein Förderer des Innovationsprozesses, ein Anreger von Aktivität. Dies weist der Befund aus.

3.32 Dauer des Innovationsprozesses

Bei vordergründiger Betrachtung, der wir zunächst ebenfalls folgten, wird eine kurze Dauer als "besseres" Innovationsverhalten angesehen. Man interpretiert in dieser Sicht die Dauer als Ausdruck des Zögerns, des Nichtwagens oder gar der Untätigkeit bzw. der ineffizienten Arbeit. Diese Deutung trifft in vielen Fällen auch den Kern der Problematik; aber sie muß nicht immer richtig sein. Denn erstens erfordert ein problemgerechter, zielorientierter und schließlich erfolgreicher Innovationsprozeß eine gewisse *Mindestdauer*, die benötigt wird, um das komplexe Problem zu durchschauen, die notwendigen Informationen über das Novum und seine Anwendungsgebiete zu gewinnen, Alternativen abzuwägen und dann zum Entschluß vorzudringen. Und zweitens sind die objektiven Schwierigkeiten der Innovation von Fall zu Fall unterschiedlich. Bei der Lage der Dinge würde es eine unvertretbare wissenschaftliche Wertung bedeuten, wollte man den eilfertigen Innovator, der sich über die Probleme hinwegsetzt, ohne sie zu lösen, als die Idealfigur ansehen. Andererseits ist auch der *extrem lange dauernde Prozeß* sicherlich nicht optimal, denn hier sind verzögernde Aktionen der Opponenten und eine schwerfällige Überwindung der Willens- und Fähigkeitsbarrieren zu vermuten. Wegen dieser Ambivalenz ist eine Beurteilung nur am Einzelfall, nicht jedoch an einer Mehrzahl von Fällen (wie in unserer Stichprobe) möglich.

Die damit begründete Vorsicht im Urteil darf uns jedoch nicht hindern, den objektiven Befund über die Dauer der von uns untersuchten Innovationsprozesse vorzulegen. Nur haben wir mit dem Zahlenbeleg *kein Indiz für die "Güte" des Prozesses* vor uns, sondern eine empirische Aussage, die wir mit anderen Befunden verknüpfen müssen, um tieferen Einblick zu gewinnen. Es ist immerhin von Interesse, welche Promotorenkonstellation den Prozeß tendenziell verlängert oder verkürzt. Wenn es nämlich unter bestimmten praktischen Umständen darauf ankommt, eine Innovation so schnell wie möglich zu verwirklichen, dann ist es wichtig zu wissen, mit welchen organisatorischen Instrumenten dies geschehen kann. Natürlich können wir auch nicht verhindern, daß mit unseren wissenschaftlichen Ergebnissen der gegensätzliche Gebrauch gemacht wird, indem die Gegner der Innovation gerade diejenige Organisationsform erzwingen, die den Prozeß so lange wie möglich verzögert.

Wir zählen im folgenden Befund (Tab. 6) die *Anzahl der Tage* aus, die der Entscheidungsprozeß *von seinem Start* (erste problembezogene Aktivität) *bis zum Entschluß* (rechtskräftige Bestellung des Computers) benötigt hat.

Struktur	∅ Dauer in Tagen
Gespann-Struktur	496
Einseitige Machtstruktur	379
Einseitige Fachstruktur	570
Personalunion-Struktur	392
Struktur ohne Promotoren	201
	$p < 0{,}001$

Tab. 6: Die Dauer der 233 Innovationsprozesse

Immer dort kommt es zu einer langen Prozeßdauer, wo der Fachpromotor auftritt. Dagegen wirkt der Machtpromotor in allen Konstellationen prozeßverkürzend. Auch die Personalunion wirkt beschleunigend. Die durch das Promotoren-Gespann geprägte Struktur findet sich in der Mitte, was nun auch erklärbar ist, denn hier wirken der Machtpromotor und der Fachpromotor gleichermaßen auf den Prozeß ein. Die kürzeste Dauer ist in den Prozessen ohne Promotor festzustellen. Offensichtlich hat hier die Spitzeninstanz kurzerhand einen Innovationsentschluß erzwungen, ohne vorher einen nennenswerten Entscheidungsprozeß zu vollziehen. Wir werden bei der Messung des Innovationsgrades sehen, von welcher Qualität ein solcher Entschluß ist.

Bei näherer Interpretation des Befundes drängt sich der Satz auf: *Experten verzögern die Innovation.* Sie greifen ins technische Detail, geraten in Widersprüche und streben die fachliche Perfektion an. Soweit sie ohne Hilfe des Machtpromotors arbeiten, mag ihnen auch die Fähigkeit fehlen, das spezifische Problem in größere Zusammenhänge einzuordnen. Wir erkennen, daß Fachpromotoren nicht nur geeignet sind, Barrieren der Innovation zu überwinden, sondern daß sie auch Barrieren aufzurichten vermögen, indem sie die Schwierigkeit des Problems erkennen und dies anderen Prozeßbeteiligten mitteilen. Naive Innovatoren sind sie jedenfalls nicht. Damit wird auch erkennbar, daß man zurückhaltend sein sollte, die verzögernde Wirkung der Fachpromotoren negativ zu bewerten. Die von den Experten entdeckten Schwierigkeiten würden nämlich auch dann existieren, wenn sie unerkannt blieben. Nur würden sie dann nicht vor dem Innovationsentschluß bewältigt werden können, sondern würden sich erst später und vielleicht mit besonders nachteiligen Folgen auswirken. Deshalb kann man den Befund auch dahingehend interpretieren, daß Experten einen *Schutz vor übereilten und falschen Innovationsentschlüssen* darstellen.

3.33 Der Einfluß der Promotoren auf den Innovationsentschluß

Es darf uns nicht genügen, die Einwirkung der Promotorenstruktur auf den Verlauf des Innovationsprozesses erkannt und gemessen zu haben. Zwar ist es wichtig zu wissen, durch welche organisatorische Konstellation der Prozeß vorangetrieben, mit problemlösender Arbeit erfüllt und relativ schnell bewältigt wird. Aber es schließt sich konsequent die Frage an, zu welchem *Ergebnis* der Prozeß gelangt. Wir würden sicherlich nicht von einer wünschenswerten Innovation sprechen wollen, wenn mit hoher und schneller Aktivität schließlich nur ein kleiner Innovationsschritt vollzogen wird. Deshalb richtet sich unser Augenmerk nun auf den Innovations-Entschluß, in dem sich alle Prozeßaktivitäten verdichten und der mit formeller Verbindlichkeit sagt, welche Innovation realisiert werden soll.

Das Innovationsproblem wird in der öffentlichen Diskussion gern dahingehend behandelt, daß man fragt, *ob* eine bestimmte technische Neuheit in der Praxis Anwendung gefunden hat oder nicht. Man übersieht dabei, daß es verschiedene *Grade* des Innovierens gibt. Die Wirtschafts- und Verwaltungspraxis ist komplizierter als es diejenigen annehmen, die eine Innovation als Ja-Nein-Entschluß interpretieren. Am Beispiel der Computer-Innovation wird besonders deutlich, daß es nicht darum geht, eine elektronische Zentraleinheit zu beschaffen, sondern daß es von vitalem Interesse ist, um welche Anlagekonfigurationen, um welche Größe und periphere Ausrüstung es sich handelt und für welche wirtschaftlichen Anwendungsgebiete das technische Novum eingesetzt wird. Dies ist das neuartige Tun und nicht die Entgegennahme einer angebotenen Erfindung.

Mit dem Versuch, die Effizienz des Innovationsentschlusses an der *Größe des Innovationsschrittes* quantifizieren zu wollen, betreten wir Neuland der betriebswirtschaftlichen Forschung. Wir stoßen dabei auf schwierige Probleme des Messens realer Tatbestände. Der *Innovationsgrad* ist in den empirischen Originalbelegen natürlich nicht explizit genannt, so daß wir nicht - wie bei der Prozeßdauer oder bei der Anzahl der Aktivitäten - eine unmittelbare Codierung vornehmen konnten. Den Innovatoren war die Höhe des von ihnen erreichten Innovationsschrittes oft selbst nicht bewußt. Und auch wenn das der Fall war, hatte doch jeder einen anderen, subjektiven Maßstab. Wir dagegen müssen größten Wert darauf legen, ein Meßverfahren heranzuziehen, das die 233 untersuchten Innovationen immer der gleichen Bewertung unterzieht. Außerdem durften wir nicht einfach unseren subjektiven Maßstab verwenden, denn als Empiriker haben wir strikt zu vermeiden, ein Urteil von der Warte der Wissenschaft als realistisches Meßergebnis auszugeben.

Wir sind deshalb den langwierigen Weg gegangen, den Maßstab des Innovationsgrades durch eine Reihe von Praktikerbefragungen, durch "Hearings", zu entwikkeln. Wir zogen dazu Experten der Datenverarbeitung heran, die bereits mehrfach an Computer-Innovationen mitgewirkt hatten. Sie kamen sowohl aus Hersteller- als auch aus Verwenderunternehmungen und hier wieder aus Groß-, Mittel- und Kleinbetrieben. Zusätzlich wurden Berater aus dem Bereich der Computeranwendung um ihre Stellungnahme gebeten. Die Hearings wurden für jede befragte Person getrennt abgehalten und dauerten jeweils ein bis zwei volle Tage. Zu unserer Überraschung schälte sich alsbald ein homogener Maßstab heraus, der sowohl die *rein technische Fortschrittlichkeit der gewählten Hardware- und*

Software-Konfiguration als auch die Neuartigkeit der organisatorischen Anwendungskonzeption des Computers umschloß. Unter Berücksichtigung der Betriebsgröße und des Zeitpunktes der Innovation ergibt sich für jeden der 233 Prozesse ein individueller Innovationsgrad.

Der Innovationsgrad stellt ein *zusammengefaßtes Urteil* zur qualitativen Bestimmung des Innovations-Entschlusses dar; es bewertet

- die *Fortschrittlichkeit* (unter besonderer Berücksichtigung des aktuellen Entwicklungsstandes innerhalb des betreffenden Wirtschaftszweiges),
- die *interne Konsistenz* (Ausgewogenheit),
- die *Angemessenheit* (hinsichtlich des Unternehmungspotentials),
- die *Klarheit der Zielvorstellung*

des Entschlusses in bezug auf die organisatorische Anwendungskonzeption und die technische Konfiguration (hard- und software) der Elektronischen Datenverarbeitung.

Der Innovationsgrad liegt nun in Form eines Skalierungswertes vor, wobei wir uns auf eine Drei-Wert-Skala "niedrig", "mittel" und "hoch" beschränken. Damit richtet sich unsere Aussage auf einen diskreten, ordinalen Meßwert und nicht - wie in den vorangegangenen Befunden - auf eine kontinuierliche Variable. Aus diesem Grunde wählen wir den χ^2-Test, um unsere Hypothese zu prüfen. Unsere Hypothese behauptet, daß Prozesse mit Promotorenstruktur zu einem Entschluß höheren Innovationsgrades vordringen als Prozesse ohne Promotorenstruktur. Wir vermuten weiter, daß sich im Falle des Promotoren-Gespannes ein höherer Wert einstellt als bei einseitiger Macht- oder Fachstruktur. Da in 6 Fällen kein eindeutiger Innovationsgrad ermittelt werden konnte, bezieht sich der Befund auf 227 Innovationsentschlüsse. Zum besseren Verständnis weist Tab. 7 die jeweiligen v. H.-Werte aus.

		Anzahl der Entschlüsse in % Innovationsgrad			
Zeile	Struktur	niedrig	mittel	hoch	Summe in %
1	Gespann-Struktur	27	44	29	100
2	Einseitige Machtstruktur	33	45	22	100
3	Einseitige Fachstruktur	40	40	20	100
4	Personalunion-Struktur	36	36	28	100
5	Struktur ohne Promotoren	51	31	18	100
	Gesamt n = 227	36	40	24	100

Die Kontingenztafel ist als Ganzes bei einem χ^2 = 8,755 mit 8 Freiheitsgraden nicht signifikant von den Erwartungswerten verschieden (p = 0,364). Bei tiefergehender Analyse ist jedoch zu erkennen, daß sich der Wert für den χ^2 vor allem aus den Zeilen 1 und 5 zusammensetzt. Beschränkt man sich auf diese beiden Zeilen, so sind die beobachteten Häufigkeiten bei einem χ^2 = 7,8127 und 2 Freiheitsgraden signifikant von den Erwartungswerten verschieden (p = 0,020). Summiert man die Zeilen 1, 2, 3 und 4 zu einem Gesamtausdruck für alle Promotorenstrukturen, so ist die so zusammengefaßte Kontingenztafel bei einem χ^2 = 6,0090 mit 2 Freiheitsgraden immer noch von den Erwartungswerten signifikant verschieden ($p < 0,05$).

Tab. 7: Die Innovationsgrade der 227 Innovationsentschlüsse

Prozesse mit Promotorenstruktur erreichen einen signifikant höheren Innovationsgrad als Prozesse ohne Promotorenstruktur. Dies besagt, daß Promotoren nicht lediglich Prozeßförderer im Sinne der Aktivitätserhöhung sind, sondern daß sie auch das Prozeßergebnis, den Entschluß, beeinflussen. Noch deutlicher ist das statistische Prüfergebnis hinsichtlich der Innovationswirkung der Gespann-Struktur. Wer also nach einem Zusammenhang zwischen Organisationsform und Innovationsgrad sucht, der verläßt sich am sichersten auf das Promotoren-Modell, also auf die Gespannverknüpfung von Machtpromotor *und* Fachpromotor.

Interessant ist, daß auch die einseitige Fachpromotorenstruktur nicht zu einem günstigen Ergebnis kommt. Hier halten sich niedrige und mittlere Innovationsgrade die Waage, während hochrangige Lösungen relativ selten vorkommen. Wir können diese Erscheinung nur damit begründen, daß der Fachpromotor mit seinen vielleicht mutigen Entwürfen nicht durchdringt, wenn ihm der Schutz des Machtpromotors fehlt.

4. Ergebnis

Damit läßt sich zusammenfassend festhalten:

(1) Bei der Gespann-Struktur (Promotoren-Modell) verläuft der Innovationsprozeß unter hoher Anzahl von Aktivitäten. Es kommt zu einer mittleren Prozeßdauer. Der erarbeitete Entschluß ist durch einen hohen Innovationsgrad ausgezeichnet.

(2) Die einseitige Machtpromotorenstruktur verursacht geringe Prozeßaktivität. Die Prozesse haben eine kurze Dauer. Es kommt zu einem Entschluß unbedeutenden Innovationsgrades.

(3) Innovationsprozesse mit einseitiger Fachpromotorenstruktur sind durch mittlere Anzahl von Aktivitäten und sehr hohe Prozeßdauer gekennzeichnet. Der erarbeitete Innovationsentschluß zeigt einen unbedeutenden Innovationsgrad.

(4) Die Personalunion-Struktur ist durch geringe Prozeßaktivität gekennzeichnet. Bei tendenziell kurzer Dauer ergibt sich ein unbedeutender Innovationsgrad.

(5) Wenn Innovationsprozesse ohne Mitwirkung von Promotoren stattfinden, dann kommt es zu einer extrem geringen Anzahl von Aktivitäten. Die Prozeßdauer ist kurz, der Innovationsgrad ist sehr niedrig.

Unter sämtlichen von uns untersuchten Kriterien erweist sich demnach, daß das organisatorische Modell der Gespann-Struktur den anderen Konstellationen überlegen ist. Gleichzeitig ist nachgewiesen, daß man angesichts einer komplexen Innovationstechnik nicht mehr erwarten darf, einen Innovationsprozeß auf eine einseitige Machtstruktur stützen zu können. Genauso verfehlt wäre es jedoch, ausschließlich auf die problemlösende Kraft des Experten zu vertrauen; er zeigt in den meisten Befunden sogar ein schwächeres Bild als die einsam wirkende Machtinstanz.

Sofort allerdings öffnet sich ein neues Forschungsfeld. Es ist nämlich bisher lediglich nachgewiesen, *daß* die Existenz der vollständigen Promotorenstruktur mit effizienter Innovation zusammenhängt. *Wie* man zu einer solchen Struktur gelangt, auf welche Weise also die Aufgabe des Organisierens bewältigt werden kann, bleibt offen. Vielleicht ist der Weg der traditionsreichen Organisationslehre gangbar, die Promotoren kraft Anordnung in ihr "Amt" einzusetzen, ihnen also Kompetenz zu erteilen, die von ihnen verlangten Aktivitäten in Stellenbeschreibungen zu definieren und vor allem ihre Zusammenarbeit im Promotorengespann zu "veranlassen". Wir neigen eher der Vermutung zu, daß man dabei auf Schwierigkeiten stoßen wird. Es ist zweifelhaft, ob das spezifische Engagement, das den Promotor zur Abgabe von Prozeßenergie motiviert, mit Hilfe eines Befehles erzeugt werden kann. Im übrigen würde sich unmittelbar die Frage anschließen, wie es zu diesem Befehl kommt und ob nicht in ihm bereits der Entschluß zur Innovation liegt. Wahrscheinlich bedarf es wiederum eines vollständigen Promotorengespannes, um den Befehl auszulösen, was den perfekten Regreß zu unserer Ausgangsfrage bedeutet.

Promotorenstrukturen werden nicht "eingesetzt", sondern "ermöglicht". Die Gesamtorganisation der Unternehmung wird so gestaltet, daß sie nicht nur geeignet ist, die regelmäßig wiederkehrenden Daueraufgaben zu erfüllen, sondern darüber hinaus frei genug bleibt, um das Ungewöhnliche, das Innovative aufzugreifen. Dazu gehören nicht nur Reserven der Arbeitskraft, sondern auch die Gewißheit, daß abweichendes Verhalten toleriert, jedenfalls nicht mit negativen Sanktionen belegt wird. Sobald sich in dieser aufgeschlossenen Gesamtstruktur Promotoren herausbilden, die kraft eigener Motivation bereit sind, eine spezifische Innovation zu fördern, ist allerdings dafür zu sorgen, daß keine einseitige Promotorenstruktur entsteht.

Wie wir gesehen haben, ist es dem Innovationsprozeß und seinem Ergebnis abträglich, wenn der Fachpromotor allein gelassen wird. Er verzögert den Prozeß und erreicht keinen hohen Innovationsgrad. Wenn also die Unternehmungsspitze wirklich will, daß der Entscheidungsprozeß zur Erarbeitung eines Innovationsentschlusses stattfinden soll, dann wird sie sich selbst (oder ein Mitglied des Spitzengremiums) veranlassen müssen, die Rolle des Machtpromotors zu übernehmen.

Sollte der Machtpromotor als erster vorhanden sein, so ist ihm nach den vorliegenden Befunden zu empfehlen, zunächst die Gespannverknüpfung mit einem Fachpromotor zu suchen, bevor der Innovationsentschluß gefällt wird. Andernfalls wird er zwar schnell zu einem Ergebnis kommen. Aber es ist zu befürchten, daß es sich um ein Ergebnis niedrigen Innovationsgrades und geringer Problemlösungsumsicht handelt.

Hans Georg Gemünden

Promotoren - Schlüsselpersonen für Entwicklung und Marketing innovativer Industriegüter

Zuerst erschienen in englischer Fassung unter dem Titel:

„Promotors" - Key Persons for the Development and Marketing of Innovative Industrial Products, in:

K. Backhaus/D. T. Wilson (Hrsg.): Industrial Marketing - A German-American Perspective, Berlin et al. 1985, S. 134-166.

Promotoren - Schlüsselpersonen für Entwicklung und Marketing innovativer Industriegüter

Hans Georg Gemünden

1. Problem: Welche Funktionen haben Promotoren bei der Kooperation mit dem Lieferanten der Innovation?

Produktinnovationen sind für Konsum- und Industriegütermärkte gleichermaßen von Bedeutung. Es wurde jedoch die Auffassung vertreten, daß sich beide Märkte in der Art und Weise unterscheiden, wie Produktinnovationen entwickelt und verbreitet werden.

- Auf Konsumgütermärkten erwies sich das "*Hersteller-aktive-Paradigma*" als sehr erfolgreich. Bei diesem Paradigma sucht der Innovations-Hersteller systematisch nach unbefriedigten Bedürfnissen und neuen Lösungsmöglichkeiten, um hieraus Ideen für erfolgreiche Produktinnovationen abzuleiten. Er ist es, der den Prozeß der Ideenfindung, Konzeptformulierung, Produktentwicklung und Vermarktung steuert (Gemünden 1990, S. 7 f.).

- Auf Industriegütermärkten wurde das "*Verwender-aktive-Paradigma*" für angemessener gehalten (von Hippel 1978, 1982, 1986; siehe hierzu auch Herstatt 1991 und Heydebreck 1996, S. 104 ff.). Hierbei entwickelt der zukünftige Nutzer die Idee und häufig auch das Konzept für ein neues Produkt. Er wählt einen Lieferanten aus, den er für geeignet hält, das neue Produkt herzustellen, und er ergreift die Initiative, seine Anforderungen an einen oder mehrere Hersteller zu schicken. "Die Rolle des Herstellers bei diesem Paradigma beschränkt sich darauf, auf den potentiellen Kunden zu warten, der eine Anfrage macht (...), die Ideen (nicht Bedürfnisse) für das neue Produkt durchzukämmen; auch jenes Entwicklungsvorhaben auszuwählen, das aus Sicht des Herstellers das meiste verspricht." (von Hippel 1978, S. 40).

Auch wenn wir von Hippels Auffassung teilen, daß aktive und herausfordernde Kunden sehr wichtig für die Produktinnovation eines Herstellers sind (Gemünden 1980, 1981), so teilen wir doch nicht seine Auffassung, daß der Industriegüterhersteller sich so passiv verhalten sollte. Wir schlagen vielmehr ein "*Interaktives Paradigma*" vor, um die Entwicklung und Vermarktung von neuen Industriegütern besser zu erklären und zu gestalten. Derartige Innovationen sind häufig Systemlösungen mit sehr vielen unterschiedlichen Hard- und Softwarekomponenten sowie Dienstleistungen, die auf die besonderen Bedürfnisse ihrer Verwender zugeschnitten sind. Der Austausch ist kein simpler Akt, sondern ein lang andauernder Prozeß, innerhalb dessen sich beide Parteien wechselseitig beeinflussen. Sie verhandeln intensiv über die Austauschkonditionen und arbeiten beim Problemlösungsprozeß eng zusammen. Bei wichtigen, innovierenden Pionierkunden gibt es langjährige, gut aufeinander abgestimmte und wechselseitig angepaßte Geschäftsbeziehungen mit einer Vielzahl von starken technischen, sozialen, juristischen und ökonomischen Bindungen (Ford 1980, 1984; Gemünden 1981; 1985, S.168). Daher ist ein "interaktives Paradigma" erforderlich, um solchen Beziehungen gerecht zu werden.

Obwohl es in Mode gekommen ist, ein "interaktives Paradigma" in verschiedenen Varianten vorzuschlagen - etwa als "personaler" oder "organisationaler", "statistischer" oder "dynamischer", "dyadischer" oder "multilateraler" Ansatz - wurde die Last der empirischen Forschung regelmäßig auf die Schultern anderer, zukünftiger Forscher gelegt. Insbesondere ist uns keine empirische Forschung bekannt, die die Rolle der Schlüsselpersonen in innovativen Austauschprozessen untersucht. Wir haben eine solche Studie durchgeführt (Gemünden 1981). Dabei haben wir die Problemlösungs- und die Konflikthandhabungsinteraktionen von Hersteller- und Verwenderorganisationen und deren Einfluß auf den Austauscherfolg beider Parteien untersucht. Unser Interaktionsmodell wurde mit einer Teilstichprobe der von Witte und Team erhobenen Daten zur erstmaligen Beschaffung und Vermarktung von EDV-Anlagen in der Bundesrepublik Deutschland überprüft. Wir stützen uns auf die 195 Prozesse mit einem abgeschlossenen Entscheidungs- und Realisationsprozeß (Witte 1969, 1972, 1977; Gemünden 1981, S. 77 - 102). Kern dieser empirischen Studie ist die nachfolgende Kontingenzhypothese für eine erfolgreiche Verwender-Hersteller-Interaktion. Sie fordert, daß das Anspruchsniveau der Problemlösung und die Form der Verwender-Hersteller-Interaktion einander entsprechen sollten.

- Wenn eine *anspruchslose* Konzeption angestrebt wird, dann führt ein herstellerdominierter Entscheidungsprozeß ohne intensive Verhandlungen und Konkurrenz-Konsultationen zu einer effizienten Lösung des Transaktionsprozesses, und zwar sowohl für den Verwender als auch für den Hersteller. ("Delegations-Modell")

- Wenn eine *anspruchsvolle* Konzeption angestrebt wird, dann führt eine intensive Problemlösungsinteraktion mit einer ausgewogenen Verteilung der Problemlösungsaktivitäten auf die Interaktionsparteien und Konzeptionskomponenten sowie ein intensiver Verhandlungsprozeß mit Konkurrenz-Konsultationen zu einer effizienten Lösung des Transaktionsprozesses, und zwar sowohl für den Verwender als auch für den Hersteller. ("Zusammen-Arbeits-Modell")

Unsere Ergebnisse zeigen, daß die Lösung der "Delegation an den Hersteller" erfolgreich bei kleineren Innovationsschritten ist. Bei einem großen Innovationsschritt empfiehlt sich das "Zusammen-Arbeits-Modell".

Aber: Welche personalen Anforderungen müssen gegeben sein, um das "Zusammen-Arbeits-Modell" umzusetzen? Welche Rollenanforderungen müssen die Entscheidungsträger erfüllen, um diese Interaktionsmuster erfolgreich zu bewältigen? Wie können die Herstellerpersonen erkennen, ob die Schlüsselpersonen auf Verwenderseite ihre geforderten Rollen ausfüllen? Wie können sie den großen Anforderungen dieser ehrgeizigen Persönlichkeiten gerecht werden? Wie können sie sich ihre Gunst und Kooperationsbereitschaft sichern?

Um diese Fragen zu beantworten, wollen wir die von Witte (1973) vorgeschlagenen Macht- und Fachpromotoren als Ausgangspunkt unserer Betrachtung wählen und ihre Funktion für den inter-organisationalen Interaktionsprozeß analysieren. Anschließend werden die von uns abgeleiteten Effizienzhypothesen empirisch überprüft.

2. Theorie: Inter-organisationale Funktionen von Macht- und Fachpromotoren

Unsere Analyse beginnt mit einer Einschränkung: Im empirischen Material wurden *nur auf der Seite des Verwenders* Macht- und Fachpromotoren gemessen, auf der Seite der Herstellerpersonen erfolgte dies nicht. Wir beschränken uns daher auch in unserem theoretischen Modell auf die Macht- und Fachpromotoren beim Verwender und stellen ihnen nicht weiter differenzierte Herstellerpersonen gegenüber, da wir weitergehende Hypothesen nicht testen konnten.

Unsere Hypothesenableitung basiert auf der Idee, daß die Schlüsselpersonen des Herstellers und die Macht- und Fachpromotoren des Verwenders sich gegenseitig benötigen, um ihre Ziele durchzusetzen und daher Koalitionen eingehen werden. Zwischen ihnen bestehen jedoch Zielkonflikte bezüglich der Austauschkonditionen und der beiderseitigen Rechte und Pflichten. Daher hängt es von der Machtverteilung ab, welches Interaktionsmuster beide Seiten wählen. Betrachten wir nun zunächst einmal die *Interessen der Herstellerpersonen an den Promotoren des Verwenders.*

- Der *Machtpromotor* ist ein potentieller Sponsor (Galbraith 1982, S. 10), der auch andere Topmanager zugunsten der Innovation beeinflußt. Er kann Verkäufer vor Macht- und Fachopponenten schützen und durch eine effektive Koordination dazu beitragen, daß sie keine Zeit verschwenden müssen. Machtpromotoren des Verwenders können dafür eingesetzt werden, in der eigenen Herstellerorganisation Unterstützung zu erhalten. Sie treiben den Problemlösungsprozeß und die Umsetzung voran und treten bei unerwarteten Schwierigkeiten als Krisenmanager auf. Schließlich setzen sie sich auch für anspruchsvollere, innovativere und damit teurere Systemlösungen ein.

- Der *Fachpromotor* ist der Hauptarbeitspartner bei der Entwicklung und Implementierung eines innovativen, maßgeschneiderten Lösungsvorschlages, der die spezifischen Anforderungen des Kunden besser erfüllt als Konkurrenzvorschläge. Der Fachpromotor ist ein Schlüsselinformant, der die Widerstände an der Basis und im Middle-Management kennt. Als Mitglied der Verwenderorganisation gilt er als glaubwürdiger und kompetenter Meinungsführer, der viele sonst nicht erreichbare Personen beeinflussen kann. Er schützt die Herstellerpersonen auch vor Fachopponenten. Schließlich argumentiert auch er zugunsten anspruchsvollerer, innovativerer und teurerer Systemlösungen.

Umgekehrt stellen auch die *Herstellerpersonen wichtige Verbündete für die Macht- und Fachpromotoren* des Verwenders dar:

- Der *Machtpromotor* benötigt Problemlösungsunterstützung. Er sucht einen erfahrenen und fähigen Partner, der ihn bei der Steuerung des innovativen Problemlösungsprozesses unterstützt. Er braucht einen zuverlässigen Partner zur Lösung von Implementierungsproblemen, und er möchte einen kompetenten, vertrauenswürdigen und autorisierten Verhandlungspartner, mit dem er über die Bedingungen des Austausches wie Preis, Lieferzeit, Garantien und Dienstleistungen verbindliche Verträge abschließen kann.

- Der *Fachpromotor* benötigt aktuelles, anwendungsrelevantes Wissen, um seine Probleme lösen zu können und seine Expertenmacht aufrechtzuerhalten oder zu vergrößern. Er sucht deshalb nach kompetenten, glaubwürdigen Gesprächspartnern, die seine Vorschläge mit ihm erörtern und ihm konstruktive Ratschläge geben, Kontakte zu (anderen) Spezialisten herstellen und ihn auch bei der Implementierungsarbeit unterstützen.

Die Zusammenarbeit zwischen Hersteller und Verwender wird nun sehr unterschiedlich ausfallen, je nachdem, welche *Promotorenstrukturen*, d.h. welche *Kombinationen* von Macht- und Fachpromotoren beim Verwender agieren.

- Bei einer *Struktur ohne Promotoren* fehlen beiderseitige Interessen von Verwender- und Herstellerpersonen, es fehlt die beiderseitige Unterstützung. Daher wird es nur selten zu einer intensiven Interaktion kommen.

- Der *allein agierende Fachpromotor* ist sehr abhängig von den Herstellerpersonen, fehlt ihm doch der Machtpromotor, der ihn für die Innovation freistellt und ihn mit weiteren Ressourcen unterstützt. Er muß sich auf seine persönlichen Beziehungen und seine Expertenmacht verlassen. Dem Hersteller kann er nur seine Organisationskenntnis, seine Kenntnis der spezifischen Kundenbedürfnisse und seine Arbeitskraft im Problemlösungs- und Implementierungsprozeß anbieten.

- Der *allein agierende Machtpromotor* ist sicherlich ein attraktiverer Partner für die Herstellerpersonen, da er eine gute Chance eröffnet, eine innovative Lösung, die hohe Aufwendungen erfordert, zu verkaufen. Aber ohne einen Fachpromotor, der ihn bei der Erarbeitung und Implementierung unterstützt, ist er auch sehr abhängig von den Leistungen der Herstellerpersonen und besitzt daher auch nur eine relativ ungünstige Verhandlungsposition.

- Im Vergleich zu diesen schwachen Strukturen bietet die *Gespann-Struktur von Macht- und Fachpromotor* eine starke Position. Diese Koalition erlaubt eine effiziente Arbeitsteilung beider Promotoren: Der Fachpromotor spürt vielversprechende Lieferanten auf, der Machtpromotor ermuntert diese, aussagekräftige, detaillierte Angebote zu unterbreiten, die der Fachpromotor dann wiederum sorgfältig analysiert. Er berät den Machtpromotor in den anschließenden Verhandlungen und kann ihn vor Einflußversuchen schützen, in denen technische Probleme entweder dramatisiert oder bagatellisiert werden, um den Machtpromotor zu einer gewünschten Entscheidung zu bewegen.

Aus diesen Überlegungen leiten sich folgende Hypothesen ab:

H1: *Die Intensität der Problemlösungsinteraktion ist am höchsten in Entscheidungsprozessen mit einer Gespannstruktur von Macht- und Fachpromotor und am niedrigsten in Entscheidungsprozessen ohne Promotoren. Bei Prozessen mit den übrigen Promotorenstrukturen liegt sie auf einem mittleren Niveau.*

H2: *Die Intensität von Verhandlungen und Interaktionen mit Wettbewerbern des Herstellers, bei dem bestellt wird, ist am höchsten in Entscheidungsprozessen mit einer Gespann-Struktur von Macht- und Fachpromotor und am niedrigsten in Entscheidungsprozessen ohne Promotoren. Bei Prozessen mit den übrigen Promotorenstrukturen liegt sie auf einem mittleren Niveau.*

Die empirische Analyse bestätigt beide Hypothesen (Gemünden 1981, S. 152 - 161):

Promotoren üben einen starken Einfluß auf die *Problemlösungsinteraktion* aus: Wenn keine Promotoren vorhanden sind, wird über die innovative Technik und ihre Nutzung meist nur in recht allgemeiner Form kommuniziert. Falls aber ein Gespann von Macht- und Fachpromotor agiert, werden sowohl vom Verwender als auch vom Hersteller spezifische analysierende und konzipierende Aktivitäten ergriffen. Die Problemlösungsintensität bewegt sich auf einem mittleren Niveau, wenn nur ein Promotor vorhanden ist.

Auch auf die *Konflikthandhabung* üben die Promotoren einen starken Einfluß aus: Machtpromotoren verhandeln besonders häufig, sie konsultieren auch gern Hersteller-Konkurrenten, insbesondere, wenn sie im Gespann mit einem Fachpromotor agieren. Fachpromotoren scheuen Verhandlungen, wenn sie isoliert auftreten, weil ihnen dann die "Rückendeckung" durch den Machtpromotor fehlt und ihre Abhängigkeit vom Hersteller besonders groß ist. Aber trotz dieser ungünstigen Ausgangslage bemühen sie sich doch recht häufig um Konkurrenzangebote. Wenn keine Promotoren auftreten, dann wird auch nur sehr selten verhandelt, es werden im allgemeinen keine Hersteller-Konkurrenten konsultiert.

Wir können demnach die Befunde von Witte ergänzen:

> *Promotoren sind nicht nur erforderlich, um im Innenverhältnis Fähigkeits- und Willensbarrieren zu überwinden, sie sind auch erforderlich, um den Hersteller zur stärkeren Unterstützung herauszufordern und um mehr Wettbewerb zu entfalten.*

Unser Befund dokumentiert ein weiteres wichtiges Faktum:

Aus der Sicht eines Innovations-Lieferanten besitzen die Promotoren des Innovations-Übernehmers ein *Janusgesicht*. Sie sind nicht nur besonders starke *Förderer* des Innovationsprozesses, sie *fordern* auch besonders viel Unterstützung. Bei der Gespann-Struktur mit Macht- und Fachpromotoren engagieren sich nicht nur die Verwenderpersonen am stärksten, auch bei den Herstelleraktivitäten und bei den gemeinsamen Aktivitäten wird das höchste Niveau erreicht, und das Verhältnis von Verwender- zu Herstelleraktivitäten erreicht den für den Verwender günstigsten Wert.

> *Die Verwender-Promotoren sind demnach nicht nur Partner bei der Entwicklung und Implementierung, Fürsprecher, die diese Lösung intern mit verkaufen und Koalitionspartner, die Opponenten im Zaum halten. Sie sind auch besonders starke Gegenspieler, verlangen mehr Problemlösungs- und Implementierungsunterstützung, verhandeln härter und entfalten sehr viel mehr Wettbewerb.*

Diese Dualität macht die Frage nach den Erfolgswirkungen der Promotoren des Verwenders für beide Parteien, Hersteller und Verwender, besonders reizvoll. Um diese Frage zu beantworten, ist es erforderlich, zunächst einmal den Erfolg beider Parteien zu messen.

3. Die Effizienzgrößen von Verwender- und Herstellerorganisation

3.1 Das Meßkonzept

Die *Bestimmung der Effizienz*[1] des Entscheidungsverhaltens von Verwender und Hersteller ist ein äußerst schwieriges Unterfangen. Daher beanspruchen wir auch keine abschließende Lösung der vielschichtigen Effizienzproblematik. Wir wollen vielmehr zunächst ein *mehrstufiges Meßkonzept* (Gzuk 1975; Knopf 1975) vorstellen, daß das komplexe Gesamtproblem in überschaubare Teilprobleme zerlegt und unsere Werturteile expliziert. Wir wollen es jedoch nicht bei einem theoretischen Entwurf bewenden lassen, sondern anschließend an Hand empirischen Materials zeigen, wie dieses Meßkonzept angewendet werden kann. Bei diesem Material handelt es sich um 195 Entscheidungsprozesse zur erstmaligen Beschaffung von EDV-Anlagen, die von Witte und Mitarbeitern mit einer eigens entwickelten Variante der Dokumentenanalyse erhoben wurden (Witte 1968; Grün/Hamel/Witte 1972).

Unsere Meßprozedur besteht aus folgenden Schritten:

1. Die theoretische Ableitung beginnt mit einer formalen Klärung des Effizienzbegriffes. Unter *Effizienz* wollen wir ein zusammenfassendes Urteil über die Erreichung verschiedener Effizienzdimensionen verstehen.

2. Zur inhaltlichen Klärung des Effizienzbegriffes erfolgt im zweiten Schritt eine *Auflösung in mehrere Effizienzdimensionen.*

3. Die gebildeten Dimensionen sind theoretische Größen, d.h., sie müssen durch *empirische Indikatoren* operationalisiert werden.

4. Bei den gebildeten Indikatoren kann es vorkommen, daß die anfänglichen theoretischen Dimensionen nicht vollständig oder nicht überschneidungsfrei

---

[1] Die Begriffe "Effizienz" und "Effektivität" wurden damals wie heute sehr unterschiedlich interpretiert. Unser Meßkonzept geht über diese Dichotomie weit hinaus. "Effizienzmessung" bedeutet für uns Erfolgsmessung, und zwar für mehrere Parteien, Objekte und Kriterien gleichzeitig.

erfaßt werden und daß Effizienzaspekte gemessen werden, die im ursprünglichen Konzept nicht enthalten waren. Dann empfiehlt es sich, Indikatoren, die ähnliche Aspekte erfassen, zu neuen empirischen Dimensionen zu bündeln und das Gesamtkonzept gegebenenfalls zu erweitern. Diese *Bildung empirischer Dimensionen* erfolgt in unserem Falle mit Hilfe von Faktorenanalysen.

5. Da nach dieser Zusammenfassung noch immer mehrere empirische Effizienzdimensionen übrig bleiben, ist ein weiterer Verdichtungsschritt erforderlich. Wenn man ein rein formales Verfahren wählt, kann man z.B. durch gleich oder ungleich gewichtete Summation, durch Quotientenbildung oder durch komplexere mathematische Rechenoperationen zu einer einwertigen Effizienzaussage kommen.

Wir sind diesen letzten Schritt nicht gegangen, sondern haben zunächst mit Hilfe von Clusteranalysen die Entscheidungsprozesse zu *empirischen Typen* zusammengefaßt. Die dabei entstandene Typologie ist so beschaffen, daß die Effizienzprofile von Mitgliedern desselben Clusters sich stark ähneln und die Effizienzprofile von Mitgliedern unterschiedlicher Cluster sich stark voneinander unterscheiden. Der Vorteil dieses Verdichtungsschrittes liegt darin, daß man nur noch wenige typische Profile aus der Verwender- und Herstellerperspektive bewerten muß.

3.2 Die Anwendung des Meßkonzeptes

Um unsere theoretischen Effizienzdimensionen zu gewinnen, auf die sich unser zusammenfassendes Effizienzurteil richten soll, stellen wir uns zwei Fragen:

(1) Auf welche Tatbestände richtet sich das Effizienzurteil?

(2) Aus wessen Perspektive wird das Effizienzurteil getroffen?

Zu (1): Die erste Frage führt zum *Bewertungsobjekt der Effizienzmessung*. Hierzu zerlegen wir den Interaktionsprozeß zwischen Verwender und Hersteller in einen vom Startereignis (Dumont du Voitel 1976, S. 11; Lutschewitz/Kutschker 1977, S. 98-100; Schulz 1977, S. 19-31) bis zum Vertragsabschluß reichenden *Entscheidungsprozeß*. An ihn schließt sich der *Implementierungsprozeß* an, der sich bis zum Installationsereignis erstreckt. Als drittes Objekt bewerten wir den zum

Zeitpunkt des Vertragsabschlusses vorgelegten Lösungsvorschlag. Eine gesonderte Berücksichtigung des Lösungsvorschlages halten wir für zweckmäßig, da der Lösungsvorschlag etwas anderes ist als die Summe der bewerteten Prozeßaktivitäten. Er kann von den vorangehenden Überlegungen durchaus abweichen und hat häufig eine große, über den nachfolgenden Implementierungsprozeß hinausgreifende Wirkung.

Zu (2): Nach der *Bewertungsperspektive* unterscheiden wir zwischen der *Herstellerperspektive*, der *Verwenderperspektive* und einer *Beziehungsperspektive*, die sich auf das zwischen beiden bestehende Verhältnis richtet. Grundsätzlich können jegliche Sachverhalte sowohl aus dem Blickwinkel des Herstellers als auch aus dem des Verwenders betrachtet werden. Es gibt jedoch bestimmte Größen. an denen beide Parteien ein Interesse haben, wie z.B. ein gutes Interaktionsklima. Diese Größen ordnen wir der Beziehungsperspektive zu.

Übersicht 1 faßt die durch Kombination von Bewertungsobjekt und Bewertungsperspektive entstehenden *neun Effizienzdimensionen* zusammen.

Perspektive / Objekt	**Verwender**	**Hersteller**	**Beziehung**
Entscheidung	Entscheidungs-qualität	Auftragsgewinnungs-qualität	Entscheidungs-klima
Lösungsvorschlag	Konzeptions-qualität	Abschluß-qualität	Entschluß-zufriedenheit
Implementierung	Implementierungs-qualität	Auftragsabwicklungs-qualität	Implementierungs-klima

Übersicht 1: Theoretische Effizienzdimensionen von Hersteller und Verwender

An die Gewinnung der theoretischen Effizienzdimensionen schließt sich nun deren Operationalisierung durch empirische Indikatoren an. Die Übersichten 2, 3 und 4 enthalten unsere Meßvorschriften. Sie sind das Ergebnis einer Fülle von Ableitungsüberlegungen, die hier nicht im einzelnen dargelegt werden (Gzuk 1975; Gemünden 1980).

Indikatorenbezeichnung	Meßvorschrift des Indikators
	Indikatoren zur Entscheidungsqualität
Problemlösungsumsicht	Gewichtete Summe, die den Problemradius der beachteten Aspekte erfaßt
Problemlösungsausgewogenheit	Informationstheoretisches Maß, das die Gleichmäßigkeit der beachteten Aspekte erfaßt
Willensreife	Gewichtete Summe, die die in Entschlüssen berücksichtigten Aspekte erfaßt
Transparenzgrad	Anzahl beachteter EDVA, relativiert am maximalen Transparenzgrad eines Prozeßjahrganges
Rationalitätsgrad	Anzahl durchgeführter Aktivitäten "typisch" rationalen Handelns
Gründlichkeit	Von (2) "sehr oberflächlich" bis (6) "peinlich exakt" reichendes Erheberurteil
Zielobjekteverknüpfung	Anzahl hierarchisch verknüpfter Ebenen des Zielobjektes
Zieleigenschaftenverknüpfung	Anzahl hierarchisch verknüpfter Ebenen der Zieleigenschaft
Entscheidungsaufwand Verwender	Prozeßaufwand der Verwenderorganisation in Monaten
	Indikatoren zur Konzeptionsqualität
Innovationsgrad	Zusammenfassendes Urteil der Erheber zur Bewertung des Entschlusses
Fortschrittlichkeit	Neuartigkeit der bestellten EDVA, relativ zu Branche, Organisationsgröße und Erstinstallation der EDVA
Qualitative Verhältnismäßigkeit	Expertenrating zur Verhältnismäßigkeit von Peripherie- und Zentraleinheitsspeicher der bestellten EDVA
Quantitative Flexibilität	Anzahl der Kapazitätsausbaustufen bei der bestellten EDVA
Qualitative Flexibilität	Anzahl peripherer Anschlußmöglichkeiten bei der bestellten EDVA
	Indikatoren zur Implementierungsqualität
Zweck-Mittel-Adäquanz	Veränderung der EDVA-Kapazität: Veränderung der Zahl der konzipierten Anwendungsgebiete
Korrekturen auf der Zweckebene	Anwendungsgebiete vor Vertrag minus zusätzliche Anwendungsgebiete im Intervall "Vertrag bis Installation"
Korrekturen auf der Mittelebene	Nennungen der bestellten EDVA: Nennungen aller EDVA
Zielerreichungsnähe	Gewichtete Summe von Änderungsschritten des Hauptentschlusses mal -1
Entschlußstabilität	Von (2) "häufige, große Änderung" bis (6) "keine Änderung" reichendes Erheberurteil
Entschlußendgültigkeit	Ähnlichkeit zwischen bestellter und installierter EDVA
Zügigkeit (Aufschübe)	Anzahl Aufschübe von Installations-, Schulungs- und Programmierungsaktivitäten
Implementierungsaufwand Verwender	Prozeßaufwand der Verwender-Organisation in Monaten

Übersicht 2: Operationalisierung der verwenderseitigen Effizienzdimensionen

Indikatorenbezeichnung	**Meßvorschrift des Indikators**
	Indikatoren zur Auftragsgewinnungsqualität
Abschlußverbesserung Entscheidung	Kapazität der bestellten EDVA minus Kapazität der angebotenen EDVA
Konkurrenzintensität Entscheidung	Anzahl Aktivitäten mit Beteiligung von Hersteller-Konkurrenten
Entscheidungsaufwand Hersteller	Prozeßaufwand der Hersteller-Organisation in Monaten
Schulungsaufwand Hersteller	Anzahl Schulungstage für Verwender-Personen
	Indikatoren zur Abschlußqualität
Mietwert der bestellten EDVA	Monatlicher Mietwert der bestellten EDVA
Kapazität der bestellten EDVA	Kapazität der bestellten EDVA-Zentraleinheit
Vertragliche Vorbehalte	Intensität von Art und Umfang vertraglicher Vorbehalte
	Indikatoren zur Auftragsabwicklungsqualität
Abschlußverbesserung Implementierung	Kapazität der installierten EDVA minus Kapazität der bestellten EDVA
Konkurrenzintensität Implementierung	Anzahl Aktivitäten mit Beteiligung von Hersteller-Konkurrenten
Implementierungsaufwand Hersteller	Prozeßaufwand der Hersteller-Organisation in Monaten

Übersicht 3: Operationalisierung der herstellerseitigen Effizienzdimensionen

	Indikatoren zum Entscheidungsklima
Verhandlungsklima V/H	Von (2) "zerstritten" bis (6) "freundschaftlich" reichendes Erheberurteil
Korrespondenzton V/H	Von (1) "extrem frostig" bis (7) "extrem liebenswürdig" reichendes Erheberurteil
Entscheidungsdauer	Dauer des Entscheidungsintervalles "Start bis 1. Vertrag. in Monaten"
Entscheidungslatenz	Dauer der Unterbrechungen des Entscheidungsprozesses in Monaten
	Indikatoren zur Entschluß-Zufriedenheit
Entschlußzufriedenheit	Von (1) "extrem unzufrieden" bis (7) "extrem zufrieden" reichendes Erheberurteil
	Indikatoren zum Implementierungsklima
Beschwerdeintensität	Gewichtete Summe von Art und Umfang vorgebrachter Beschwerden der Verwenderpersonen
Zielerreichungsäußerungen	Nach Installation vorgenommene Lösungsbeurteilung in Zielartikulationen der Verwenderpersonen
Implementierungsdauer	Dauer des Implementierungsintervalles "1. Vertrag bis 1. Installation" in Monaten

Übersicht 4: Operationalisierung der beiderseitigen Effizienzdimensionen

Im nächsten Schritt werden diese 40 Effizienzindikatoren mit Hilfe einer Faktorenanalyse zu empirischen Effizienzdimensionen zusammengefaßt. Tabelle 1 zeigt das Ergebnis dieses Schrittes in Form einer Faktorladungsmatrix. Diese zeigt uns, welche Indikatoren welchen Effizienzdimensionen zugeordnet werden.

Effizienzindikator	Faktor I	Faktor II	Faktor III	Faktor IV	Faktor V	Komm.
Problemlösungsumsicht	.79					.62
Problemlösungsausgewogenheit	.56					.32
Willensreife	.79		.15	-.17		.67
Transparenzgrad	.60		.20	-.15	.42	.61
Rationalitätsgrad	.79					.63
Gründlichkeit	.37			.14		.17
Zielobjekteverknüpfung	.75			-.11		.58
Zieleigenschaftenverknüpfung	.77					.60
Entscheidungsaufwand Verwender	.78		.44			.79
Innovationsgrad	.18	-.23			.11	.11
Fortschrittlichkeit	-.16	-.15	.27		.47	.34
Qualitative Verhältnismäßigkeit		.18	-.27	.11	-.37	.26
Quantitative Flexibilität		-.28			.45	.28
Qualitative Flexibilität		-.21			.74	.60
Zweck/Mittel-Adäquanz		.10	-.49	.13	-.19	.30
Korrekturen auf der Zweckebene	-.24	-.25	.36			.26
Korrekturen auf der Mittelebene		-.53	.16	-.19	.45	.55
Zielerreichungsnähe		.87	-.10	.13		.79
Entschlußstabilität	-.18	.67		.14		.50
Entschlußendgültigkeit		.81		.14	-.16	.72
Zügigkeit (Aufschübe)	-.16	.52	-.41			.74
Implementierungsaufwand Verwender	.18	-.12	.88			.84
Abschlußverbesserung Entscheidung				-.38	.14	.17
Konkurrenzintensität Entscheidung	.62		.31			.53
Entscheidungsaufwand Hersteller	.76		.38			.73
Schulungsaufwand Hersteller	.24	-.13	.66		.12	.52
Mietwert der bestellten EDVA	.24	-.12	.11	-.20	.70	.61
Kapazität der bestellten EDVA	.29	.17		-.29	.50	.45
Vertragliche Vorbehalte	-.23	.13	-.17	.26	.25	.22
Abschlußverbesserung Implementierung		-.60			.14	.39
Konkurrenzintensität Implementierung	.23		.74			.60
Implementierungsaufwand Hersteller	.22	-.22	.82			.78
Verhandlungsklima V/H				.69		.48
Korrespondenzton V/H				.67		.46
Entscheidungsdauer	.68	-.13	-.12	.17	.38	.67
Entscheidungslatenz	.37	-.21	-.22	.28	.41	.47
Entschlußzufriedenheit				.59		.37
Beschwerdeintensität	.11	-.10	.21	-.71		.57
Zielerreichungsäußerungen		.30	-.10	.61	-.10	.48
Implementierungsdauer	-.10	-.72	.28		.23	.66
Anteil an Gesamtvarianz	.17	.10	.10	.07	.07	

Tab. 1: Matrix der Faktorladungen der Effizienzindikatoren

Das Ergebnis ist nicht ideal, aber gemessen an empirischen Standards ausgesprochen gut: 5 Effizienzdimensionen erklären 50,4% der Gesamtvarianz aller 40 Effizienzindikatoren. Das Faktorladungsmuster ist deutlich ausgeprägt und es ergeben sich nur wenige Bewertungskonflikte bei den einzelnen Effizienzdimensionen. Diese interpretieren wir folgendermaßen:

(1) Der Faktor *"Rationalität der Entscheidung"* erfaßt die Effizienzindikatoren des Entscheidungsprozesses von Verwender und Hersteller. Hohe Faktorwerte weisen auf einen gründlichen, umsichtigen und ausgewogenen Entscheidungsprozeß mit einer sorgfältig abgeleiteten Zielfigur hin. Sie beinhalten jedoch auch einen höheren Entscheidungsaufwand für Verwender und Hersteller. Wir gehen davon aus, daß eine höhere Rationalität vom Verwender positiv beurteilt wird aufgrund der höher bewerteten Aussicht auf eine bessere Problemlösung, während der Hersteller den Entscheidungsaufwand stärker gewichtet, so daß höhere Faktorwerte aus seiner Sicht ineffizientere Lösungen anzeigen.

(2) Der Faktor *"Stabilität des Entschlusses"* erfaßt die Endgültigkeit und Stabilität des Entschlusses. Höhere Werte weisen auf wenige Entschlußkorrekturen und eine zügige, reibungslose Implementierung ohne Aufschübe hin. Dies ist aus der Perspektive beider Organisationen positiv zu bewerten, so daß sich mit höheren Faktorwerten eine effizientere Lösung verbindet.

(3) Mit dem Faktor *"Wirtschaftlichkeit der Implementierung"* wird die nach Vertragsabschluß noch von Verwender und Hersteller zu leistende Implementierungsarbeit erfaßt: Höhere Faktorwerte zeigen einen höheren Implementierungsaufwand an. Wir haben daher den Faktorwert mit -1 multipliziert, so daß ein höherer Wert einen geringeren Aufwand bzw. eine effizientere Lösung anzeigt.

(4) Mit dem Faktor *"Harmonie der Interaktionsbeziehung"* werden die Effizienzindikatoren gebündelt. die das Interaktionsklima zwischen Verwender und Hersteller erfassen. Höhere Faktorwerte stehen für eine freundlichere Atmosphäre, eine höhere Entschlußzufriedenheit und ein selteneres Auftreten von Beschwerdeaktivitäten. Eine größere Interaktionsharmonie ist aus der Sicht beider Parteien positiv zu bewerten: Für den Verwender bedeutet eine bessere Harmonie auch, daß weniger Implementierungsprobleme aufgetreten sind und der Hersteller sein Leistungsversprechen erfüllt hat. Für den Hersteller legt eine hohe Vertrauensleistung den Grundstein für eine erfolgreiche Fortsetzung der Geschäftsbeziehung und für eine positive Meinungsführerwirkung.

(5) Mit dem Faktor *"Abschlußerfolg des Herstellers"* wird die Größe des abgesetzten EDV-Systems erfaßt. Höhere Faktorwerte entsprechen einem größeren Kernspeicher, mehr peripheren Anschlußmöglichkeiten und einem höheren Mietwert. Die negative Ladung des Indikators "Verhältnismäßigkeit von peripherer Ausstattung und Größe der Zentraleinheit" läßt allerdings auch vermuten, daß bei hohen Faktorwerten ein gewisses "overselling" stattfindet. Eine hohe Abschlußleistung dürfte daher lediglich aus der Herstellerperspektive positiv zu beurteilen sein.

Die extrahierten Effizienzdimensionen erlauben eine recht kompakte und erschöpfende Beschreibung des Interaktionserfolges von Verwender und Hersteller. Um jedoch zu einer klaren Effizienzaussage zu gelangen, werden in einem weiteren Schritt mit Hilfe einer Clusteranalyse vier empirische Effizienztypen gebildet:

(1) *Das beiderseits ineffiziente Cluster*: Es besitzt einen sehr schlechten Effizienzwert und im übrigen durchschnittliche Effizienzwerte. Hierzu gehören Lösungen mit sehr viel Entschlußkorrekturen oder einem besonders schlechten Interaktionsklima oder einem besonders hohen Implementierungsaufwand.

(2) *Das herstellereffiziente Cluster*: Es besitzt einen sehr geringen Entscheidungsaufwand, eine überdurchschnittliche Entschlußstabilität und im übrigen durchschnittliche Effizienzwerte.

(3) *Das verwendereffiziente Cluster*: Es besitzt eine sehr geringe Abschlußleistung und ansonsten durchschnittliche Effizienzwerte. Es ist gekennzeichnet durch ein besonders günstiges Verhältnis von Unterstützungsleistungen des Herstellers zu den dafür ausgegebenen Mietzahlungen des Verwenders.

(4) *Das beiderseits effiziente Cluster*: Es weist bei allen ermittelten Effizienzfaktoren positive Werte auf.

4. Die Befunde

Um die Effizienz der verschiedenen Promotorenstrukturen zu beurteilen, bestimmen wir zuerst den *Prozentsatz der vorteilhaften Lösungen* pro Promotorenstruktur. Wir ermitteln den Prozentsatz der für den Hersteller (Verwender) vorteilhaften Lösungen, indem wir den Prozentsatz der herstellereffizienten (verwendereffizienten) Lösungen und den Prozentsatz der für beide Seiten effizienten Lösungen aufsummieren. Abb. 1 zeigt das Ergebnis unserer Auswertung.

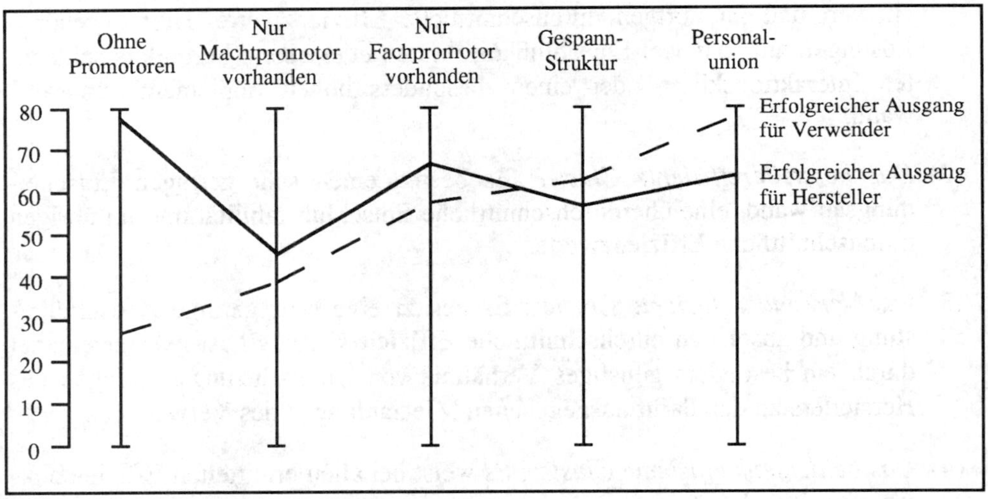

Abb. 1: Aggregierte Effizienzen für Verwender- und Herstellerorganisation bei unterschiedlichen Promotorenstrukturen (%-Werte)

- Für den *Hersteller* liefert die Struktur ohne Promotoren am häufigsten einen erfolgreichen Ausgang, gefolgt von der einseitigen Fachstruktur. An dritter und vierter Stelle folgen die Strukturen, bei denen beide Promotorenrollen gespielt werden (Personalunion und Gespann-Struktur). Die für den Hersteller ungünstigste Struktur ist die einseitige Machtstruktur.

- Für den *Verwender* ist die Personalunion von Macht- und Fachpromotor am günstigsten, gefolgt von der Gespann-Struktur und der einseitigen Fachstruktur. Die einseitige Machtstruktur schneidet schlecht ab, aber noch ungünstiger ist die Struktur ohne Promotoren.

Es scheint, daß die Effizienz des Verwenders durch die Mitwirkung eines Fachpromotors gesteigert wird. Beim Hersteller ergibt sich für den Fall der einseitigen Machtstruktur, bei der nur die Machtpromotorenrolle gespielt wird, eine überraschend niedrige Erfolgsrate.

Um die Gründe für dieses Ergebnis zu analysieren, weisen wir in Abb. 2 die Auftretenshäufigkeiten der vier Lösungstypen aus.

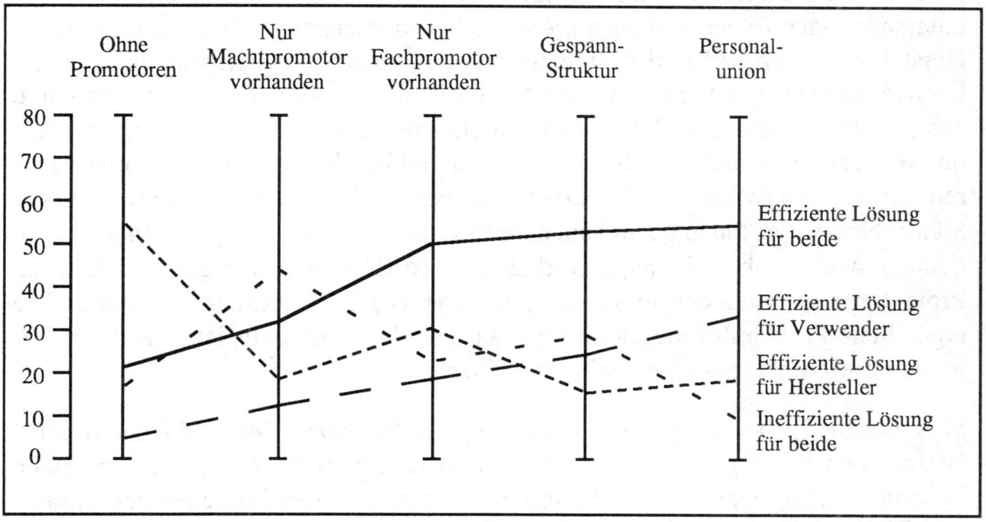

Abb. 2: Gesamteffizienzen für Verwender- und Herstellerorganisation bei unterschiedlichen Promotorenstrukturen (%-Werte)

Wir erkennen, daß die problemlösende und implementierungsunterstützende Aktivität des Fachpromotors die Wahrscheinlichkeit erhöht, daß es zu einer Lösung kommt, die für beide Seiten effizient ist. Diese Lösungen zeichnen sich durch einen geringen Implementierungsaufwand, höhere Entschlußstabilität und höhere Verwenderzufriedenheit aus. Da auch die verwendereffizienten Lösungen beider Strukturen mit einem Fachpromotor häufiger auftreten, sollten vor allem die Kunden darauf achten, daß ein engagierter Fachpromotor ihre Interessen vertritt.

Man sollte sich jedoch auch an den Befund von Witte erinnern, daß der einsame Fachpromotor sehr lange Zeit benötigt, um sein Konzept zu entwickeln und die Widerstände des Nicht-Wollens zu überwinden. Da er sich häufig von Kompromiß zu Kompromiß durchkämpfen muß, erreicht seine Konzeption, wenn sie denn endlich realisiert wird, nur einen durchschnittlichen Innovationsgrad. Wenn ein *großer* Innovationsschritt realisiert werden soll, müssen daher *beide* Promotorenrollen gespielt werden. Unsere Detailanalysen zeigen, daß bei diesen Strukturen (Gespann- und Personalunion-Struktur) auch das beste *Interaktionsklima* erzielt wird (Gemünden 1981, S. 426-428).

Die Kurve der *herstellereffizienten Lösungen* zeigt einen deutlichen Unterschied zwischen der Struktur ohne Promotoren und den anderen Strukturen. Ohne Macht- und Fachpromotoren, die nach Problemlösungs- und Implementierungsunterstützungen fragen und eigene Aktivitäten anerkennend belohnen, ergreift der Hersteller eher einen "hard-selling approach". Die geringe Intensität des Herstellerengagements, der kleine Innovationsschritt der vorgeschlagenen Lösung und das eher reservierte, unterkühlte Interaktionsklima unterstützen diese Interpretation. Wir vermuten, daß die zugehörigen Verwender eher zu den Imitatoren gehören, die die Innovation EDV übernehmen, weil viele ihrer Wettbewerber diesen Schritt bereits vor ihnen getan haben und sie nicht (noch weiter) ins Hintertreffen geraten wollen. Ihr Übernahmeverhalten wird demnach weniger von eigenen Promotoren als vielmehr vom (wahrgenommenen) Umweltdruck beherrscht. Die eigentliche Problemlösungsarbeit wird an den Hersteller delegiert, der an dieser großen Zielgruppe offenbar auch gut verdient.

Was macht die einseitige Machtstruktur nun für *beide* Seiten so unattraktiv? Warum kommt es gerade in diesem Fall so häufig zu beiderseits uneffizienten Lösungen mit erheblichen Umbestellungen, einem hohen Implementierungsaufwand und massiven Beschwerden? Der Hauptgrund ist unserer Meinung nach das Mißverhältnis zwischen dem hohen Anspruchsniveau der beschlossenen und bestellten Systemlösung einerseits und der geringen Fachkompetenz der Verwender-Organisation andererseits. Der Machtpromotor des Verwenders ging vermutlich davon aus, daß die Hersteller-Personen dieses Kompetenzdefizit ausgleichen würden. Dies ist aber nicht der Fall: *Das Verhältnis von Hersteller- zu Verwender-Aktivitäten ist bei der einseitigen Machtstruktur besonders ungünstig für den Verwender ausgeprägt.* Ohne die Herausforderung und Anerkennung durch einen Fachpromotor auf Verwenderseite kommt es offenkundig nicht zu einem fachlichen Dialog. Der notwendige *beiderseitige* Lernprozeß, bei dem der Verwender lernt, was alles möglich wird durch die neue Technologie, an welche Voraussetzungen diese Möglichkeiten gebunden sind und wie man eventuelle Risiken begrenzt, und bei dem der Hersteller lernt, was der Kunde braucht, was ihm Wettbewerbsvorteile und Wert verschafft, unterbleibt (Gemünden 1981). Es fehlt das Element der geistigen Auseinandersetzung mit der Innovation, die eine essentielle Voraussetzung für einen großen Innovationsschritt darstellt. Daher scheitern *beide* Innovationspartner.

5. Zusammenfassende Würdigung

Im vorliegenden Beitrag wird der Einfluß der von Witte vorgeschlagenen Macht- und Fachpromotoren auf die Zusammenarbeit und den Erfolg von Hersteller und Verwender anläßlich der Beschaffung und Vermarktung eines innovativen Industriegutes untersucht.

Es zeigt sich, daß die beiden Promotoren nicht nur in der innerbetrieblichen Zusammenarbeit zur Überwindung von Widerständen des Nicht-Wissens und des Nicht-Wollens wichtige Partner sind, sondern auch in der zwischenbetrieblichen Zusammenarbeit. Sowohl der Machtpromotor als auch der Fachpromotor sind wichtige Koalitionspartner eines Innovations-Lieferanten, und umgekehrt benötigen auch die beiden Promotoren des Verwenders die Unterstützung der Hersteller-Personen, wenn sie eine Innovation von außen übernehmen.

Wenn auf seiten des Verwenders ein Gespann von Macht- und Fachpromotoren agiert, so findet ein besonders intensiver Problemlösungsprozeß statt, bei dem die Vorschläge der Herstellerpersonen auf besonders fruchtbaren Boden fallen. Das Promotoren-Gespann zeigt jedoch ein Janusgesicht: Es fördert die Innovation zwar sehr viel stärker, aber es fordert auch sehr viel mehr. Bei dieser Struktur müssen die Herstellerpersonen sowohl absolut als auch relativ gesehen sehr viel mehr Problemlösungsarbeit verrichten, das effektiv zusammenarbeitende Gespann erzeugt auch sehr viel mehr Wettbewerb und verhandelt wesentlich intensiver.

Aber auch und gerade bei der zwischenbetrieblichen Zusammenarbeit zeigt sich, daß nur eine Struktur, bei der *beide* Promotorenrollen gespielt werden, in der Lage ist, alle Anforderungen des Innovationstransfers zu erfüllen.

Fehlt der Machtpromotor, so wird in aller Regel nur ein kleiner Innovationsschritt und ein unterdurchschnittlicher Verkaufsabschluß realisiert, fehlt der Fachpromotor, so unterbleibt der beiderseitige Lernprozeß. Die mangelnde geistige und fachliche Vorbereitung der Verwender-Organisation führt vor allem bei einem hohen Anspruchsniveau zu erheblichen Problemen im Implementierungsprozeß.

Als besonders ineffizient erweist sich dabei die einseitige Machtstruktur, bei der nur ein Machtpromotor auf Seiten der Verwenderorganisation agiert. Er wünscht sich eine anspruchsvolle Lösung, ist aber auf deren Realisierung überhaupt nicht angemessen vorbereitet, so daß es zu erheblichen Implementierungsproblemen kommt. Das fehlende Know-how wird nicht durch die Herstellerpersonen substituiert. Sie engagieren sich bei der einseitigen Machtstruktur deutlich weniger als bei der Gespann-Struktur und sind auch nicht in der Lage, das notwendige Commitment der Verwender-Personen zu erzeugen. Sie werden vielmehr für den Mißerfolg (mit-)verantwortlich gemacht und sehen sich daher massiven Beschwerden ausgesetzt.

Daher lautet die Gestaltungsempfehlung, daß der Verwender auf jeden Fall einen engagierten Fachpromotor bereitstellen sollte und daß bei einem großen Innovationsschritt die Macht- und die Fachpromotorenrolle auszufüllen sind. Bei einer kleinen Verwender-Organisation können beide Rollen in Personalunion vereinigt sein, bei einer mittleren oder großen Verwender-Organisation sollten beide Rollen von verschiedenen Personen übernommen werden - so wie es Wittes Promotoren-Modell vorsieht.

Teil II

Die Troika der Promotoren

Jürgen Hauschildt und Alok K. Chakrabarti

Arbeitsteilung im Innovationsmanagement

Zuerst erschienen unter dem Titel:
Arbeitsteilung im Innovationsmanagement - Forschungsergebnisse, Kriterien und Modelle, in: Zeitschrift Führung + Organisation, Jg. 57 (1988), S. 378-388.

Arbeitsteilung im Innovationsmanagement

Jürgen Hauschildt und Alok K. Chakrabarti

1. Forschungsergebnisse

> *"Innovation studies contain information on a number of roles, use a variety of names to describe them, and often come to conflicting conclusions about their importance."*
>
> *Paul Jervis (1975, S. 19).*

1.1 Typologien

Entgegen weit verbreiteten Vorstellungen war es Joseph Schumpeter, der darauf aufmerksam machte, daß Innovation, das "Durchsetzen neuer Kombinationen", das *Zusammenwirken höchst unterschiedlicher Menschen* erfordert:

> "Und die Funktion des Durchführens neuer Kombinationen und die der Erweiterung unsrer Erkenntnis, die Funktion des *Unternehmers* und die Funktion des *Erfinders* sind ganz verschiedene Dinge. Der Unternehmer ist weder prinzipiell selbst Erfinder - wo er es ist, liegt eine zufällige Vereinigung verschiedener Funktionen vor -, noch ist er der Handlanger und Ordonnanzoffizier des Erfinders, so daß der Erfinder der eigentliche Unternehmer wäre." (1. Aufl., 1912, S. 178).

Schumpeter trennt Funktion von Person und beeinflußt damit weithin die wissenschaftliche Bearbeitung der Arbeitsteilung im Innovationsmanagement: Es wird *nicht* nach *Personen oder Positionen* gefragt, *sondern* es wird üblich, *Funktionen oder Rollen* zu definieren, zu beschreiben, zu suchen und zu erklären.

Die Fruchtbarkeit dieser Bemühungen ist beeindruckend. Innovationsmanager treten unter einer kaum noch überschaubaren Fülle von Bezeichnungen auf: Erfinder, Unternehmer, inventor, product champion, gatekeeper, initiator, Fachpromotor, Machtpromotor, entrepreneur, catalyst, solution giver, process helper, resource linker, business innovator, sponsor.

Ohne daß hier schon diese unterschiedlichen Funktionen oder Rollen in allen Details erläutert oder definiert werden, soll die *betriebswirtschaftlich-organisatorische Fragestellung* ins Licht gerückt werden, die bei diesen vielfältigen Unterscheidungen verstellt zu werden droht:

- Liefern diese Typologien Ansatzpunkte für eine Arbeitsteilung im Innovationsmanagement?
- Sollte man die einzelnen Funktionen des Innovationsmanagements unterschiedlichen Personen oder Positionen zuordnen?
- Welche Typologie liefert eine realistische oder gar die beste Form der Arbeitsteilung im Innovationsmanagement?

Ein Blick in die Ergebnisse der großzahligen empirischen Forschung soll Existenz und Effizienz einer Arbeitsteilung im Innovationsmanagement belegen (vgl. Tab. 1).

1.2 Empirische Befunde zur Tatsache der Arbeitsteilung

Die empirische Forschung steht vor dem prinzipiellen Problem, die für die Innovationstätigkeit notwendigen persönlichen Eigenschaften und sachlichen Funktionen vollständig und systematisch erfassen, messen und zählen zu müssen, ehe sie die Zuordnung zu unterschiedlichen Personen oder Positionen vornehmen kann. Obwohl die wissenschaftlichen Bemühungen um eine Standardisierung der Meßtechnik noch nicht weit fortgeschritten sind - eine Ausnahme macht die Bestimmung von "gatekeepern" (Allen 1977, S. 141 ff.) -, scheint die Feststellung der herausragenden Persönlichkeiten, die eine bestimmte Innovation durch ihr besonderes Engagement fördern, nach den Bekundungen der Forscher kein sonderliches Problem zu sein (Witte 1973, S. 29; Jervis 1975, S. 22; Taylor 1975, S. 240 f.; de Meyer 1984, S. 244). Immerhin müssen wir aber den Vorbehalt machen, daß die folgenden Befunde möglicherweise ein Reflex der speziellen Prozedur zur Bestimmung der Innovationsmanager sind (siehe zur Standardisierung der Messung Brose/Corsten 1981, S. 447 ff.).

Auf den ersten Blick sprechen einige empirische Befunde dafür, daß es in einer nicht unerheblichen Anzahl von Fällen *überhaupt nicht zu einer Arbeitsteilung* kommt:

- So stellte Witte (1973, S. 38) in immerhin 21 Prozent der von ihm untersuchten Prozeßinnovationen (erstmalige Beschaffung von Computern) fest, daß keine "Promotoren" auftraten. In weiteren 42 Prozent der von ihm untersuchten Fälle trat nur ein einziger "Promotor" auf.

- Bei vordergründiger Betrachtung zeigen die von Rothwell und seinem Forschungsteam untersuchten 43 Innovationspaare zwar eine Arbeitsteilung zwischen einem "business innovator", einem "technical innovator", einem "product champion" und einem "chief executive". Es wird aber belegt, daß es zu einer erheblichen Rollenakkumulation kommt (Rothwell et al. 1974, S. 280; Jervis 1975, S. 22 f.; Rothwell 1975, S. 142 ff.).

- Die Befunde von Chakrabarti (1974, S. 59) und Chakrabarti/O'Keefe (1977, S. 340) weisen zwar deutlich die Existenz von "product champions" und "key communicators" nach. In etwa der Hälfte der Fälle konzentriert aber eine einzelne Schlüsselperson die gesamte Innovationsaktivität auf sich.

- Auch die Befunde von Allen und seinen Schülern zur Funktion des "gatekeepers" lassen die Möglichkeit zu, daß es gerade nicht zu arbeitsteiliger Bewältigung des Innovationsproblems kommt, sondern zu einer spezialisierten, auf eine Person konzentrierten Aufgabenverteilung (Allen 1977, S. 141 f.; Katz/Tushman 1981, S. 103 ff.; anders die Befunde Myers 1983, S. 202 ff.).

Aber diese *Zentralisierung* der Innovationsfunktion in einer Stelle ist wohl *eher die Ausnahme als die Regel*:

Name	Jahr	Untersuchungsobjekt	N	Wichtigste Befunde mit Blick auf die Arbeitsteilung
Witte	1973	Erstbeschaffung von Computern (Projekt COLUMBUS)	233	1. Nachweis der Existenz von "Machtpromotor" (MP), "Fachpromotor" (FP) und "Gespann-Struktur" (MP + FP) als Träger des Innovationsmanagements. 2. Ausprägungen hängen von Unternehmensgröße, Branche, Diffusionsgrad ab. 3. Aktivitätsniveau und -struktur der Promotorenstrukturen sind unterschiedlich. 4. Das Gespann (MP + FP) ist effizienter als jede einseitige Promotorenstruktur. Diese sind immer noch effizienter als die Struktur ohne Promotoren.
Chakrabarti	1974	Weiterentwicklung von NASA-Innovationen	45	1. Nachweis der Existenz von "product champions" als Träger des Innovationsmanagements. 2. "Product-champions" werden vornehmlich in den erfolgreichen Fällen identifiziert. 3. Erfolg hängt stark von der Unterstützung durch das Topmanagement ab.
Rothwell et al.	1974	Innovationen bei chemischen Prozessen und wissenschaftlichen Instrumenten (Projekt SAPPHO)	86 (43 Paare)	1. Nachweis der Existenz von "chief executive", "business innovator", "technical innovator" und "product champion" als Träger des Innovationsmanagements. 2. Bei erfolgreichen Innovationen hat der "business innovator" mehr Macht, mehr Verantwortung, mehr Erfahrung, mehr Enthusiasmus. 3. Es kommt zu erheblicher Rollenakkumulation, "business innovator" bzw. "chief executive" und "product champion" sind häufig identisch.
Klein	1974	COLUMBUS-Daten	190	1. Einschaltung externer Berater in 18 Prozent der Fälle. 2. Beratereinsatz vor allem bei Gespann-Struktur (MP + FP).
v. Hippel	1976	Innovationen von wissenschaftlichen Instrumenten	111 (davon 44 "major improvements")	1. In mehr als 3/4 der Fälle ist der Verwender in den Innovationsprozeß des Herstellers einbezogen. 2. Der Verwender liefert Idee, Problemlösung (Prototyp) und weist Verwendbarkeit nach. Hersteller verbessert die Lösung technisch, produziert und übernimmt kommerzielle Diffusion.
Chakrabarti/ O'Keefe	1977	Wissenschaftler und Ingenieure in 3 Großlaboratorien	251	1. Faktorenanalyse zeigt 5 Funktionsbündel: "referral/connector", "information source", "idea salesman", "idea facilitator", "idea supporter". 2. In etwa der Hälfte der Fälle halten die "key communicators" auch "supervisory positions" inne.
Uhlmann	1978	Innovationen in der deutschen, englischen und schwedischen Energiewirtschaft	212	1. Nachweis der Existenz von "Initiatoren", "Fachpromotoren", "Machtpromotoren" und "Realisatoren" als Träger des Innovationsmanagements. 2. Deutliche Hinweise auf Arbeitsteilung. 3. Nachweis starker Einschaltung von Beratern, Kunden und Lieferanten in den Innovationsprozeß.
Gemünden	1981	COLUMBUS-Daten	195	1. Hohe Interaktion zwischen Hersteller und Verwender, wenn dieser sein Innovationsmanagement in Gespann-Struktur (MP + FP) organisiert. 2. Beiderseits effiziente Lösungen bei Gespann-Struktur. 3. Beiderseits ineffiziente Lösungen bei einseitiger Machtstruktur (nur MP). 4. Struktur ohne Promotoren ist nur für den Hersteller effizient.

Tab. 1: Arbeitsteilung im Innovationsmanagement - Überblick über die wichtigsten Ergebnisse großzahliger empirischer Untersuchungen

- Grün et al. (1972, S. 126) berichten mit Bezug auf Wittes Untersuchungsprojekt, daß durchschnittlich 3,62 Personen pro Entscheidungsprozeß mit aktiven Beiträgen auftreten, mit einem häufigsten Wert von zwei Personen. In 37 Prozent der von ihm untersuchten 233 Innovationsprozesse tritt eine sogenannte "Gespann-Struktur", bestehend aus wenigstens einem "Machtpromotor" und wenigstens einem "Fachpromotor" auf (Witte 1973, S. 35).

- Der Untersuchung von Chakrabarti/O'Keefe (1977) kann entnommen werden, daß in 15 von 31 untersuchten Fällen neben den beobachteten "key communicators" noch "supervisory positions" in den untersuchten Laboratorien auftreten.

- Uhlmann (1978, S. 106, 109, 116, 125) belegt, daß in den von ihm betrachteten 212 Innovationen der Energiewirtschaft

  - nur in 36 Prozent der Fälle der "Initiator",
  - nur in 17 Prozent der Fälle der "Fachpromotor",
  - nur in 17 Prozent der Fälle der "Realisator"

  eine Einzelperson war. Der von ihm gleichfalls identifizierte "Machtpromotor" tritt überhaupt nicht als Einzelperson auf, sondern wird nur durch seinen hierarchischen Rang charakterisiert - ein deutliches Indiz für die Aktivität eines Mehrpersonengremiums. Überdies kann angenommen werden, daß die festgestellten Einzelpersonen nicht zwingend identisch sind, damit dürfte der Fall der Arbeitsteilung überwiegen.

Die klassische Organisationstheorie neigt dazu, die Arbeitsteilung ausschließlich als ein *intra-organisatorisches Problem* zu sehen. Wir wissen aber heute, daß es sinnvoll ist, die traditionelle Sichtweise um eine *inter-organisationale Perspektive* zu ergänzen: Kommt es zu einer Arbeitsteilung im Innovationsmanagement zwischen innerbetrieblichen und außerbetrieblichen Partnern?

Die erste Spielart einer derartigen Erweiterung des Modells der Arbeitsteilung liefert der *Kooperationsansatz.* Danach sind die betrieblichen Verhaltensweisen nachhaltig durch *Bindungen an bestimmte Marktpartner* bestimmt. Diese Bindungen gehen über den einzelnen Kontrakt und seine Preis-Leistungs-Relation hinaus und sehen in der Kooperation ein langfristiges, durch vielfältige wechselseitige Beiträge auf vielen Ebenen stabilisiertes Beziehungsgeflecht. Wie hoch die Bedeutung dieses Beziehungsgeflechtes in der innovativen Situation ist, zeigen die Untersuchungen von v. Hippel (1976) und Gemünden (1981).

Die zweite Erweiterung in Richtung einer inter-organisationalen Arbeitsteilung liefert der *Konsultationsansatz.* Die Partner im Beziehungsgeflecht sind dabei unabhängige *Unternehmensberater* (vgl. Klein 1974, S. 35 ff.; Uhlmann 1978, S. 112).

1.3 Empirische Befunde zur Effizienz der Arbeitsteilung

Die Tatsache der Arbeitsteilung des Innovationsmanagements scheint in diesen Untersuchungen unstrittig. Die Frage ist nun, ob die Arbeitsteilung auch eine höhere Effizienz verspricht.

Die Frage nach der Effizienz der Arbeitsteilung des Innovationsmanagements ist im allgemeinen in den Untersuchungen nicht gestellt worden. Gefragt wird üblicherweise nur, ob bei *Existenz eines* einzelnen, in bestimmter Weise definierten Funktionsträgers eine höhere *Effizienz* zu erwarten ist als beim Fehlen eben dieses Funktionsträgers:

- So kann Chakrabarti (1974, S. 59) zeigen, daß die Anwesenheit eines "product champions" charakteristisch für erfolgreiche Produktinnovation ist, während in weniger erfolgreichen Fällen ein "product champion" nicht identifiziert werden konnte.
- In den Sappho-Studien von Rothwell und seinem Forschungsteam wird belegt, daß in den erfolgreichen ihrer 43 Unternehmenspaare ein machtvollerer, verantwortungsreicherer, erfahrenerer und enthusiastischerer "business innovator" häufiger auftritt als in den nicht erfolgreichen. In der Gruppe der erfolgreichen Unternehmen übernimmt eine Person die Rolle des "product champions", die allerdings in 15 der 43 Fälle mit der des "business innovators" zusammenfällt (Rothwell et al. 1974, S. 265, 280; Jervis 1975, S. 23 f.).

In der Untersuchung Wittes werden die Differenzierung und die Koordination des Innovationsmanagements ausdrücklich zum Problem erhoben. Witte (1973, S. 49) kann belegen, daß die Arbeitsteilung des Innovationsmanagements in einer Zwei-Personen-Konstellation von "Machtpromotor" und "Fachpromotor" effizienter ist als jede Ein-Personen-Konstellation, in der nur ein "Machtpromotor" oder ein "Fachpromotor" auftritt. Immerhin sind diese "einseitigen Strukturen" immer noch - entsprechend den Befunden Chakrabartis und der Sappho-Studien - effizienter als Innovationsprozesse, in denen ein Promotor gänzlich fehlt.

Gemünden (1985, S. 134 ff.), der den Transaktionsansatz unter Effizienzkriterien prüft, kann feststellen, daß die Arbeitsteilung in der Gespann-Struktur beim Verwender für ihn am erfolgreichsten ist. Bemerkenswerterweise gilt das auch für seinen Transaktionspartner, den Hersteller. Beiderseits ineffizient ist vor allem das Auftreten eines einzigen "Machtpromotors". Die Struktur ohne Promotoren nutzt ausschließlich dem Anbieter des innovativen Gutes. Für den Verwender stellt diese Form der Delegation der Problemlösung an seinen Marktpartner die mit Abstand schlechteste Lösung dar.

2. Kriterien und Modelle der Arbeitsteilung

"Successful innovation, however, requires a special combination of entrepreneurial, managerial, and technological roles."

Modesto A. Maidique (1980, 5. 59).

2.1 Kriterien der Arbeitsteilung

Für die weitere Betrachtung ist es zweckmäßig, die Untersuchungen zur Arbeitsteilung der institutionalisierten *Forschung und Entwicklung auszuschließen.* Es handelt sich um ein Problemfeld, dessen Organisation sehr viel stärker strukturell und weniger prozessual bestimmt sein kann als die des Innovationsmanagements. Der Grund ist die stärkere Routinisierung, die laufende Wiederholung und damit der höhere Organisationsgrad der F&E-Tätigkeit. Hingegen gelten im Falle einer erstmaligen, im Zweifel einmaligen, höchst bedeutsamen und konfliktreichen Produkt- oder Prozeßänderung ganz andere Gesetzmäßigkeiten.

Arbeitsteilung im Innovationsmanagement ist in der Regel nicht das Resultat eines bewußt geplanten Organisationsprozesses, sondern das *spontane Ergebnis eines persönlichkeitsbestimmten Einsatzes*. Empirische Untersuchungen, die diese gewachsene Arbeitsteilung ans Licht fördern, werden somit wohl kaum systematisch gegliederte, überschneidungsfreie Konstellationen zeigen, die den Ansprüchen eines schulgerecht denkenden Organisators entsprechen. Wenn wir es riskieren, die vorgefundene Vielfalt in zwei großen Konzepten zu systematisieren, dann durchaus im Bewußtsein, daß darin ein Gutteil ex-post-Rationalisierung liegt.

Am facettenreichsten ist der Katalog unterschiedlicher Tätigkeiten im Innovationsprozeß, der im Kern eine *Arbeitsteilung nach Verrichtungen* nahelegt, wobei zugleich eine Orientierung an bestimmten *Phasen* des Innovationsprozesses erfolgt (vgl. Tab. 2). Überschneidungen liegen insbesondere bei den Tätigkeiten 1 und 2 vor.

Verrichtungen/Phasen	**Rollen im Innovationsmanagement**
1. Anstoß des innovativen Prozesses	"initiator", "catalyst", "Stimulator"
2. Entwicklung einer Problemlösung	"Lösungssucher", "solution giver", "idea generator", "information source"
3. Prozeßsteuerung	"process helper", "connector", "resource linker", "idea facilitator", "orchestrator"
4. Entscheidung	"decision maker", "legitimizer"
5. Realisierung	"realisator", "executor"

Tab. 2: Arbeitsteilung des Innovationsmanagements nach Verrichtungen

Empirisch am häufigsten läßt sich die Gliederung nach der *Verfügungsmöglichkeit über bestimmte Machtquellen* nachweisen, die für die Einwirkung auf Prozeß und Ergebnis der Innovation beachtlich sind (vgl. Tab. 3). Überschneidungen liegen insbesondere bei den Machtquellen 2 und 3 vor.

Machtquellen	**Rollen im Innovationsmanagement**
1. Objektspezifisches Fachwissen	"Fachpromotor", "technical innovator" "technologist", "inventor"
2. Hierarchisches Potential	"Machtpromotor", "chief executive", "executive champion"
3. Verfügung über materielle Ressourcen	"business innovator", "investor", "entrepreneur"
4. Organisationskenntnis und Kommunikationspotential	"product champion", "project champion"

Tab. 3: Arbeitsteilung des Innovationsmanagements nach Machtquellen

2.2 Grundkonzept der Arbeitsteilung

Das hier vorgelegte Grundkonzept der Arbeitsteilung im Innovationsmanagement geht von einer *Drei-Personen-Konstellation* aus, die je nach Rahmenbedingungen zu einer Zwei-Personen-Konstellation reduziert oder auf eine Mehr-Personen-Konstellation ausgeweitet werden kann (Langrish et al. 1972, S. 19).

Zur Frage, ob eine weitergehende Arbeitsteilung sich auch auf untergeordnete oder ausführende Tätigkeiten innerhalb der Promotoren erstreckt, nehmen wir hier nicht Stellung. Wir lehnen uns in der Wahl der Begriffe an Witte an, werden aber die Aufgaben der Promotoren umfassender als er charakterisieren, da wir das Modell der Arbeitsteilung nicht nur für Prozeßinnovationen, sondern auch für Produktinnovationen konzipieren wollen. Abb. 1 zeigt das Grundkonzept.

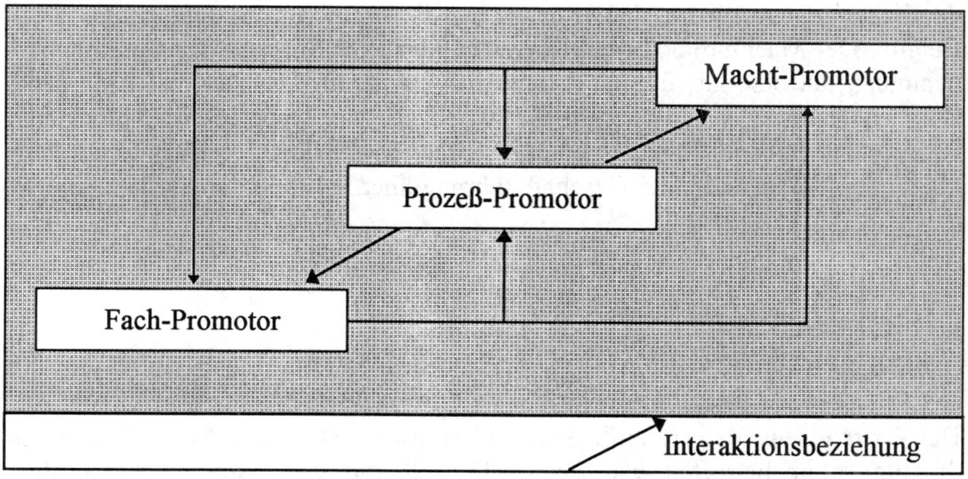

Abb. 1: Grundkonzept der Arbeitsteilung im Innovationsmanagement

2.21 *Fachpromotor*

Der *Fachpromotor* ist nach Witte (1973, S. 18) der *Träger des "objektspezifischen Fachwissens"*. Er ist Erfinder, Ideenträger, der kreative Genius. Er beherrscht die technologisch neue Materie. Er kennt die Alternativen. Er weiß um die inneren Gesetzmäßigkeiten, die Leistungspotentiale, die Begrenztheiten der neuen Produkte oder Verfahren.

2.22 *Machtpromotor*

Der *Machtpromotor* verfügt nach Witte (1973, S. 17) über die *Ressourcen*, um den Entscheidungs- und Durchsetzungsprozeß der Innovation zu ermöglichen. Er entscheidet über Budgets, über Kapazitätszuweisungen, über Personalfreistellung zugunsten der Innovation. Der englische Begriff des "Sponsors" bringt noch deutlicher zum Ausdruck, daß er es ist, der die Mittel für den Innovationszweck freigibt. Der Machtpromotor hat Übersicht, kennt die Strategie der Gesamtunternehmung, hat eine langfristige Perspektive. Er ist ein "Macher", er kann seine Zusagen einlösen, sein Wort gilt. Er hat Macht, um Opposition zu blockieren oder konkurrierende Projekte zurückzustellen. In der Regel verfügt er als Mitglied oder Vorsitzender der Geschäftsführung über hohes hierarchisches Potential.

2.23 *Prozeßpromotor*

Der *Prozeßpromotor* verknüpft. Er hat *Organisationskenntnis*. Er weiß, wer von der Innovation betroffen sein könnte. Er stellt die Verbindung zwischen dem Fachpromotor und dem Machtpromotor her. Er ist in der Lage, die Sprache der innovativen Technik in die Sprache zu übersetzen, die traditionell in der Unternehmung gesprochen und verstanden wird. Er wirbt für das Neue. Er kann aus der Idee einen Aktionsplan entwickeln. Er hat diplomatisches Geschick und weiß, wie man unterschiedliche Menschen individuell anspricht und gewinnt.

2.3 Informationsbeziehungen

Das Grundkonzept ist um seine charakteristischen *Informationsbeziehungen* zu erweitern. Abb. 2 zeigt die wichtigsten Informationsbeziehungen, ohne auszuschließen, daß auch gelegentlich ein Informationsaustausch zwischen den nicht verknüpften Interaktionspartnern auftritt.

Die *Informationspartner des Fachpromotors* sind in erster Linie technisch Interessierte oder Gleichgesinnte bei Kunden oder Lieferanten. Dort findet er Hilfe und Unterstützung, aber auch Anregung und Herausforderung in der ihm eigenen technischen Materie (Myers/Marquis 1969, S. 50, 620; Gemünden 1981, S. 415 ff.).

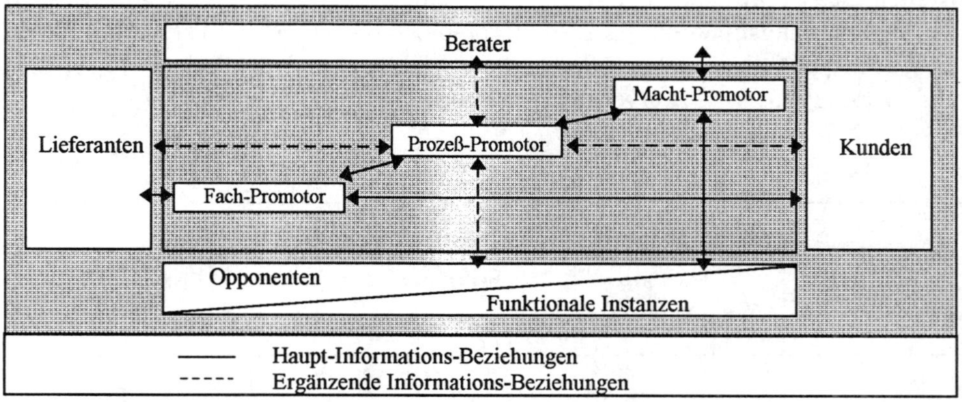

Abb. 2: Informationsbeziehungen des Innovationsmanagements

Entsprechend den Informationswegen der Hierarchie läuft die Kommunikation über innovative Objekte mangels klarer Zuständigkeiten an die Spitze, zum *Machtpromotor*. Außerdem ist bei inner- und außerbetrieblicher Opposition das Topmanagement der natürliche Adressat der Opponenten. Bei dem Machtpromotor beschwert man sich, bei ihm bewirbt man sich mit konkurrierenden Projekten. Er kann außerbetriebliche Berater heranziehen, um fehlendes Wissen zu ersetzen. An ihn muß sich der Berater wenden, wenn er Zugang zu der Unternehmung sucht.

Der *Prozeßpromotor* steht wie ein soziometrischer Star im Zentrum der Informationsflüsse. Er ist nicht nur der geborene Gesprächspartner für den Fach- und den Machtpromotor, er unterhält auch Informationsbeziehungen zu den Marktpartnern, den Beratern und den Opponenten. Er ist in der Lage, den Beteiligten über die technische Problemstellung hinaus die Bezüge zu anderen fachlichen Aspekten - zum Beispiel Absatz, Finanzen, Logistik, Produktion - zu vermitteln. Er kommuniziert mit hierarchisch höherrangigen, weniger spezialisierten Instanzen, hat aber auch Zugang zu untergeordneten, spezialisierten Stellen.

2.4 Zusammenspiel der drei Promotoren

Das Zusammenspiel der drei Promotoren der Innovation soll zusätzlich in einer prozeduralen Perspektive verdeutlicht werden. In dieser prozeduralen Sichtweise werden die spezifischen Beiträge jedes Beteiligten deutlicher. Insbesondere wird die Verknüpfungsfunktion des Prozeßpromotors klar erkennbar (vgl. Abb. 3). Zu dieser Perspektive sei insbesondere auf die Arbeiten von Utterback (1971, S. 125) und Witte (1973, S. 23) verwiesen.

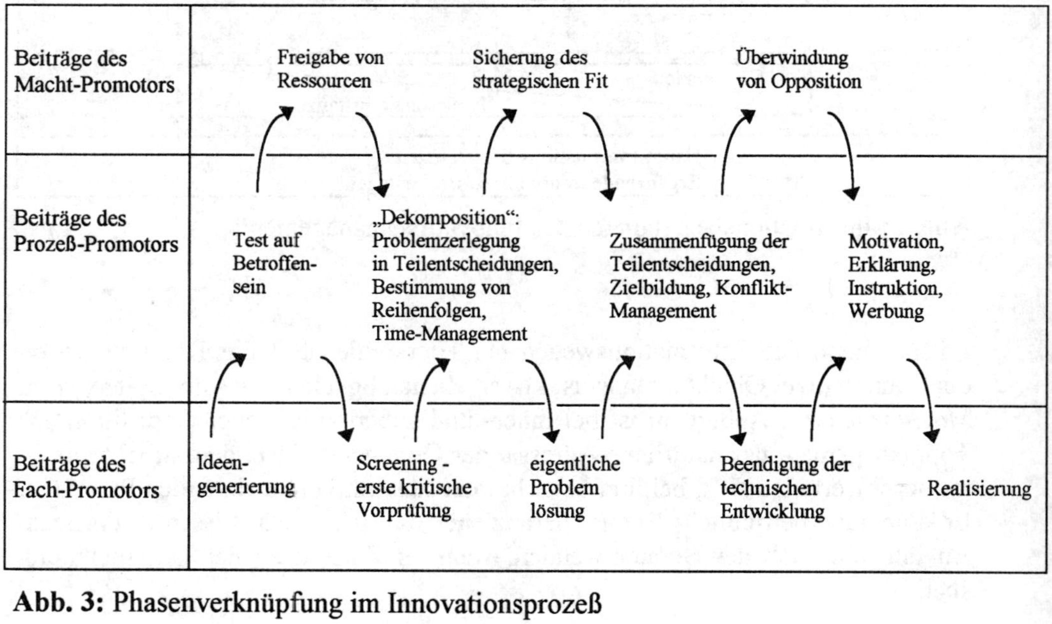

Abb. 3: Phasenverknüpfung im Innovationsprozeß

Die Aktivitäten des Entscheidungs- und Durchsetzungsprozesses erfordern zwingend Beiträge des *Fachpromotors*. Das Schwergewicht seiner Beiträge liegt darin, die technischen Aspekte in die eigentliche Problemlösung, in die Informationssuche und -verarbeitung, in die Alternativenbestimmung, Lagebestimmung und Evaluation einzubringen (Cooper 1979, S. 131).

Der *Prozeßpromotor* ist der Steuermann des Prozesses. Er prüft das "Betroffensein": Ist die neue Idee wirklich bedeutsam für das Unternehmen? Er muß insoweit hinreichend technisch sachverständig sein und zugleich die wichtigsten ökonomischen und sozialen Implikationen für die Unternehmung übersehen. Dazu benötigt er einen nicht unerheblichen Informationsstand über Ziele und langfristige Strategien, ohne diese selbst formal mitzubestimmen. Er unterbreitet dem *Machtpromotor* die neue Idee und sorgt für Förderung und Freigabe der benötigten Mittel. Er bestimmt die Ablauforganisation des Entscheidungsprozesses, das heißt die Zerlegung des Gesamtproblems in einzelne Teilentscheidungen, die Festlegung der Reihenfolge ihrer Bearbeitung. Er setzt Fristen und Termine.

Der *Prozeßpromotor* sorgt für die sachgerechte "Montage" der Teilentschlüsse zur Gesamtentscheidung. Er steuert den Zielbildungsprozeß, das heißt, er sorgt dafür, daß neu erkannte Ziele beachtet, gewichtet und in das ursprüngliche Zielkonzept einbezogen werden. Er löst Konflikte zwischen widerstreitenden Teilzielen, konkurrierenden Abteilungen und widersprüchlichen Informationen. Er hat Sorge zu tragen, daß die innovative Entscheidung in Übereinstimmung mit den Vorgaben der strategischen Planung bleibt. Er hat sich insoweit *ständig mit dem Machtpromotor abzustimmen*. Ist der Entschluß gefallen, so koordiniert der *Prozeßpromotor* den "Verkauf" der neuen Idee an die betroffenen Mitglieder der Unternehmung. Er instruiert und erläutert, er wirbt und motiviert. Er schaltet den *Machtpromotor* ein, wenn ernsthafte Opposition auftritt, die er mit seinen Potentialen und Instrumenten nicht überwinden kann.

Wittes Befunde (1973, S. 39 ff.) haben keinen Zweifel daran gelassen, daß das Promotoren-Modell der Arbeitsteilung nur dann effizient ist, wenn die Beteiligten *eng zusammenarbeiten*. Die soeben gegebene Beschreibung des Innovationsprozesses suggeriert ein wenig, daß die Problemlösungsbeiträge der einzelnen Promotoren isoliert voneinander erfolgen. Das ist eine falsche Vorstellung. Jeder der Beteiligten hat jederzeit Zutritt zu den anderen. Keiner arbeitet zu lange allein, sie kommunizieren häufig miteinander (Ebadi/Utterback 1984, S. 580 ff.). Sie sprechen (und entwickeln) eine gemeinsame Sprache. Jeder sagt, was er wirklich denkt. Keiner nimmt übel. Jeder begründet offen und vorbehaltlos sein Pro und Contra. Jeder akzeptiert die Essentialia der anderen. Jeder überlegt aber auch, wo seine Essentialia wirklich liegen. Der Dialog ist konstruktiv, er verharrt nicht bei

Ja oder Nein, sondern sucht nach neuen Lösungen, die die Essentialia nicht verletzen. Und last not least: Jeder ist fleißig, arbeitet mehr als üblich, setzt sich mit Enthusiasmus ein, engagiert sich (Gerstenfeld 1976, S. 119 f.).

2.5 Modifikationen des Grundkonzepts

Das soeben entwickelte Grundkonzept ist entsprechend den situationsspezifischen Gegebenheiten zu modifizieren:

- Wittes Befunden (1973) ist zu entnehmen, daß die sogenannte "Personalunion", das heißt die Identität von Fachpromotor und Machtpromotor, eindeutig ein Phänomen kleiner Unternehmen ist. Es gilt auch hier der bewährte kontingenztheoretische Satz, daß Arbeitsteilung eine Funktion der *Unternehmensgröße* ist.

- Weiterhin ist die *Häufigkeit der Wiederholung* derartiger Innovationsprozesse eine Determinante der Arbeitsteilung. Die Befunde von Allen (1977, S. 141 ff.) und seiner Schule zeigen die Arbeitsteilung in Forschungs- und Entwicklungseinrichtungen und belegen die arbeitsteilige Bewältigung des Informationsproblems bei nachhaltiger Innovationstätigkeit.

- Rothwell (Rothwell et al. 1974, S. 262; Jervis 1975, S. 24) und sein Forschungsteam belegen, daß die *Branche* eine Determinante der Arbeitsteilung ist. Wittes Befunde weisen in dieselbe Richtung.

- Der *Innovationsgrad* und der *Diffusionsgrad* der neuartigen Materie bestimmen die Arbeitsteilung. Mit zunehmender Diffusion reduziert sich die Bedeutung des Fachpromotors (Witte 1973, S. 38, 63; ähnlich Maidique 1980, S. 59, 65, 71).

Fassen wir diese Befunde zusammen, so zeigt sich die Überlagerung zweier Einflüsse, die für die Arbeitsteilung des Innovationsmanagements beachtlich sind: Systemkomplexität und Problemkomplexität. Die resultierende Gesamtkomplexität ist der Kapazität der Personen gegenüberzustellen, die mit der Realisierung der Innovation befaßt sind. Wir sehen dabei von individuellen, psychischen, physischen, sozialen und intellektuellen Unterschieden ab.

Wenn zwischen persönlicher Innovationskapazität und Innovationskomplexität eine erhebliche Diskrepanz besteht, ist das Grundmodell der Arbeitsteilung zu modifizieren. Zwei Fälle sind dabei denkbar:

1. eine weitere Differenzierung der Arbeitsteilung,
2. eine Zusammenlegung der in der bisherigen Betrachtung getrennten Funktionen.

2.51 Weitere Differenzierung der Arbeitsteilung

Maidique (1980, S. 65 ff.) behandelt den Fall, daß eine weitergehende Arbeitsteilung durch eine hohe Systemkomplexität erzwungen wird (vgl. Abb. 3).

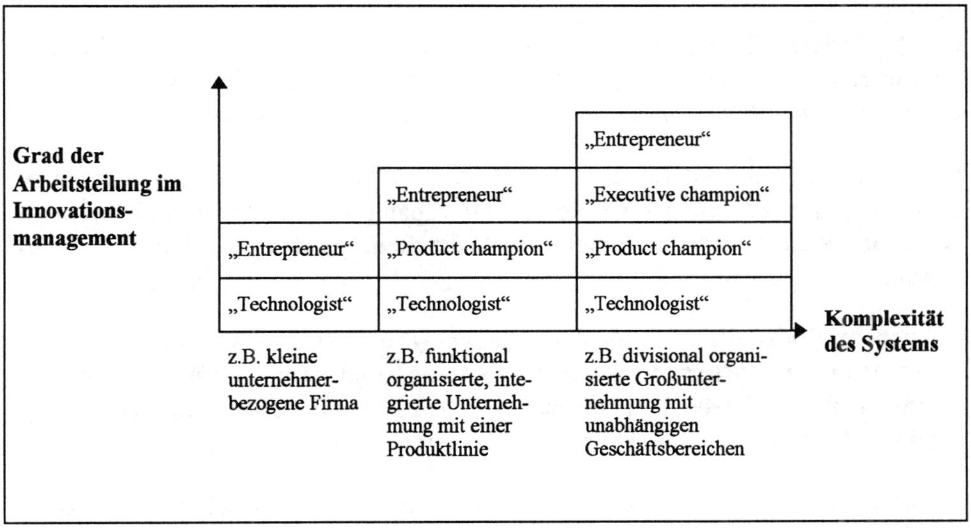

Abb. 3: Systemkomplexität und Grad der Arbeitsteilung im Innovationsmanagement

Er betrachtet dabei insbesondere den Fall einer wachsenden Systemkomplexität bei gegebener Problemkomplexität: Im einfachsten Fall, in der kleinen unternehmerorientierten Firma, findet sich die Zwei-Personen-Konstellation von Fachpromotor ("Technologist") und Machtpromotor ("Entrepreneur").

Das von uns vorgestellte Konzept einer Drei-Personen-Konstellation ist nach Maidique typisch für den Fall der mittleren, funktional gegliederten, aber noch auf eine Produktlinie beschränkten Unternehmung. Eine Vier-Personen-Konstellation, bei der zwischen Machtpromotor ("Entrepreneur") und Prozeßpromotor ("product champion") noch eine weitere Stelle eines "executive champions" eingeführt wird, findet sich in sehr großen, diversifizierten Unternehmen. Der "executive champion" handelt als Machtpromotor auf der Geschäftsbereichsebene.

2.52 Zusammenlegung getrennter Funktionen

Von besonderem Interesse ist für uns der Fall, daß die Problem- und Systemkomplexität die tiefgehende Arbeitsteilung gerade nicht erzwingt. *Welche Funktionen des Innovationsmanagements können zusammengefaßt werden?*

- In den von Witte (1973, S. 35) untersuchten Prozeßinnovationen kommt es praktisch nur zu einem Zwei-Personen-Gespann von Macht- und Fachpromotor, in denen der Machtpromotor auch die Beiträge des Prozeßpromotors erbringt.
- Auch in Rothwells Befunden des Sappho-Projektes (1974, S. 280) tritt die Personalunion zwischen "product champion" und dem "business innovator" bzw. dem "chief executive" mehr als doppelt so häufig auf wie die Kombination von "product champion" und "technical innovator".

Die administrativen Funktionen des Machtpromotors und des Prozeßpromotors unterscheiden sich weniger als die des Prozeßpromotors und des Fachpromotors. *Die technische Innovationsfunktion sperrt sich offenbar gegen eine Zusammenfassung mit den administrativen Funktionen des Innovationsmanagements.*

3. Zur Organisierbarkeit der Arbeitsteilung

> *"Waiting for key individuals to arise spontaneously and act freely may not be the best way."*
>
> *Langrish et al. (1972, S. 11).*

Uhlmann (1978, S. 129), der Innovationsprozesse in einer traditionsreichen, umweltstabilen Branche untersucht, findet, daß die Ausfüllung der Rollen ein Vorgang ist, "der stark reglementiert ist und weniger durch Einzelpersonen als vielmehr durch Gruppen gekennzeichnet ist, deren Mitglieder in einem arbeitsteiligen, auf fachliche Fähigkeiten beruhenden System in hohem Grade austauschbar sind." "Key individuals" seien für den Ablauf des Innovationsprozesses zwar unabdingbar, "im allgemeinen aber auch in der Organisation vorhanden bzw. in der Aufgabenverteilung vorgesehen" (1978, S. 110). Uhlmann befindet sich mit dieser Einschätzung in einer Außenseiterposition. In den meisten Untersuchungen findet sich ein Hinweis, daß die Arbeitsteilung im Innovationsmanagement eher spontan erfolgt (Schon 1963, S. 84; Globe/Levy/Schwartz 1973, S. 15; Payne 1985, S. 71; Fischer et al. 1986, S. 15.).

Es werden mit den Rollen oder Funktionen der Innovationsmanager, zum Beispiel bei Chakrabarti (1974, S. 61), zugleich oft Persönlichkeitseigenschaften beschrieben, die darauf hindeuten, daß die Arbeitsteilung auf der Kraft der Individuen basiert und nicht auf den kühlen Analysen der Organisations- und Personalabteilungen. *Organisation "ad personam", nicht "ad rem"? Organisation, zufallsgesteuert?*

Wenn andererseits nicht nur Existenz, sondern auch Effizienz bestimmter Spielarten der Arbeitsteilung im Innovationsmanagement nachgewiesen werden kann, dann wäre es fahrlässig, wenn wir diese Erkenntnisse bei der Organisation innovativer Entscheidungs- und Durchsetzungsprozesse vernachlässigen würden. Folgende Stichworte könnten die Leitlinie einer *bewußten Herbeiführung von Arbeitsteilung im Innovationsmanagement sein:*

1. Der *Nukleus* der Spezialisierung ist unzweifelhaft der Träger der fachspezifisch-technischen Kreativität, der Fachpromotor. Ohne ihn sind Produkt- und Prozeßinnovationen nicht durchführbar - wenn wir von dem Fall absehen, daß Marktpartner oder Berater die Rolle des Fachpromotors übernehmen.

2. Um diesen Fachpromotor herum ist die Organisation des Innovationsmanagements schrittweise aufzubauen. Die Organisation der Innovationen folgt dabei anderen Gesetzen als die Organisation der Routineprozesse mit ihren klassischen Schritten Aufgabenanalyse, -synthese und -verteilung. Es müssen vielmehr zunächst die *spezifischen Defizite des Fachpromotors* festgestellt werden. Das Fehlen dieser Qualifikationen würde bewirken, daß er notwendige Beiträge im Innovationsprozeß nicht oder unzureichend erbringt. Diese fehlenden Qualifikationen müssen seine Mit-Promotoren im innovativen Team mitbringen.

   Voraussetzung ist dabei, daß man die Anforderungen des Innovationsprozesses und die sachlich notwendigen Beiträge ex ante kennt und daß man überdies die Defizite des Fachpromotors einschätzen kann - in vielen Fällen sicherlich fragwürdige Prämissen.

3. Dieser Prozeß der Qualifikationsergänzung muß - gemäß unserem Konzept der Arbeitsteilung - stets danach fragen, wer als *Machtpromotor* bereit und in der Lage ist, das innovative Engagement zu fördern. Es ist ja die klassische Schumpeter-Konstellation, daß der Erfinder (Fachpromotor) "seinen" Unternehmer (Machtpromotor) braucht, um seiner technischen Idee den notwendigen finanziellen und widerstandsbrechenden Schub zu geben.

4. Sind in diesem Innovationsprozeß vielfältige Informationsbeziehungen zu aktivieren und organisatorische, fachliche und sprachliche Distanzen zu überbrücken, so ist die Hinzuziehung eines *Prozeßpromotors* zu erwägen, wenn weder Machtpromotor noch Fachpromotor diese "bridging function" übernehmen können.

5. Zumindest in der Anfangsphase des Innovationsprozesses sollte das Primat der *Selbstorganisation* gelten, das heißt, die Mitglieder des innovativen Teams sollten sich selbst finden und sich in ihren Positionen bzw. Leistungsbeiträgen definieren. Von ihnen werden im Laufe des Innovationsprozesses ein erhebliches Engagement, ein überdurchschnittlicher Arbeitseinsatz und ein beträchtliches Konfliktverarbeitungspotential erwartet. Diese kräftezehrenden Ansprüche erträgt nur ein Team mit großer Kohäsion, mit konfliktfreiem Innenleben und mit starker persönlicher Bindung. Die Eigenschaften können nicht angeordnet werden, sie müssen zusammenfinden.

6. Daher muß es *Möglichkeiten der Kontaktanbahnung* geben. Hier liegt eine der Begründungen gegen die sogenannte "mechanistische" (bürokratische) und für die "organische" Organisationsstruktur (Burns/Stalker 1961, S. 119 ff.). Innerbetriebliche, für jeden Interessierten zugängliche Seminare, informelle Ge-

sprächskreise, personelle Rotation und laterale Begegnungen durch die Hierarchie hindurch können derartige Treffs ermöglichen. Oft zeigt sich der wahre Prozeßpromotor darin. daß er diese Aufgabe an den Beginn seiner Aktivität stellt; den Kontakt zwischen Ideenträger und Sponsor, zwischen Machtpromotor und Fachpromotor anzubahnen.

Die *Arbeitsteilung endet mit dem Abschluß des Innovationsprozesses* - mit Erfolg oder Mißerfolg. Für neue Prozesse gelten neue Bedingungen. Die Frage der Arbeitsteilung stellt sich mit jedem neu auftauchenden Innovationsproblem aufs Neue.

Jürgen Hauschildt und Edgar Kirchmann

Zur Existenz und Effizienz von Prozeßpromotoren

Zuerst erschienen unter dem Titel:
Arbeitsteilung im Innovationsmanagement - Zur Existenz und Effizienz von Prozeßpromotoren, in: Zeitschrift Führung + Organisation, Jg. 66 (1997), S. 68-73.

Zur Existenz und Effizienz von Prozeßpromotoren

Jürgen Hauschildt und Edgar Kirchmann

1. Das Gespann von Macht- und Fachpromotor

Vor rund 25 Jahren entwickelte Eberhard Witte das *Promotoren-Modell* (Witte 1973). Dieses Modell erfreut sich in Wissenschaft und Praxis seither uneingeschränkter Anerkennung. Witte konnte seinerzeit in einer repräsentativen Untersuchung der Erstbeschaffung von Computern in Deutschland die Erkenntnis sichern, daß Innovationen nur dann zum Erfolg werden, wenn tatkräftige Persönlichkeiten sich engagiert für das neue Produkt oder das neue Verfahren einsetzen. Im Gegensatz zu amerikanischen Vorarbeiten hatte Witte für seine empirische Prüfung eine gut abgeleitete Theorie entwickelt: Innovationen verlangen mehr als den Vollzug bestimmter Tätigkeiten. Innovation begegnet zumeist massiven *Widerständen.* Teilweise erhebt sich Opposition aus Nicht-Wissen, teilweise aus dem Nicht-Wollen der von der Innovation Betroffenen und an ihr Beteiligten. Diese Widerstände müssen mit geeigneten Machtmitteln überwunden werden: Gegen den Widerstand des Nicht-Wissens ist spezifisches Fachwissen einzusetzen. Innovatoren müssen als „Lehrer“ oder „Technologen“ ihre widerstrebenden Kollegen oder Kunden überzeugen. Gefragt ist somit eine Person, die objektspezifisches Fachwissen in den Innovationsprozeß einbringt, der *Fachpromotor.* Gegen den psychischen Widerstand des Nicht-Wollens ist hingegen eine andere Kraft gefragt: der *Machtpromotor.* Er setzt hierarchisches Potential ein, um die Innovation vor Opposition abzuschirmen und gegen Widerstände durchzusetzen. Fachpromotor und Machtpromotor bilden ein *Gespann.* Sie arbeiten eng zusammen, entwickeln eine gemeinsame Sprache und setzen sich enthusiastisch für die neue Idee ein.

2. Das theoretische Konzept

Wittes theoretisches Konzept basiert auf drei Grundannahmen:

1. Für die Überwindung beider Varianten des Widerstandes wird spezifische Energie benötigt. Die Barriere des Nicht-Wollens wird durch hierarchisches Potential, die Barriere des Nicht-Wissens durch den Einsatz objektspezifischen Fachwissens überwunden. Es besteht eine Korrespondenz zwischen Widerstand und widerstandsüberwindender Energie („*Korrespondenztheorem*").

2. Diese Energien werden von unterschiedlichen Personen bereitgestellt. In den Innovationsprozeß bringt der Machtpromotor *hierarchisches Potential* und der Fachpromotor *objektspezifisches Wissen* ein. Diese Leistungen erfolgen arbeitsteilig. Jeder Leistungsbeitrag wird durch eine bestimmte Person verkörpert („*Theorem der Arbeitsteilung*").

3. Der Innovationsprozeß ist erfolgreich, wenn Machtpromotor und Fachpromotor koalieren und gut koordiniert sind, also im wahren Sinne des Wortes *zusammen arbeiten („Interaktionstheorem*").

Alle drei Theoreme wurden von Witte empirisch überprüft und bestätigt. Tatsächlich zeigte sich bei arbeitsteiliger, gut koordinierter Überwindung der jeweils unterschiedlichen Barrieren die insgesamt beste Lösung.

Aber die Befunde sind keineswegs einhellig. In einer nicht unerheblichen Zahl von Fällen kommt es überhaupt nicht zur Arbeitsteilung. Schon in Wittes Untersuchung mußte registriert werden, daß in 21% der von ihm untersuchten 233 Fälle *keine Promotoren* auftraten (Witte 1973, S. 38). Auch in der bekannten SAPPHO-Studie von Rothwell und seinem Forschungsteam wird belegt, daß es zu einer erheblichen Rollenakkumulation kommt (Rothwell et al. 1975, S. 142 f.). Die Befunde von Chakrabarti (1974, S. 59) und Chakrabarti/O'Keefe (1977, S. 340) weisen zwar deutlich die Existenz mehrerer Promotoren nach, in der Hälfte der Fälle konzentriert aber eine einzelne Schlüsselperson die gesamte Innovationsaktivität auf sich. Auch in späteren Untersuchungen, wie denen von Markham et al. (1991, S. 217 ff.), Scholl et al. (1993), finden sich in einer nicht unerheblichen Anzahl von Fällen keine oder nur isoliert auftretende Promotoren.

Indessen ist diese *Zentralisierung* der Innovationsfunktion in einer Stelle auch *keinesfalls die Regel*: In Wittes Untersuchung tritt die Gespannstruktur in 37% der Fälle auf (Witte 1973, S. 35), in den Studien von Chakrabarti/O'Keefe sogar in 48% (Chakrabarti/ O'Keefe 1977, S. 340). Neuere Studien von Bantel/Jackson (1989, S. 107 ff.) sowie Howell/Higgins (1990, S. 317 ff.) zeigen, daß die Innovationsteams durchaus zwischen 5 und 7 Personen umfassen.

Es gibt also höchst *unterschiedliche Grade der Arbeitsteilung* in Innovationsprozessen.

3. Vom Gespann zur Troika

Nach einer Metaanalyse der Literatur stellten Hauschildt/Chakrabarti[1] (1988) die Hypothese auf, daß neben dem Fachpromotor und dem Machtpromotor ein dritter Promotor benötigt werde, um Innovationsprozesse erfolgreich abschließen zu können. Dieser Promotor sei immer dann nötig, wenn es gelte, eine besonders komplexe Materie zu bewältigen, und/oder wenn das Innovationsprojekt in einem vielgliedrigen, großen Unternehmen durchzusetzen sei. *Problemkomplexität und Systemkomplexität forderten einen „Prozeßpromotor"*. Dieser habe die Aufgabe, eine weitere Barriere zu überwinden, die Barriere des Nicht-Dürfens, das sind vor allem *organisatorische und administrative Widerstände* gegen die neue Idee. Der Prozeßpromotor leitet seine Einflußkraft aus Organisationskenntnis ab. Er weiß, wer von der Innovation betroffen sein könnte. Er stellt die Verbindung zwischen dem Fachpromotor und dem Machtpromotor her. Er ist in der Lage, die Sprache der innovativen Technik in die Sprache zu übersetzen, die traditionell in der Unternehmung gesprochen und verstanden wird. Er wirbt für das Neue. Er kann aus der Idee einen Aktionsplan entwickeln. Er hat diplomatisches Geschick und weiß, wie man unterschiedliche Menschen individuell anspricht und gewinnt.

Auch diese theoretische Idee, wonach das Promotorengespann zu einer Promotorentroika zu erweitern sei, wurde von Wissenschaft und Praxis zustimmend aufgenommen. Gemünden/Walter[2] führen diese Vorstellung noch weiter: Sie registrieren, daß Innovationen zunehmend zu Kooperationen zwischen mehreren

1 Siehe den Beitrag von Hauschildt/Chakrabarti auf den Seiten 67 bis 87 dieser Schrift.

2 Siehe die Beiträge von Gemünden/Walter und Walter/Gemünden auf den Seiten 111 bis 158 dieser Schrift.

Unternehmen führen. Damit treten neue Widerstände im zwischenbetrieblichen Innovationsprozeß auf, die wiederum durch einen spezifischen Promotor überwunden werden können, den „*Beziehungspromotor*". Offen ist bisher, ob der Beziehungspromotor eine Fortentwicklung des Prozeßpromotors darstellt oder ob damit eine zusätzliche Person benötigt wird. *Wird aus der Troika eine Quadriga*?

An dieser Stelle scheint es uns geboten, innezuhalten und zunächst einmal wieder empirisch zu prüfen: *Lassen sich die Existenz und die Effizienz eines Prozeßpromotors überhaupt nachweisen*? Die Metaanalyse von Hauschildt/Chakrabarti hatte lediglich auf zusätzliche Funktionen, vielleicht auch auf eine Rolle, nicht indessen auch auf eine weitere Person aufmerksam gemacht. Das Korrespondenztheorem scheint empirisch bestätigt. Gilt das auch für das Theorem der Arbeitsteilung, in diesem Falle als Drei-Personen-Modell?

Damit läßt sich die Problemstellung kennzeichnen. Zu testen sind die folgenden *Hypothesen*:

H1: *In Innovationsprozessen treten neben Fachpromotoren und Machtpromotoren auch Prozeßpromotoren als isolierbare Personen auf ("Troika").*

H2: *Die Troika-Konstellation aus Macht-, Prozeß- und Fachpromotor ist erfolgreicher als alle anderen Konstellationen.*

4. Empirische Prüfung

4.1 Stichprobe

Geprüft werden diese Hypothesen durch eine Fragebogenaktion und eine Interviewreihe über gemeinsame Produktinnovationen von Herstellern und Anwendern in *der westdeutschen Maschinen- und Anlagenbau-Branche* (Kirchmann 1994, S. 133 ff.). Ein Interview wurde in 30 Fällen durchgeführt. Insgesamt 203 Unternehmen erhielten einen Fragebogen. Davon wurden 123 Fragebögen zurückgesandt. Die erreichte *Rücklaufquote* von 60,6 % ist ein Indikator für die Bedeutung, welche die Befragten dem Problem beimessen.

Nach der Fragebogen- und Interviewaktion liegen insgesamt 153 Datensätze vor. 20 Datensätze konnten allerdings im Rahmen der Untersuchung nicht ausgewertet werden, da sie Inkonsistenzen enthielten oder nicht vollständig beantwortet waren. Damit stehen für die empirische Überprüfung der Hypothesen *133 Datensätze* zur Verfügung (vgl. Übersicht 1).

1. Empirisches Feld

(1) **Grundgesamtheit:** gemeinsame Produktinnovationen von Herstellern und Anwendern in kleinen und mittleren Unternehmen (50 - 5000 Mitarbeiter) der westdeutschen Maschinen- und Anlagebau-Branche zu Beginn der 90er Jahre Kontaktierte Unternehmen: 416, davon ohne Kooperationsbeziehungen: 195

(2) **Stichprobe:** 203 Fragebögen

(3) **Rücklaufquote:** 153 Fragebögen = 75,3%

(4) **Auswertungsstichprobe:** 133 Unternehmen nach Aussonderung inkonsistenter oder unvollständiger Fälle

2. Erhebung

(1) **Interview** von 30 Unternehmen zur Validierung und zum Pretest des Fragebogens

(2) **Fragebogenversendung** mit einer telefonischen Nachfaßaktion im Oktober 1991

(3) **Feedback-Bericht** an die befragten Unternehmen zur Sicherung der Reliabilität und Validität

Übersicht 1: Empirisches Feld und Erhebungsmethode im Projekt Innovationskooperation

4.2 Identifikation der Promotoren

Promotoren sind Personen, die den Innovationsprozeß aktiv und intensiv fördern. Aufgrund ihres Engagements für die Innovation ist ihre *Identifizierung* durch Projektmitarbeiter in aller Regel kein sonderliches Problem (Witte 1973, S. 29; Jervis 1975, S. 22; Taylor 1975, S. 240 f.; de Meyer 1984, S. 240; Ettlie et al. 1984, S. 687).

Auch in unserer Vorstudie hat sich gezeigt, daß den Befragten die Beantwortung der Frage nach der Existenz von Promotoren im Prozeß der Produktinnovation keine nennenswerten Probleme bereitet. Ihre Ermittlung im Fragebogen wurde gemäß der definitorischen Typenbeschreibung vorgenommen: Die Befragten wurden gebeten anzugeben, ob Mitarbeiter während des Innovationsprozesses auftraten, auf die mindestens eine der folgenden Charakterisierungen zutraf (analog Ettlie/Bridges/O'Keefe (1984) S. 686 f.):[3]

- Aktiver und intensiver Beitrag zur Förderung des Innovationsprozesses *durch hierarchisches Potential.*

- Aktiver und intensiver Beitrag zur Förderung des Innovationsprozesses *durch objektspezifisches Fachwissen.*

- *Aktive und intensive Vermittlung* zwischen Unternehmensangehörigen, die sich in besonderer Weise durch ihr hierarchisches Potential für den Innovationsprozeß eingesetzt haben, und Mitarbeitern, die sich in besonderer Weise durch ihr objektspezifisches Wissen für den Innovationsprozeß eingesetzt haben.

Um hierbei die Gefahr eines attributionalen Bias zu minimieren, wurden die Begriffe "Machtpromotor", "Fachpromotor" und "Prozeßpromotor" in der Befragung bewußt nicht verwendet. Es sollte vermieden werden, daß die Befragten dazu tendieren, sich selbst unberechtigterweise die Rolle eines "Promotors" zuzuschreiben (vgl. Howell/ Higgins 1990, S. 327).

---

[3] Die einleitende Frage lautete: „Gab es Mitarbeiter in Ihrem Unternehmen, die sich besonders aktiv und intensiv für die Realisierung der Neuproduktentwicklung eingesetzt haben?“

5. Zur Existenz des Prozeßpromotors

Es war den Befragten freigestellt,

- *keinen* Mitarbeiter mit Promotoreneigenschaften aufzuführen,
- *beliebig viele* Mitarbeiter zu nennen, auf die ihrer Meinung nach die Beschreibung eines Macht- oder Fachpromotors zutrifft oder
- *für jeden* genannten Mitarbeiter anzugeben, ob es sich um einen Machtpromotor oder um einen Fachpromotor handelt oder ob auf eine einzelne Person beide Beschreibungen zutreffen.

Damit wurden bei den Antwortmöglichkeiten sämtliche von Witte unterschiedenen Promotorenstrukturen berücksichtigt. Zusätzlich wurde die Existenz eines Prozeßpromotors, der zwischen Macht- und Fachpromotor vermittelt, erhoben. Tab. 1 zeigt die erhobenen Strukturen und ihre relative Häufigkeit.

Die ersten fünf Strukturen entsprechen den von Witte eingeführten Promotorenstrukturen. Hinzugekommen ist das Dreier-Gespann. Zusammen mit der von Hauschildt/Chakrabarti gewählten Modellerweiterung ergeben sich damit insgesamt sechs Promotorenstrukturen.

Der Befund zur Existenz dieser Strukturen ist in der letzten Spalte von Abb. 1 widergegeben. Die Verteilung ist überraschend. Dies gilt insbesondere für die Struktur des einseitigen Machtpromotors. Für keinen der 133 Befragten schien ein derartiger Innovationsprozeß durch das alleinige Wirken eines Machtpromotors lösbar. *Wenn Machtpromotoren auftraten, dann nur in Verbindung mit anderen Typen von Promotoren.* Deutlich tritt demgegenüber eine *Dominanz der einseitigen Fachpromotoren-Struktur* hervor. In mehr als einem Drittel der Fälle (39 %) einer Neuproduktentwicklung unter Promotoreneinfluß trat diese Struktur auf.

Der Vermutung einer Rollenakkumulation wird aber eine Absage erteilt: Nur in vier der 133 erhobenen Fälle tritt die Personalunion von Macht- und Fachpromotor auf. *Dagegen sind das Zweier-Gespann und das Dreier-Gespann in einer beachtlichen Anzahl von Fällen vorfindbar.* Diese zwei Strukturen lassen sich zusammen fast in jedem dritten Innovationsprozeß identifizieren. Das Dreier-Gespann tritt dabei sogar geringfügig häufiger als das Zweier-Gespann auf. Bereits diese Existenzbetrachtung zeigt, daß *das Dreier-Gespann keineswegs eine Randerscheinung* in der Praxis des Innovationsmanagements ist. H1 kann insoweit nicht zurückgewiesen werden.

Promotoren-struktur	**Kurz-bezeich-nung**	**Beschreibung**	**Häufigkeit des Auftre-tens**
Struktur ohne Promotoren	OP	Im Innovationsprozeß wirken keine Promotoren mit.	37 (28 %)
Einseitige Fachstruktur	FP	Im Innovationsprozeß wirkt nur mindestens ein Fachpromotor mit.	52 (39 %)
Einseitige Machtstruktur	MP	Im Innovationsprozeß wirkt nur mindestens ein Machtpromotor mit.	0 (0 %)
Personalunion	MFP	Im Innovationsprozeß wirkt nur mindestens ein Promotor mit, bei dem sich Fach- und Machtpromotoreneigenschaften vereinen.	4 (3 %)
Zweier-Gespann	MP+FP	Im Innovationsprozeß wirken mindestens ein Fach- und ein Machtpromotor mit.	19 (14 %)
Dreier-Gespann	MP+PP+FP	Im Innovationsprozeß wirken mindestens je ein Macht-, Prozeß- und Fachpromotor mit.	21 (16 %)

Tab. 1: Definition und Verteilung der Promotorenstrukturen

Die Entwicklung eines neuen Produkts verlangt ganz offensichtlich einen *Fachpromotor*: Innovationen sind in erster Linie ein technisches oder technologisches Phänomen. Sie verlangen somit vor allem das Engagement von Personen, die den Innovationsprozeß durch objektspezifisches Fachwissen aktiv und intensiv fördern. Der Fachpromotor ist der Nukleus des Innovationsprozesses. Dies kann eine Erklärung dafür sein, daß in der vorliegenden Untersuchung insbesondere die einseitige Fachstruktur identifiziert werden konnte, während die einseitige Machtstruktur völlig fehlt. Promotorenstrukturen sind offenbar nicht völlig unabhängig von der Art der Innovation. In Wittes Studien wurde eine administrative Prozeßinnovation untersucht, hier hingegen eine technische Produktinnovation. Die Barriere des Nicht-Wollens scheint in unserem Sample weniger bedeutsam zu sein.

Die beobachtete Häufigkeitsverteilung macht die Erfolgsanalyse einiger Promotorenstrukturen entbehrlich. Die einseitige Machtstruktur kann nicht näher betrachtet werden. Da die Personalunion-Struktur lediglich in vier Fällen auftritt, erlaubt sie keine gesicherten Schlußfolgerungen im Rahmen einer statistischen Analyse. Auch dieser Fall wird daher aus der weiteren Analyse ausgeschlossen.

6. Promotorenstruktur und Informationsverhalten

Innovationsprozesse sind primär *Informationsprozesse*, das heißt Prozesse der Gewinnung, Verarbeitung und des Transfers von Informationen (vgl. Rogers 1982, S. 110; Hauschildt 1992, S. 105 ff.). Mit Rogers kann festgehalten werden:

> "Managing information flows is an important part of successful innovation ... In this sense, the most innovative firm in an industry is likely one that best manages its ... information flows" (Rogers 1982, S. 111).

Das Management derartiger Informationsprozesse läßt sich damit als eine Variable interpretieren, die sich zwischen die direkte Beziehung zwischen Promotorenstrukturen und Erfolg des Innovationsprozesses schiebt. Der Satz der Hypothesen ist insoweit zu erweitern:

H3: *Die Troika-Konstellation aus Macht-, Prozeß- und Fachpromotor fördert die Gewinnung innovationsrelevanter Informationen in höherem Ausmaß als alle anderen Promotoren-Konstellationen.*

Der Befund auf Basis einer siebenstufigen Ratingskala[4] ist in Abb. 1 dargestellt.

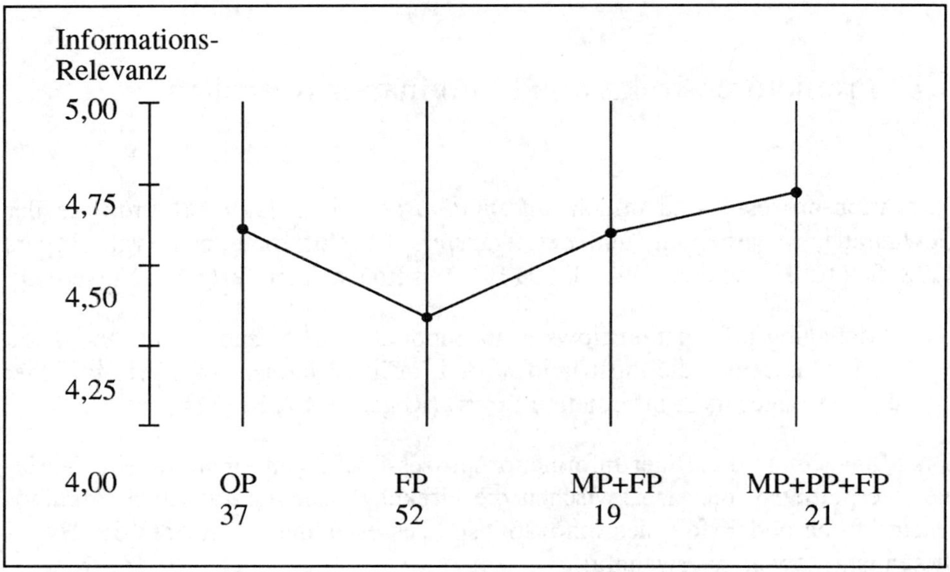

Abb. 1: Relevanz der gewonnenen Information und Promotorenstrukturen

---

[4] Die entsprechenden Fragen lauteten:
„Bitte bewerten Sie für die nachfolgenden Innovationsphasen die Bedeutung der vom Kunden gewonnenen Informationen:
Phase 1: Problemerkennung / Ideensuche
Phase 2: Entwicklung / Konstruktion
Phase 3: Realisierung (Prototyp, Test, Änderungen, Fertigung)
Phase 4: Markteinführung
Die Abbildung gibt das arithmetische Mittel der Relevanzeinschätzung über die vier Phasen wieder.

Am wenigsten trägt die *einseitige Fachstruktur* dazu bei, innovationsrelevante Information zu beschaffen. Hierbei ist besonders interessant, daß diese Struktur sogar noch einen niedrigeren Wert als die Struktur ohne Promotoren aufweist. Dieses Ergebnis könnte nach dem Befund des SAPPHO-Projektes auf das "Not-invented-here-Syndrom" zurückzuführen sein (vgl. Jervis 1975, S. 24; Rothwell 1975, S. 145): Alleinstehende Fachpromotoren besitzen gegenüber externen Informationen eine kritische Einstellung, was dazu führt, daß sie sich tendenziell gegen die Übernahme von fremden Resultaten sträuben. Dies steht auch im Einklang mit den empirischen Befunden von Albach et al. (1991, S. 318), wonach sich insbesondere bei der Weiterentwicklung von extern bezogenen Teillösungen keine Promotoren identifizieren lassen.

Tritt ein *Machtpromotor* hinzu, so steigt die Relevanz der beschafften Information an. Ob dieser positive Effekt direkt durch das Wirken des Machtpromotors erreicht wird oder ob bereits seine bloße Existenz die Steigerung zu erzielen vermag, kann hier nicht beantwortet werden. Für letzteres spricht die Überlegung von Gemünden (1981, S. 161), daß der Fachpromotor erst bei Rückendeckung durch eine Person mit umfassender Legitimität zu vermehrten Außenkontakten bereit ist.

Das beste Ergebnis wird durch das Dreier-Gespann erzielt. Es scheint vor allem das Auftreten eines Prozeßpromotors zu sein, das die Beschaffung innovationsrelevanter Information steigert. Durch seine Vermittlerrolle zwischen Macht- und Fachpromotor und die damit verbundene Kenntnis über organisationsspezifische, sachliche und personelle Gegebenheiten erschließt der Prozeßpromotor weitere Informationsquellen. Hier liegt ein erster Hinweis auf die Effekte der Arbeitsteilung im Innovationsmanagement. Allerdings ist dieser Befund einzuschränken. Die einfaktorielle Varianzanalyse zeigt, daß der Befund zur Relevanz der Informationsbeschaffung allenfalls Tendenzaussagen erlaubt. Denn der F-Test läßt auf dem 5%-Niveau keine signifikanten Mittelwertunterschiede über alle Promotorenstrukturen hinweg erkennen. H3 ist somit streng genommen nicht bestätigt, indessen widersprechen die Befunde ihr auch nicht.

7. Neuigkeitsgrad und Promotorenstruktur

Damit läßt sich nun die Frage nach dem Erfolg der einzelnen Promotorenstrukturen aufwerfen. Als erstes wird die Beziehung zum *Innovationsgrad* geprüft. Der Innovationsgrad war in der Untersuchung Wittes die wichtigste Erfolgs-Variable. Aber es gilt zunächst zu präzisieren: Gemeint ist der *erreichte* Innovationsgrad, *nicht der angestrebte*, der eher die Funktion einer unabhängigen Variablen hat. Somit ist zu fragen: Inwieweit können die Promotoren die beschafften Informationen für den Innovationsprozeß nutzbar machen und ihn zu einem hohen *Neuigkeitsgrad der Innovation* führen? (vgl. Abb. 2). Der Neuigkeitsgrad wurde auf einer siebenstufigen Ratingskala[5] gemessen.

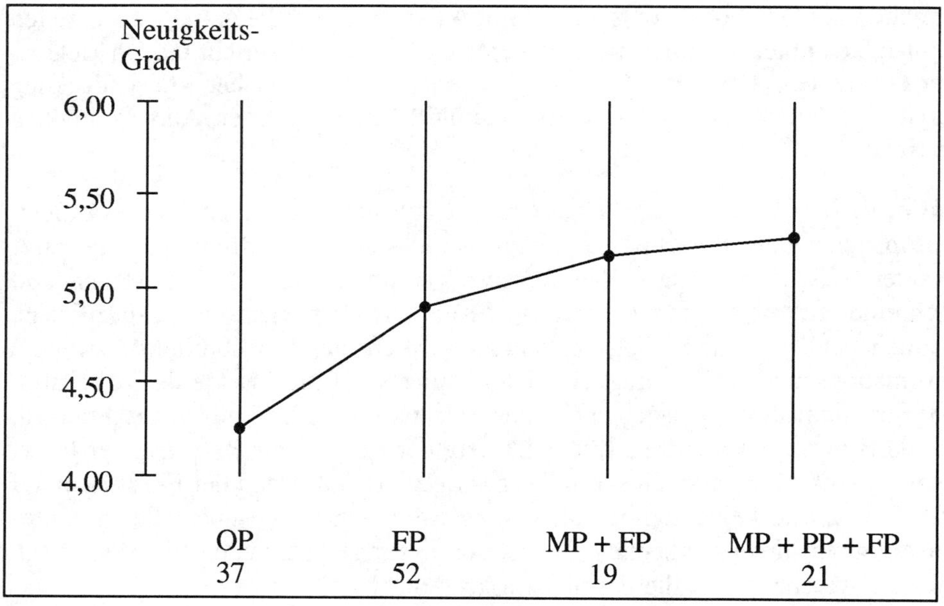

Abb. 2: Neuigkeitsgrad der Innovation und verschiedene Promotorenstrukturen (aus der Sicht des Herstellers)

[5] Die entsprechende Frage lautete:
„In welchem Ausmaß war die gemeinsame Produktentwicklung für den Kunden neuartig?"

Die Strukturen lassen mit einer Irrtumswahrscheinlichkeit von $p \leq 0{,}031$ signifikante Mittelwertunterschiede erkennen. Ein zusätzlicher LSD-Test weist außerdem auf dem 5 %-Niveau die a-posteriori-Vergleichstests zwischen

- der Struktur ohne Promotoren und dem Dreier-Gespann sowie zwischen
- der Struktur ohne Promotoren und dem Zweier-Gespann und auf dem 10 %-Niveau zwischen
- der Struktur ohne Promotoren und der einseitigen Fachstruktur

als signifikant aus.

Schon der allein agierende Fachpromotor bringt ein anspruchsvolleres Neuprodukt hervor als die Struktur ohne Promotoren. Tritt zusätzlich ein Machtpromotor auf, so lassen sich auch mögliche Barrieren des Nicht-Wollens überwinden. Demgemäß ist *beim klassischen Gespann ein weiterer Anstieg des Innovationsgrades* zu verzeichnen. Erneut bestätigt sich damit, daß das Promotorenmodell Wittes gegenüber der Struktur ohne Promotoren und gegenüber einseitigen Strukturen zu höheren Innovationsgraden führt.

Wird das Promotorenmodell allerdings um einen Prozeßpromotor erweitert, so kommt es zu einem noch höheren Anspruchsniveau der Innovationslösung. Von allen in der vorliegenden Arbeit unterscheidbaren Promotorenstrukturen erreicht das *Dreier-Gespann den höchsten Effektivitätsbeitrag*. Das positive Wirken eines Prozeßpromotors tritt damit unverkennbar hervor.

Die Wirkungsrichtung der Beziehung könnte auch umgekehrt interpretiert werden: Wenn die Unternehmung einen besonders hohen Innovationssprung anstrebt, ist sie gezwungen, einen weiteren Promotor einzuschalten, um neben den Widerständen des Nicht-Wissens und Nicht-Wollens auch die Widerstände der Administration abzubauen. Bei dieser Blickrichtung wird der *angestrebte* Innovationsgrad als strategische Schlüsselvariable interpretiert.

8. Innovationserfolg und Promotorenstruktur

Die bisherigen Befunde zu den verschiedenen Promotorenstrukturen haben gezeigt, daß das Dreier-Gespann, bestehend aus Macht-, Prozeß- und Fachpromotor, am ehesten in der Lage ist, den Innovationsprozeß und Informationstransferprozeß aktiv und intensiv zu fördern. Die Promotorenstrukturen, und hier insbesondere die erstmals untersuchte Troika, sollen nun auf ihren *Beitrag zum technischen und wirtschaftlichen Innovationserfolg* hin analysiert werden. Die Ausgangshypothese läßt einen positiven Zusammenhang zwischen dem Innovationserfolg und der Arbeitsteilung der Promotoren erwarten. Die Beziehung wird getrennt für die technische und für die wirtschaftliche Erfolgsdimension überprüft. Die Erfolgsdimensionen wurden auf einer siebenstufigen Ratingskala[6] gemessen (Hauschildt 1991, S. 465 ff.). Abb. 3 zeigt die gewonnenen Ergebnisse.

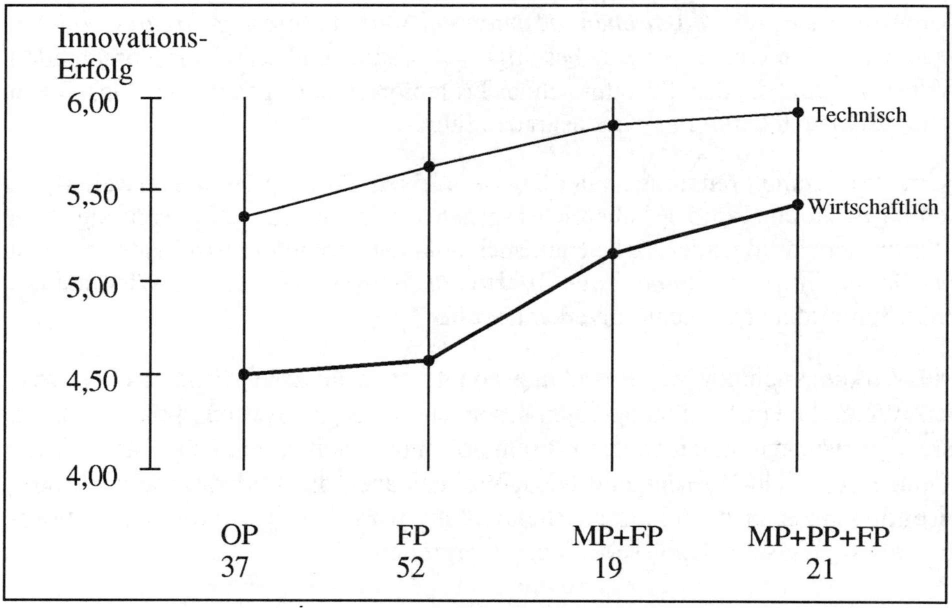

Abb. 3: Innovationserfolg und unterschiedliche Promotorenstrukturen

---

6 Die entsprechenden Fragen lauteten:
„Inwieweit haben sich die Erwartungen erfüllt, die Ihr Unternehmen in das Innovationsprojekt gesetzt hat?
- in technischer Hinsicht (gar nicht .... völlig)
- in wirtschaftlicher Hinsicht (gar nicht .... völlig)

Betrachtet man die *technische Erfolgsdimension,* so scheint die Hypothese auf den ersten Blick bestätigt. Die Anwendung einer einfaktoriellen Varianzanalyse zum Test auf signifikante Unterschiede zeigt allerdings, daß der F-Test bezüglich des technischen Innovationserfolges nicht zu einem signifikanten Ergebnis über den Gesamtverlauf führt und daher nur Tendenzaussagen erlaubt. Von den a-posteriori-Vergleichstests erweist sich der Unterschied zwischen der Struktur ohne Promotoren und dem Dreier-Gespann als signifikant - allerdings lediglich auf dem 10 %-Niveau.

Bedeutsamer ist jedoch die *wirtschaftliche Erfolgsdimension.* In diesem Fall wird die Ausgangshypothese in eindrucksvoller Form bestätigt. Nach dem F-Test liegt über den Gesamtverlauf hinweg ein signifikanter Anstieg auf dem 5 %-Niveau vor. Unter den gleichen Testbedingungen zeigen auch die Vergleiche zwischen

- der Struktur ohne Promotoren und dem Gespann, bestehend aus drei Promotoren, sowie zwischen
- der einseitigen Fachstruktur und dem Dreier-Gespann

signifikante Unterschiede bezüglich des wirtschaftlichen Innovationserfolges.

Mit zunehmender Differenzierung der Arbeitsteilung der Promotoren nimmt der Innovationserfolg zu. Insbesondere durch die Troika aus Macht-, Fach- und Prozeßpromotor läßt sich ein hoher Innovationserfolg erzielen. Der Vergleich der Befunde zum wirtschaftlichen und zum technischen Innovationserfolg legt zudem folgende Interpretation nahe: Der technische Innovationserfolg ist allenfalls eine *notwendige, nicht aber eine hinreichende Bedingung* auf dem Weg zum wirtschaftlichen Erfolg.

Wie kommt es zu dieser positiven Einschätzung des wirtschaftlichen Erfolgs? Zur Beantwortung dieser Frage kann auf die Motivation zur Kooperation zurückgegriffen werden, die im Rahmen der vorliegenden Untersuchung ebenfalls erfaßt wurde. Der Hersteller verfolgt in der Kooperation mit dem Anwender ein Bündel von fünf Zielen (Kirchmann 1996, S. 9): Er will den Partner stärker an sich binden (81,2 % der Befragten), den Markt besser verstehen (76,6 %), die Wettbewerbsposition verbessern (73,9 %), Risiken mindern (72,6 %) und Zeit sparen (50,3 %).

In Abb. 4 wird dargestellt, inwieweit sich diese Absichten realisieren lassen, wenn man die Innovationsfälle unter Einfluß des Dreier-Gespanns mit allen anderen, hier zusammengefaßten Innovationsfällen vergleicht.

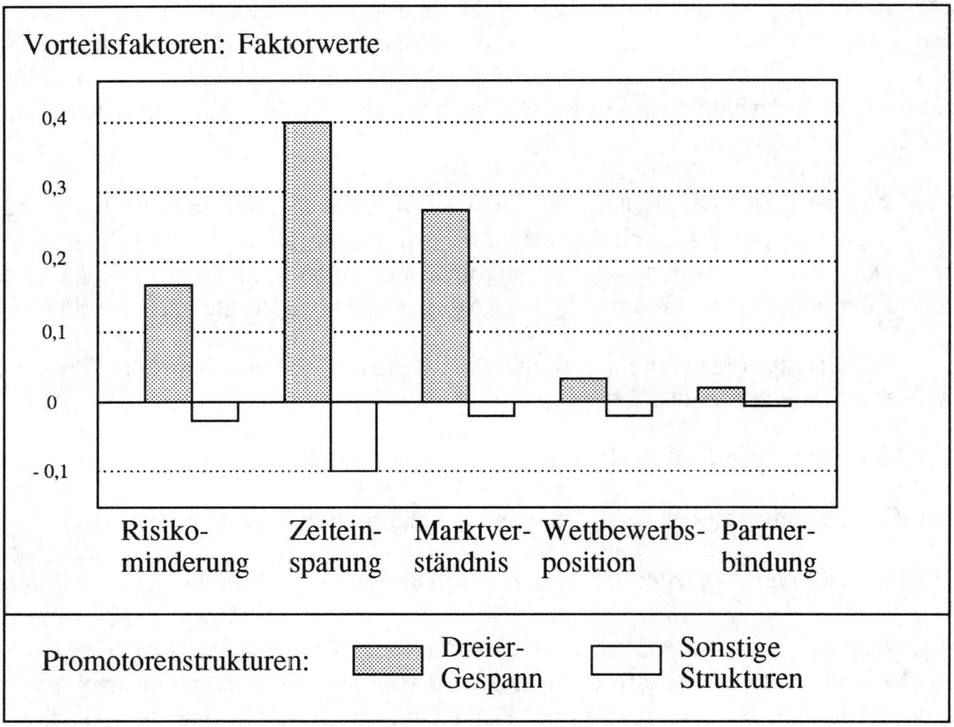

Abb. 4: Kooperationsmotive (Vorteilsfaktoren) und Promotorenstrukturen

Es ergeben sich deutliche Unterschiede. Während die Faktorwerte für die Troika-Innovation ausschließlich positive Ausprägungen aufweisen, muß für die restlichen Promotorenstrukturen das Gegenteil festgestellt werden: Die Troika, bestehend aus Macht-, Prozeß-, und Fachpromotor, ist offenbar in besonderer Weise befähigt, die Kooperation im Innovationsprozeß zu unterstützen. *Die Troika strebt vor allem danach, Zeit zu sparen, das Marktverständnis zu verbessern und das Risiko zu mindern.* Hier liegen die Ursachen für die positive Erfolgsbeurteilung.

Zusammenfassend zeigt die Analyse, daß sich Existenz und Arbeitsteilung der Promotoren positiv auf den Innovationsprozeß auswirken. Schon das "Gespann" von Macht- und Fachpromotor erzielt im Innovationsprozeß grundsätzlich bessere Ergebnisse als die Struktur ohne Promotoren oder einseitige Promotorenstrukturen. Besonders beachtenswert ist jedoch diejenige Form der Arbeitsteilung im Innovationsmanagement, die neben Macht- und Fachpromotor zusätzlich einen Prozeßpromotor berücksichtigt. Diese "Troika" vermag den Innovations- und Informationstransferprozeß im Vergleich zu den anderen Promotorenstrukturen am erfolgreichsten zu unterstützen.

Teil III

Neue und nachhaltige Promotoren-Funktionen

Hans Georg Gemünden und Achim Walter

Beziehungspromotoren - Schlüsselpersonen für zwischenbetriebliche Innovationsprozesse

Überarbeitete und erheblich erweiterte Fassung des Beitrages:
Der Beziehungspromotor - Schlüsselperson für interorganisationale Innovationsprozesse, in: Zeitschrift für Betriebswirtschaft, Jg. 65 (1995), S. 971-986.

Beziehungspromotoren - Schlüsselpersonen für zwischenbetriebliche Innovationsprozesse

Hans Georg Gemünden und Achim Walter

1. Ausgangssituation

1.1 Problemstellung

Weltweit sind Unternehmen zunehmend bestrebt, neuartige Produkte und Verfahren in Zusammenarbeit mit externen Innovationspartnern zu entwickeln und zu vermarkten (Turpin/Garrett-Jones/Rankin 1996, S. 267 ff.). Großzahlige Untersuchungen zu technologieorientierten Informations- und Geschäftsbeziehungen zeigen, daß F&E-Kooperationen mit anderen Unternehmen, Informationsaustausch mit Kunden und technologieorientierte Austauschbeziehungen mit (Fach-) Hochschulen und Forschungseinrichtungen den technischen und wirtschaftlichen Innovationserfolg von Unternehmen stark positiv beeinflussen (Gemünden/Heydebreck/Herden 1992, S. 367 ff.; Gemünden/Ritter/Heydebreck 1996, S. 459 ff.; Hagedoorn/Schakenraad 1994, S. 301; Håkansson 1989; Heydebreck 1996, S. 176 ff.).

Eine innovationsorientierte Zusammenarbeit mit externen Partnern ist jedoch kein Selbstläufer. Der zwischenbetriebliche Austausch von innovationsrelevanten Ressourcen wird durch beachtliche *Barrieren* behindert (Doz 1988, S. 35 ff.; Gemünden 1994, S. 199; Rothwell/Dodgson 1991, S. 131 ff.; Walter 1997, S. 34 ff.). Inter-organisationale Innovationsprozesse führen für die beteiligten Partnerorganisationen nur dann zu positiven Ergebnissen, wenn es den Akteuren gelingt, die Hindernisse ihrer Zusammenarbeit zu überwinden (Parkinson 1985; Turpin/Garrett-Jones/Rankin 1996; Woodside 1996).

In seiner empirischen Untersuchung zeigt Witte[1] (1973) eindrucksvoll, daß Innovationen nur dann erfolgreich sind, wenn sie tatkräftig durch Personen gefördert werden, die über die Eigenschaften von *Machtpromotoren* und *Fachpromotoren* verfügen. Darauf aufbauend zeigen weitere Ergebnisse[2], daß Macht- und Fachpromotoren auch wesentlich dazu beitragen, inter-organisationale Innovationsprozesse zum Erfolg zu führen (Gemünden 1981, besonders S. 423 und S. 434). Darüber hinaus zeigt die Innovationsforschung, daß der *Prozeßpromotor* als Steuermann komplexer Innovationprozesse dazu beiträgt, die Zusammenarbeit zwischen Macht- und Fachpromotor zu initiieren und zu koordinieren, was den Innovationserfolg weiter verbessert[3]. Bei diesen Promotorenrollen zur effizienten Förderung von Innovationen dominiert jedoch eine *intra-organisationale Perspektive.* Folglich werden in diesen Rollenmodellen wesentliche Leistungsbeiträge und Machtquellen, die zur Überwindung von jenen Barrieren erforderlich sind, die auf seiten der externen Innovationspartner existieren und sich aus der Interaktion mit den externen Partnern und relevanten Dritten erklären, nicht hinreichend berücksichtigt.

Inter-organisationale Verknüpfungsrollen berücksichtigen explizit Eigenschaften und Leistungsbeiträge von Personen zur Förderung des inter-organisationalen Austauschs von innovationsrelevanten Ressourcen. Eine kritische Prüfung der hierzu empirisch erforschten Rollenmodelle zeigt jedoch gravierende Defizite im Hinblick auf eine effiziente Bewältigung von wesentlichen Aufgaben in inter-organisationalen Innovationsprozessen.

---

1 Witte 1973, auf den Seiten 9 bis 41 dieser Schrift.

2 Gemünden 1981, vgl. auch den Beitrag Gemündens 1985 auf den Seiten 43 bis 65 dieser Schrift.

3 Hauschildt/Chakrabarti 1988; Hauschildt/Kirchmann 1997, auf den Seiten 67 bis 107 dieser Schrift.

1.2 Ziele des Beitrags

In diesem Beitrag wollen wir Anworten auf die Fragen geben: *Was machen erfolgreiche Unternehmen im Vergleich zu ihren weniger erfolgreichen Wettbewerbern anders, um eine Zusammenarbeit mit externen Innovationspartnern effizient zu gestalten?*

Zur Beantwortung dieser Fragen werden in einem ersten Arbeitsschritt empirisch erforschte inter-organisationale Verknüpfungsrollen im Hinblick auf die Gestaltung von zwischenbetrieblichen Innovationsprozessen diskutiert. Die dabei identifizierten Defizite ermutigen uns, mit dem Beziehungspromotor einen eigenen personalen Gestaltungsvorschlag zur effizienten Förderung einer innovationsorientierten Zusammenarbeit mit externen Partnern vorzulegen. Dabei greifen wir auf die Elemente zurück, die für den Promotorenbegriff wesentlich sind. Diese sind

- die spezifischen *Barrieren* der Innovation, die der Promotor überwinden helfen soll,
- die besonderen *Leistungsbeiträge*, die man von ihm erwartet, um Barrieren zu überwinden, und
- die *Machtquellen*, die er zur Ausübung seiner Rolle benötigt und die er durch die Ausübung seiner Rolle gewinnt.

Auf Basis der weiter unten dargestellten Leistungsbeiträge eines Beziehungspromotors - das Erreichen und Zusammenbringen von Personen, die Dialogführung mit Personen sowie das Beeinflussen von Interaktionspartnern - werden *Effizienzhypothesen* abgeleitet, und zwar zum Einfluß des Beziehungspromotors auf den technischen, wirtschaftlichen und sozialen Erfolg von Innovationskooperationen. Vor dem Hintergrund dieser Ableitungen wird die Entscheidung erleichtert, welche Beiträge und Eigenschaften des Beziehungspromotors wünschenswert sind.

2. Kritische Würdigung inter-organisationaler Verknüpfungsrollen

Bereits Kurt Lewin (1943) betonte die Bedeutung des "Pförtners", als er die Wege und Kanäle untersuchte, auf denen Lebensmittel ihren Weg zu den Familientischen fanden. Allen prägte 1967 die Bezeichnung des "*technological gatekeeper*". Personen, welche diese Rolle erfüllen, versorgen die in F&E-Bereichen tätigen Naturwissenschaftler, Ingenieure und Techniker mit arbeitsbezogenen Fachinformationen aus organisationsinternen und -externen Quellen (Allen 1977; Domsch/Gerpott/Gerpott 1989), was den Erfolg innovationsbezogener Projektarbeit deutlich steigert (Allen/Tushman/Lee 1979, S. 699 ff.; Ancona/Caldwell 1992, S. 656 ff.; Katz 1982, S. 91 ff., Katz/Tushman 1979, S. 151 ff.; 1981, S. 106 ff.; 1983). Gatekeeper ähneln Meinungsführern, die sich über bestimmte Innovationen frühzeitig informieren und in ihren Primärgruppen als Ratgeber geschätzt werden (Rogers/Shoemaker 1971).

Für gatekeeper sind nachstehende Eigenschaften kennzeichnend, welche die Schlüsselkommunikatoren im Idealfall erfüllen:

1. Ein gatekeeper besitzt oder erwirbt im Verlauf eines Innovationsprozesses Wissen über und Zugang zu persönlichen und unpersönlichen *Informationsquellen*. Die Schlüsselperson baut sich ein *Kommunikationsnetzwerk* auf und verfügt somit über Quellenzugang und Recherchen-Know-how. Hinsichtlich der Nutzung externer Informationsquellen deuten empirische Befunde auf eine Spezialisierung der gatekeeper hin (Katz/Tushman 1979, S. 150 ff.; Tushman/Scanlan 1981a, S. 85; 1981b, S. 300; Tushman 1977, S. 592 und S. 599 f.).

2. Gatekeeper entnehmen und erhalten von ihren Informationsquellen *neuartiges Wissen*. Die erlangten Informationen werden gefiltert, verdichtet, bewertet und gespeichert (Aldrich/Herker 1977, S. 218 f.; Allen/Cohen 1969, S. 13). Die Schlüsselperson ist somit ein *Informationsverarbeiter*, der die Ergebnisse in einer problemrelevanten "Bibliothek" ablegt.

3. Die Schlüsselperson informiert Mitglieder ihrer Arbeitsgruppe oder *weitere gatekeeper*. Während dieses Kommunikationsprozesses selektiert, kommentiert, übersetzt und erklärt die Schlüsselperson. Empirische Befunde deuten darauf hin, daß gatekeeper in Abhängigkeit der Problemspezifität Mitglieder

ihrer Arbeitsgruppe dabei unterstützen, mit externen Gesprächspartnern in direkten Kontakt zu treten (Katz/Tushman 1981, S. 104).

4. Die Schlüsselperson hat durch ihren Zugang zu und ihre Kontrolle über organisationsinterne und -externe Informationen eine beachtliche *Machtquelle*, die sie zur effizienten Förderung von Innovationen nutzen kann (Pettigrew 1972, S. 197 ff.). Die Macht der Schlüsselperson erhöht sich durch erfolgreiches gatekeeping. Gatekeeper werden oft als fachlich kompetent und glaubwürdig angesehen und verfügen daher über ein hohes Beeinflussungspotential gegenüber ihren Kommunikationspartnern. Empirische Arbeiten zeigen, daß sowohl eine *formale Position*, z. B. die eines Abteilungsleiters oder supervisor, als auch *Expertenwissen* das Ausfüllen einer gatekeeper-Rolle begünstigen (Allen 1977; Katz/Tushman 1981; 1983, S. 438), wobei gleichzeitig eine gewisse Fachpromotorenrolle übernommen wird. Durch den relativ hohen Kommunikationsanteil im Innovationsprozeß erhöhen gatekeeper ihr problemspezifisches Wissen noch weiter.

Die im Rollenmodell des gatekeeper enthaltenen Leistungsbeiträge und Machtquellen sind jedoch nicht hinreichend, um *inter-organisationale* Innovationsprozesse effizient zu initiieren und zu koordinieren. Das Rollenkonzept des gatekeeper gibt keinen Aufschluß darüber, von wem der Anstoß für einen fachbezogenen Kommunikationsprozess ausgeht. Befunde von Persson (1981, S. 39) zeigen, daß gut informierte Personen die Initiative für einen Informationsaustausch bevorzugt gegenüber solchen Gesprächspartnern ergreifen, die ihrerseits einen guten Zugang zu Informationsquellen haben. Gatekeeper unterhalten untereinander Kommunikationsbeziehungen. Für den Fall, daß Organisationsmitglieder, die über keinen Zugang zu externen Informationsquellen verfügen, nicht selbst einen Informationsaustausch mit einem gatekeeper anregen, kann nicht davon ausgegangen werden, daß es zu einem Ausgleich von Informationsdefiziten durch die Schlüsselperson kommt.

Darüber hinaus bleibt bei den Untersuchungen zum gatekeeper weitgehend offen, ob und wie die Schlüsselkommunikatoren und deren Organisationen mit externen Partnern kooperieren (Macdonald/Williams 1993). Gleichzeitig wird die Interaktion der gatekeeper mit weiteren Schlüsselpersonen vernachlässigt. Auch wenn die Befunde zum gatekeeper eine auf eine einzelne Schlüsselperson spezialisierte Aufgabenverteilung bei der Bewältigung des Innovationsproblems zulassen, so ist dennoch davon auszugehen, daß es hierbei auch Leistungsbeiträge anderer Schlüsselpersonen bedarf. Im Vorfeld und Verlauf von inter-organisationalen Innovationsprozessen müssen auf seiten der Partnerorganisationen weitere Schlüsselpersonen aktiviert und deren Tätigkeiten aufeinander abgestimmt werden.

Die von Adams (1976) sowie Aldrich und Herker (1977) vorgelegten normativen Rollenmodelle zu Verknüpfungsleistungen von Akteuren über organisationale Grenzen hinweg betrachten inter-organisationale Austauschprozesse umfassender als Arbeiten zu Personen, welche die Rolle eines gatekeeper erfüllen. Die vorstehenden Autoren unterstreichen im wesentlichen zwei Leistungsbeiträge einer *boundary role person* bzw. einer Person, die eine *boundary spanning role* innehat. Als "*representative*" reflektieren die Akteure das eigene System gegenüber der Umwelt und umgekehrt. Dieses beinhaltet, daß von den Schlüsselpersonen gezielt Kommunikationsbeziehungen zu organisationsinternen und -externen Partnern entwickelt und aufrechterhalten werden. Als "*influence agent*" versucht eine Person mit einer inter-organisationalen Verknüpfungsfunktion das Verhalten externer Partner im Sinne der eigenen Organisation zu beeinflussen. Dabei ist die Person gleichzeitig Zielscheibe von Einflüssen außenstehender Akteure. Dies kann wiederum dazu führen, daß die davon betroffene Verknüpfungsperson ihrerseits versucht, die eigene Organisation in ihrem Verhalten gegenüber externen Partnern anzupassen.

In empirischen Untersuchungen werden Rollenkonflikte und Funktionen von boundary spanning persons bzw. Inhabern einer boundary spanning role vor allem am Beispiel von Einkäufern (z.B. Spekman 1979), Verkäufern (z.B. Pruden 1969), Key-Account-Managern (z.B. Diller 1989; Götz 1995) und Verhandlungsdelegationen (Friedman/Podolny 1992) untersucht. Es handelt sich jedoch dabei vornehmlich um allgemeine Aufgaben des Beziehungsmanagements. Innovationsspezifische Leistungsbeiträge von den Inhabern entsprechender Positionen werden in den Untersuchungen kaum betrachtet, insbesondere im Vergleich zur empirischen Forschung über gatekeeper.

Die Defizite der empirisch überprüften Rollenmodelle zur effizienten Gestaltung von inter-organisationalen Austauschprozessen motivieren uns, mit dem Beziehungspromotor einen eigenen Vorschlag zur Förderung zwischenbetrieblicher Innovationsprozesse vorzulegen.

3. Der Beziehungspromotor

3.1 Definition des Beziehungspromotors

Ausgangspunkt unserer Analyse sind die *Barrieren, die eine innovationsorientierte Zusammenarbeit mit externen Partnern behindern oder gar verhindern.* Wir gehen davon aus, daß es nicht nur intra-organisationale Fähigkeits- und Willensbarrieren gibt, sondern auch spezifische inter-organisationale Barrieren des "Nicht-Voneinander-Wissens", "Nicht-Zusammenarbeiten-Könnens", "Nicht-Zusammenarbeiten-Wollens" oder "Nicht-Zusammenarbeiten-Dürfens" auftreten, die das Zustandekommen und den Verlauf von Innovationskooperationen beeinträchtigen.

Um den Begriff "Beziehungspromotor" weitgehend präzise zu erfassen und unterschiedlich weit faßbare Varianten aufzuzeigen, benötigen wir eine Differenzierung seiner wesentlichen Elemente. Erreicht wird diese Präzisierung, indem die *Barrieren*, die der Beziehungspromotor überwinden helfen soll, die *Leistungsbeiträge*, die er liefern soll, und die *Machtquellen*, die er mobilisieren kann, beschrieben werden.

3.11 Barrieren der Zusammenarbeit mit externen Innovationspartnern

(a) *Zur Barriere des "Nicht-Voneinander-Wissens":* Es mag gute Gründe geben, daß geeignete Innovationspartner zwar vermutet werden, aber unerkannt bleiben. Hierfür können u.a. folgende Gründe verantwortlich sein: Geheimhaltung aus wirtschaftlichen oder politischen Überlegungen, räumliche und/oder kulturelle Distanz, noch wenig verbreitete Technologien, bisher unerkannte Bedürfnisse (Pavitt 1992; Turpin/Garrett-Jones/Rankin 1996). Eine Informationssuche unterbleibt, weil die Chancen, geeignete Partner zu finden, sehr gering eingeschätzt werden oder weil die wahrgenommenen Kosten und die Dauer der Informationssuche als zu ungünstig beurteilt werden. Diese und weitere Begründungen für die

Barriere des "Nicht-Voneinander-Wissens" können aus der Forschung zum menschlichen Informationsverhalten abgeleitet werden (Gemünden 1993).

(b) *Zur Barriere des "Nicht-Zusammenarbeiten-Könnens":* Gegeben sei der Fall, daß sich zwei füreinander geeignete Partner kennengelernt haben und eine Kooperation für beide vorteilhaft ist. Um diese Vorteile zu nutzen und Risiken zu vermeiden, müssen beiderseitige Distanzen überwunden werden: Es muß eine gemeinsame Sprache gefunden werden, eine gemeinsame Problemdefinition erarbeitet werden, die Arbeitspartner auf beiden Seiten müssen bestimmt werden, die Aufbau- und Ablauforganisation, die Finanzierung etc. müssen geklärt werden, um die Kooperation zu ermöglichen (Ramiller 1994, Rothwell/Dodgson 1991).

(c) *Zur Barriere des "Nicht-Zusammenarbeiten-Wollens":* Oppositionelles Verhalten kann sowohl offen zu Tage treten als auch verdeckt bleiben und dabei gleichzeitig aktiv oder passiv sein. Dieses kann sich gegen Personen, Objekte, Prozesse, Entscheidungen, Meinungen etc. richten. Interaktionswiderständen kann zwar mittels sachlicher Argumente begegnet werden, sie müssen aber bei den Opponenten letztlich zu keiner Änderung der Einstellung im Sinne einer Kooperation führen, da sich Menschen häufig auch irrational verhalten, weil sie intellektuell überfordert sind oder bewußt auf eine kognitive Problembewältigung verzichten (Van de Ven 1986). Ferner kann z. B. die Wahrung von persönlichen und organisationalen Interessen ein Grund dafür sein, daß innovationsorientierte Austauschprozesse mit externen Partnern nicht erwünscht sind (Schrader 1991).

(d) *Zur Barriere des "Nicht-Zusammenarbeiten-Dürfens"*: Individuelles und organisationales Handeln wird durch Gebote und Verbote bestimmt. Diese erklären sich im wesentlichen aus Strategien, Organisations- und Controllingsystemen (Chakrabarti/Rubenstein 1976; Hauschildt 1997, S. 141 ff.; Macdonald 1993). Darüber hinaus können Machtopponenten oder Drittparteien (z. B Großkunden, Konzernleitung und Behörden) eine Zusammenarbeit zwischen potentiellen Innovationspartnern verbieten.

3.12 Leistungsbeiträge des Beziehungspromotors

Personen, welche die Rolle eines Beziehungspromotors innehaben, erbringen die folgenden Leistungsbeiträge: *Das Erreichen und Zusammenbringen von Personen, die Dialogführung mit Personen, das Steuern ihrer Interaktionsprozesse und das Fördern sozialer Bindungen zwischen den Partnern.* Hierzu weitgehend analoge Verknüpfungsleistungen werden in der anglo-amerikanischen Literatur unter der Bezeichnung "boundary spanning activities" diskutiert (Ancona/Caldwell 1988, S. 470 ff.; 1990, S. 127 f.; 1992, S. 637 ff.).

(a) *Zum Erreichen von Personen:* Es gibt Partner, mit denen man nicht selbst sprechen darf, will oder kann. Man bemüht Beziehungspromotoren, um dem Gesprächspartner gegenüber unerkannt zu bleiben oder um keine direkten Beziehungen mit ihm zu unterhalten, z. B. weil dies "politisch unerwünscht" ist. Zudem können finanzielle oder zeitliche Gründe eine direkte Kommunikation verhindern.

Wir kennen viele Beispiele für Personen, die Partner erreichen, welche man ohne ihre Hilfe nicht, nicht so schnell oder mit höheren finanziellen oder sozialen Kosten erreichen könnte. Hierzu gehören z. B. der Undercover-Agent, der Detektiv, der Spion, der Makler, der Diplomat, der Journalist, der Heiratsvermittler, der Außendienstmann, der Verkäufer und der Händler. Sie alle kennen bereits geeignete Partner oder verfügen über Potentiale, andere Partner zu finden - und sei es über weitere Vermittler.

(b) *Zum Zusammenbringen von Personen:* Es ist nicht zwingend erforderlich, daß der Beziehungspromotor die Gespräche mit Akteuren auf seiten der (potentiellen) Innovationspartner ausschließlich selbst führt. Er kann oder muß sich darauf beschränken, Parteien zusammenzubringen oder ihren Dialog zu unterstützen, so z. B. der Schlichter, in dessen Anwesenheit zerstrittene Tarifparteien wieder so miteinander reden können, daß sie sich zuhören und einander verstehen. Der Beziehungspromotor unterstützt zudem Schlüsselakteure in inter-organisationalen Innovationsprozessen dabei, Koalitionen mit geeigneten Partnern zu bilden. Des weiteren hilft der Beziehungspromotor dabei, Teams mit Akteuren der beteiligten Innovationsparteien zu bilden und derartigen Gruppen eine eigene soziale Identität zu verschaffen.

(c) *Zur Dialogführung mit Personen:* Der Beziehungspromotor ist besonders geeignet, inter-kulturelle, inter-disziplinäre und zwischenmenschliche Distanzen zu überbrücken. Er kann sowohl die zu verknüpfenden Partner A und B gut verstehen als auch von beiden gut verstanden werden. Dies bezieht sich auf die Sprache, das Fachwissen und die hermeneutische Kompetenz, Inkonsistenzen zwischen geäußerter Meinung und tatsächlicher Verhaltensabsicht einschätzen zu können (Adams 1976, S. 1177 ff.). Der Beziehungspromotor ist somit in der Lage, mit den zu verknüpfenden Partnern einen fruchtbaren Dialog zu führen. Er fungiert als vielfältiger "Übersetzer".

(d) *Zur Prozeßsteuerung:* Hierunter subsumieren wir Tätigkeiten wie das Erarbeiten von gemeinsamen Zielen und Plänen sowie Berichts- und Kontrollsystemen. Darüber hinaus fassen wir unter der Prozeßsteuerung das Moderieren kritischer Phasen der Zusammenarbeit zwischen Innovationspartnern sowie das Erarbeiten und Vermitteln von Vorschlägen zur Konfliktregulierung zwischen den Akteuren zusammen.

(e) *Zur Förderung sozialer Bindungen:* Der Beziehungspromotor beeinflußt direkt und indirekt Einstellungen seiner Gesprächspartner, so daß soziale Ziele der Innovationspartner verwirklicht werden. Zu diesen zählen vor allem, daß sich bei wichtigen Akteuren auf seiten der Partnerorganisationen ein gewisses Maß an Vertrauen und Commitment in bezug auf die Zusammenarbeit ausbildet.

3.13 Machtquellen des Beziehungspromotors

Beziehungspromotoren sind Personen, die inter-organisationale Innovationsprozesse aktiv und intensiv fördern, und zwar auf Basis von guten persönlichen Beziehungen zu Schlüsselpersonen, die den Partnerorganisationen und relevanten Drittparteien angehören und die über kritische Ressourcen verfügen.

Ein Beziehungspromotor hat um so mehr Macht, je wichtiger die Ressourcen sind, die seine Interaktionspartner einbringen, je effizienter er diese Partner erreicht, mit ihnen den Dialog führen oder sie beeinflussen kann und je weniger Dritte in der Lage oder befugt sind, diese Funktionen zu erfüllen.

Die Machtquellen des Beziehungspromotors bestehen in seinem bereits vorhandenen Netzwerk und seinen Fähigkeiten, dieses Netzwerk zu nutzen und neue Netzwerkbeziehungen zu knüpfen. Im folgenden wird daher den Fragen nachgegangen: Wie kommen Beziehungspromotoren zu ihren Netzwerken? Welche Eigenschaften erlauben es ihnen, ihre Beziehungen aufzunehmen, zu unterhalten und zu nutzen? Es sind folgende Erklärungen denkbar (Ibarra 1993, S. 491 f.):

(a) Personen sind aufgrund bestimmter *persönlicher Eigenschaften* attraktive Partner in einem sozialen System.

- *Expertenwissen*: Personen, die über ein bestimmtes Maß an Expertenwissen verfügen, sind in der Lage, Fachgespräche mit potentiellen Problemlösern zu führen sowie ihre Kompetenz und ihren Problemlösungsbedarf hinreichend zuverlässig abzuschätzen. Fachlich kompetente Personen werden eher um Rat gefragt und werden eher als ungefragte Ratgeber sowie als Vermittler von Experten akzeptiert.

- *Wissen über Netzwerkpartner*: Beziehungspromotoren erwerben sich oder besitzen bereits hinreichendes Wissen über die (potentiellen) Kooperationspartner und relevanten Drittparteien. Dieses Wissen bezieht sich auf die Kooperationsbereitschaft sowie auf vorhandene und fehlende Ressourcen dieser Akteure.

- *Soziale Kompetenz*: Beziehungspromotoren besitzen die soziale Kompetenz, die Interaktionsbereitschaft bei einmal gefundenen Partnern zu wecken und zu erhalten. Die Schlüsselpersonen verfügen über Kommunikations-, Konflikt- und Koordinationsfähigkeiten sowie über Einfühlungsvermögen.

- *Charisma*: Personen, die über eine charismatische Erscheinung verfügen, werden von ihren Interaktionspartnern in einem gewissen Maße als ein Vorbild angesehen, dessen Verhalten und Meinung besonders beachtet wird.

- *Kooperationserfahrung*: Beziehungspromotoren verfügen über hinreichende Erfahrungen, wie sich geeignete Innovationspartner finden und für eine Zusammenarbeit gewinnen lassen. Darüber hinaus kennen die Schlüsselpersonen typische Konflikte, die im Rahmen einer Innovationskooperation auftreten können.

(b) Personen sind aufgrund einer bestimmten *Position in einem sozialen System* attraktive Partner.

- *Hierarchische Position*: Personen des Top-Managements sind aufgrund ihrer Entscheidungskompetenz und ihres Durchsetzungspotentials sowie der ihnen zur Verfügung stehenden Ressourcen attraktive Partner, so z. B. Machtpromotoren auf seiten der Verwenderorganisation für Innovationslieferanten. Aber auch Angehörige des Middle-Managements werden bei der Übernahme einer Beziehungspromotorenrolle begünstigt, da ihnen häufig Möglichkeiten eingeräumt werden, um Kontakte und Beziehungen zu externen Partnern zu knüpfen und zu pflegen. Die Ergebnisse der empirischen Untersuchungen des Zusammenhangs zwischen team leader und inter-organisationalen Verknüpfungsleistungen bei Ancona/Caldwell (1988, 1990, 1992) deuten in diese Richtung. Darüber hinaus ist zu erwarten, daß diese Akteure von externen Partnern als kompetente Ansprechpartner eingestuft werden.

- *Netzwerkposition*: Personen, die in einem Netzwerk eine zentrale Position einnehmen, können Netzwerkpartnern den Zugang zu kritischen Ressourcen ermöglichen oder versperren (Brass/Burkhardt 1993, S. 444 f.; Ibarra 1993, S. 479). Beziehungspromotoren verfügen über eine zentrale Netzwerkposition. Sie kennen bereits geeignete Kooperationspartner innerhalb und außerhalb der eigenen Organisation oder Personen, die Kontakte zu potentiellen Partnern herstellen können.

3.2 Effizienzhypothesen zum Beziehungspromotor

Beziehungspromotoren fördern Anbahnungs-, Entwicklungs-, Verwertungs- und Organisationsprozesse in Innovationskooperationen. Sie begrenzen die Wahrscheinlichkeit und die Schadenshöhe von Risiken.

1. *Anbahnungsprozeß (Initiativinteraktion):* Beziehungspromotoren kennen oder finden potentielle Innovationspartner und sind in der Lage, deren Kooperationsfähigkeit und -willigkeit hinreichend zuverlässig abzuschätzen. Die Schlüsselperson erhöht bei den Partnern die Austausch- und Investitionsbereitschaft. Dieses erreicht der Beziehungspromotor dadurch, daß er die Ziele, Anforderungen und Bedürfnisse der Partner kennt und somit für eine Kooperation werben kann.

2. *Organisationsprozeß (Steuerungsinteraktion):* Der Beziehungspromotor trägt dazu bei, daß beiderseitige Ziele artikuliert und Zielkonflikte frühzeitig erkannt werden. Er wirbt für gemeinsame Ziele und setzt einen Planungsprozeß in Gang, der ihre Machbarkeit prüft und Commitment erzeugt, die die Zielerreichung absichern. Er sorgt dafür, daß ein gemeinsames Berichtswesen und eine *beiderseits verbindliche Aufbau- und Ablauforganisation* verabschiedet wird.

3. *Entwicklungsprozeß (Problemlösungsinteraktion):* Beziehungspromotoren fördern den *beiderseitigen Lernprozeß* zwischen den Kooperationsparteien. Sie tragen dazu bei, daß die Innovationspartner sowohl ihre Problemlösungsbedürfnisse als auch ihre Lösungspotentiale rechtzeitig und vollständig artikulieren und daß diese vom jeweils anderen auch wahrgenommen und verstanden werden. Dabei kann die Förderung darin bestehen, daß der Beziehungspromotor die Informationen an die richtigen Adressaten überbringt sowie in Form und Inhalt adressatengerecht aufbereitet und/oder daß er die direkte Kommunikation zwischen den Partnern zustande bringt (Gemünden 1980; 1981, S. 18 ff.).

Ziele sind nicht "gegeben", sie verändern sich (Hamel 1974; Hauschildt 1977). Außerdem verändern sich die Handlungsmöglichkeiten. Schließlich verändert sich die Wissensbasis: Angestrebte oder bereits beschrittene Lösungswege werden als nicht gangbare Sackgassen erkannt. Diese Veränderungen erfolgen bei beiden Partnern und müssen wechselseitig kommuniziert werden, wenn der Partner direkt oder indirekt davon betroffen wird. Beziehungspromotoren tragen dazu bei, daß Veränderungen rechtzeitig erkannt und mitgeteilt werden, so daß in geeigneter Weise darauf reagiert werden kann.

4. *Verwertungsprozeß (Verwertungs- und Konflikthandhabungsinteraktion):* Im Verlauf einer Kooperation werden von den Partnern auf direktem oder indirektem Wege durch das Verwerten von Wissen, Rechten, Produkten und/oder Dienstleistungen Leistungseinnahmen erzielt. Beziehungspromotoren tragen dazu bei, Verwertungsmöglichkeiten zu identifizieren und zu nutzen.

Hinsichtlich der angestrebten Verwertungsmöglichkeiten können sich analoge Veränderungen wie bei der Entwicklung ergeben, so daß wieder die obige Argumentation greift. Darüber hinaus gibt es Meinungsunterschiede, wie der gemeinsam erarbeitete "Kuchen" zu verteilen ist. Die damit verbundenen Risiken können durch Beziehungspromotoren begrenzt werden: Sie tragen dazu bei, daß beiderseitige Ansprüche klarer formuliert werden sowie ein angemessenes Bewußtsein für beiderseitige Leistungen und Gegenleistungen entsteht. Sofern und soweit Beziehungspromotoren Erfahrungen im Umgang mit typischen Kooperationskonflikten haben, werden sie sowohl auf eine *Regelung dieser Konflikte* achten als auch ein effizientes "claim-management" betreiben.

Der Beziehungspromotor trägt dazu bei, daß unerwünschter *Know-how-Abfluß reduziert* wird - sei es an den Partner oder an Dritte. Die Schlüsselperson weiß, wer welche Informationen braucht und anzubieten hat. Sie kann so dafür Sorge tragen, daß Informationen nach Form und Inhalt die richtigen Adressaten erreichen. Ferner weiß sie, über welche Informationen der Partner schon verfügt und kann daher abschätzen, welchen Schaden ein Know-how-Abfluß herbeiführen würde.

Wir fassen unsere Überlegungen in den folgenden beiden Hypothesen zusammen:

H1: *Wenn inter-organisationale Innovationsprozesse von Beziehungspromotoren gefördert werden, kommt es zu einem t e c h n i s c h erfolgreicheren Kooperationsergebnis.*

H2: *Wenn inter-organisationale Innovationsprozesse von Beziehungspromotoren gefördert werden, kommt es zu einem w i r t s c h a f t l i c h erfolgreicheren Kooperationsergebnis.*

Neben diesen sachlichen Beiträgen liefert der Beziehungspromotor wichtige *soziale Beiträge*: Der Beziehungspromotor ist in der Lage, soziale Distanzen zwischen den Partnern zu reduzieren, Verständnis für Lage und Ziel des Partners zu wecken sowie das Bilden von Vertrauen und Verbundenheit zu fördern.

Zwischen Interaktionspartnern sind *soziale Distanzen* um so wahrscheinlicher, je stärker sich die Akteure hinsichtlich ihrer professionellen Orientierung sowie ihrer organisationalen und kulturellen Zugehörigkeit voneinander unterscheiden. Das Gefühl einer Distanz zu einem Partner wird zudem durch mangelnde Information und Kenntnis über den Interaktionspartner verstärkt (Ford 1980, S. 343 f.; Hallén/Wiedersheim-Paul 1979, S. 309 ff.). Der Beziehungspromotor fungiert als ständiges Bindeglied zwischen den Partnerorganisationen, indem er Anforderungen und Bedürfnisse gegenüber der jeweils anderen Organisation übermittelt, vermittelt oder vertritt. Gleichzeitig fördert er die direkte, persönliche Kommunikation zwischen relevanten Akteuren der Innovationsparteien. Persönliche Kontakte und der Austausch von Informationen tragen dazu bei, soziale Distanzen zu überwinden.

H3: *Wenn inter-organisationale Innovationskooperationen von Beziehungspromotoren gefördert werden, führt dies zu einer geringeren sozialen Distanz zwischen den Partnern.*

Die soziale Interaktion fördert auch die Fähigkeit und Bereitschaft der beteiligten Akteure, die Gegebenheiten und Ziele des jeweiligen Partners zu verstehen und auf ihn einzugehen. Eine innovationsorientierte Zusammenarbeit, bei der die Akteure Verständnis füreinander haben, ist weitgehend dadurch gekennzeichnet, daß die Partner bereit sind, die Eigenheiten des jeweils anderen zu tolerieren und bei auftretenden Problemen Nachsicht zu zeigen. Das auf seiten von Interaktionspartnern vorhandene Verständnis für den jeweils anderen trägt dazu bei, daß die Akteure die zwischen ihnen bestehenden sozialen Distanzen überbrücken können (Hallén/Sandström 1991).

H4: *Wenn inter-organisationale Innovationskooperationen von Beziehungspromotoren gefördert werden, führt dies zu einem besseren Verständnis zwischen den Partnern.*

Eine Reihe von Autoren betont die Wichtigkeit eines tragfähigen Vertrauensverhältnisses für eine erfolgreiche inter-organisationale Zusammenarbeit. In diesem Beitrag verstehen wir unter *Vertrauen* die *Erwartung, daß der Innovationspartner die an ihn gerichteten Anforderungen und Bedürfnisse erfüllt.* Vertrauen wird als Auslöser und Steuerungsmechanismus für partnerspezifische Anpassungsprozesse, d.h. für die Anbahnung und Vertiefung von Austauschbeziehungen gesehen (z.B. Diller/Kusterer 1988; Håkansson 1982; Hallén/Sandström 1991; Kutschker/Kirsch 1979; Moorman/Zaltman/Deshpandé 1992; Plötner 1995; Wilson/Mummalaneni 1986). Des weiteren ist es auf Basis von Vertrauen wahrscheinlicher, daß Innovationspartner sich gegenseitig neuartiges Wissen zur Verfügung stellen (Dodgson 1993, S. 82 ff.). Darüber hinaus verzichten einander vertrauende Partner in gewissem Maße darauf, sich gegenseitig zu überwachen, was wiederum dazu beiträgt, Kontrollkosten der Zusammenarbeit einzusparen (Anderson/Narus 1984; 1990; Ring/Van de Ven 1994, S. 101).

Für das Entwickeln von Vertrauen ist neben dem rein geschäftlichen der soziale Austausch außerordentlich wichtig. Dieser erfolgt vor allem über persönliche face-to-face-Kontakte, verbunden mit einem funktionierenden Informationsfluß (Blau 1964; Hallén/Wiedersheim-Paul 1979; Kutschker/Kirsch 1979; Plötner 1995). Persönliche Eigenschaften wie Integrität, Offenheit, Konsistenz des Verhaltens, Zuverlässigkeit und Kompetenz sind ebenfalls wichtige Faktoren der Vertrauensentwicklung. Gleichzeitig wird es zwei oder mehreren Partnern auf Basis von Verständnis und sozialer Affinität leichter fallen, Vertrauen zueinander zu finden.

H5: *Wenn inter-organisationale Innovationskooperationen von Beziehungspromotoren gefördert werden, führt dies bei den Partnern zu einem größeren Vertrauen.*

Die Bereitschaft zur Zusammenarbeit läßt sich durch eine Politik der Zielklarheit und durch eine Übereinkunft in bezug auf Leistungen und Gegenleistungen fördern (Anderson/Weitz 1989, S. 314; Young/Wilkinson 1989, S. 110 f.). Der Beziehungspromotor trägt dazu bei, daß benötigte Informationen zum richtigen Zeitpunkt, in der richtigen Form sowie auf die richtige Art und Weise zwischen den Kooperationspartnern ausgetauscht werden. Spezifische Anpassungen bei der Informationsweitergabe zwischen Kooperationspartnern werden häufig als Indiz für gegenseitiges Commitment der Akteure und für ein aufrichtiges Interesse an einer langfristigen Zusammenarbeit gewertet. Unter *Commitment* verstehen wir im weiteren die *Bereitschaft des Innovationspartners, eine langfristige Zusammenarbeit zu entwickeln und aufrechtzuerhalten.*

Durch das Handeln auf Gegenseitigkeit signalisiert der Beziehungspromotor eine langfristige Ausrichtung und Kontinuität der Zusammenarbeit. Dies motiviert die Partner zu weiteren Aktionen und wird bei ihnen zu einer positiven Erwartungshaltung beitragen. Nach Lunds Auffassung ist für eine langfristig ausgerichtete Beziehung eine höhere Resistenz gegenüber Konflikten zu erwarten (Lund 1991; Dwyer/Schurr/Oh 1987, S. 15 ff.). Auch bei Erwartungsenttäuschungen wird die Zusammenarbeit dann nicht gleich abgebrochen. Der Beziehungspromotor stabilisiert eine langfristige Zusammenarbeit mit externen Innovationspartnern.

> H6: *Wenn inter-organisationale Innovationskooperationen von Beziehungspromotoren gefördert werden, führt dies zwischen den Partnern zu einem höheren Commitment.*

3.3 Weiterführende Überlegungen zum Beziehungspromotor

An das in dieser Arbeit vorgestellte Rollenkonzept des Beziehungspromotors schließen sich einige Fragen an:

(1) Ist es zweckmäßig, die Vereinigung von beziehungsfördernden Funktionen in einer Person - "dem" Beziehungspromotor - zu fordern? Alternativ könnten die Aufgaben des Beziehungsmanagements auf *mehrere* Personen verteilt werden.

(2) Beziehungspromotoren arbeiten häufig mit Beziehungspromotoren in anderen Organisationen zusammen, so daß soziale *Netzwerke von Beziehungspromotoren* entstehen. Wie erfolgt diese Zusammenarbeit? Welche spezifischen Rollenanforderungen erwachsen aus der Mitgliedschaft in Beziehungspromotoren-Netzwerken?

Ad (1) Beziehungspflege - soziale Position oder Rollensegment?

Es gibt zahlreiche Beispiele, bei denen das Fördern von Beziehungen auf mehrere Positionsinhaber verteilt wird. Nach dem Kriterium der *Phase* der Zusammenarbeit kann z.B. zwischen Anbahnern bzw. Akquisiteuren und Abwicklern unterschieden werden. Nach dem *Inhalt* lassen sich Beziehungspromotoren differenzieren, die für technische, kaufmännische, juristische, organisatorische oder soziale Fragen zuständig sind, so daß z.B. die Problemlösungs- und die Konflikthandhabungsinteraktion von unterschiedlichen Beziehungspromotoren unterstützt werden. Gemessen an dem Kriterium "hierarchischer Rang" ist eine Spezialisierung von Beziehungspromotoren dergestalt denkbar, daß Typ 1 des Beziehungspromotors Top-Manager zusammenbringt und Typ 2 des Beziehungspromotors den Dialog zwischen mittleren Ebenen fördert. Ferner könnte eine Differenzierung nach Kundschafter- und Botschafterrollen vorgenommen werden (Friedman/Podolny 1992, S. 38 ff.).

Es kommt zu derartigen Spezialisierungen, wenn die Kapazität einer Einzelperson nicht ausreicht (*Kapazitätserklärung*), wenn der Dialog mit bestimmten Personen spezifische Anforderungen stellt (*Qualifikationserklärung*) oder wenn die Kontrolle der Beziehung zu Innovationspartnern eine Machtquelle darstellt, über die man verfügen möchte bzw. wenn ein Interesse daran besteht, ein erreichtes Machtgleichgewicht zu bewahren (*Machterhaltungserklärung*).

Die Spezialisierungen von Beziehungspromotoren lassen ein arbeitsteiliges Gebilde entstehen. Jedoch existiert dann nicht mehr nur eine Schnittstelle zum Innovationspartner, sondern mehrere. Diese Schnittstellen müssen aufeinander abgestimmt werden, um die Gesamtkooperation auf ein einheitliches Ziel hin auszurichten.

Der hieraus erwachsene höhere Koordinationsbedarf zwischen den Partnern kann dazu führen, daß die Zusammenarbeit in größerem Umfang formalisiert und überwacht wird. Folglich ist zu erwarten, daß die Kooperationspartner stärker auf die Sicherung und Abgrenzung ihrer Kompetenzen achten werden. Das Vorgeben und Einschränken von Handlungsspielräumen kann zu Mißtrauen und Konflikten zwischen den Partnern führen, da sie bestrebt sein werden, sowohl ihre Flexibilität und Selbständigkeit als auch ihre Identität zu wahren.

Personen, die im Rahmen einer inter-organisationalen Zusammenarbeit in erster Linie für die Lösung spezifischer Probleme eingesetzt werden, finden aufgrund der oftmals zeitlich befristeten Tätigkeit und der eng abgesteckten Handlungsspielräume ungünstige Voraussetzungen vor, um persönliche Beziehungen zu Partnern zu knüpfen und zu pflegen. Vielmehr ist damit zu rechnen, daß häufiger Rollenkonflikte auftreten werden. Empirische Befunde von Keller/Holland (1975, S. 390 f.) sowie Miles/Perrault (1976, S. 30 f.) zeigen, daß Rollenkonflikte vor allem bei jenen Personen auftreten, die ihre Organisation mit externen Partnern verknüpfen. Ferner ist zu erwarten, daß bei einer Kooperation von Spezialisten unterschiedlicher Fachbereiche Zusammenarbeitsbarrieren bestehen, die u. a. den sozialen Austausch behindern.

Wir fordern die Bündelung beziehungsfördernder Funktionen in *einer* Person, um die Ressource "geschäftliche *und* soziale Beziehung" zu einem Innovationspartner bestmöglich zu nutzen. Nach unserem Entwurf ist der Beziehungspromotor eine Persönlichkeit, die die Beziehung strategisch ausrichtet und ihre Potentiale erkennt, aufbaut, schützt und nutzt. Diese Verantwortung sollte in einer Hand liegen. Dies schließt jedoch nicht aus, daß mehrere Personen an der Gestaltung und Pflege der Geschäftsbeziehung beteiligt sein können. Lediglich die Verantwortung dafür sollte in der Hand einer Person liegen. Aus dem Zusammenspiel von Virtuosen wird kein wohlklingendes Orchester, wenn der Dirigent fehlt. Der Beziehungspromotor muß am Gesamterfolg der Beziehung gemessen werden und gegebenenfalls auch empfehlen, daß desinvestiert wird oder daß die Beziehung abgebrochen wird.

H7: *Liegt innerhalb einer Organisation die Verantwortung für die Gestaltung und Pflege einer Geschäftsbeziehung in der Hand einer Person, ist der Kooperationserfolg höher als bei Übertragung der Verantwortung auf mehrere Personen.*

Ad (2) Zusammenarbeit zwischen Beziehungspromotoren aus unterschiedlichen Organisationen.

Der Beziehungspromotor verfügt in seiner "Heimat"-Organisation über ein stärkeres Netzwerk, da er dort persönliche Beziehungen effizienter aufnehmen, unterhalten und nutzen kann als in der Organisation des jeweiligen Kooperationspartners. Des weiteren ist davon auszugehen, daß ein Beziehungspromotor von den Mitarbeitern aus der eigenen Organisation eher als ein loyaler Partner angesehen wird als eine externe Person. Der Beziehungspromotor kann somit seinen Einfluß vor allem dann entfalten, wenn es bei oben genannten Interaktionen zu einer fruchtbaren Arbeitsteilung und Bündelung der Kräfte mit einem Beziehungspromotor aus der Partnerorganisation kommt. So sollten Beziehungspromotoren untereinander ihre Hilfe anbieten und in Anspruch nehmen, wenn es z.B. gilt, ausgehandelte Kompromisse durchzusetzen und zur intra-organisationalen Akzeptanz zu führen.

Es ist zu erwarten, daß Beziehungspromotoren, die zwei oder mehreren kooperationswilligen oder bereits kooperierenden Organisationen angehören, den Heimvorteil des jeweils anderen kennen und folglich miteinander in Kontakt treten oder stehen, um Verknüpfungsleistungen gegenseitig anzuregen, abzustimmen und zu überwachen. Dabei ist anzunehmen, daß sich Interaktionsnormen herausbilden, die die Zusammenarbeit der Beziehungspromotoren regeln.

Ferner ist zu vermuten, daß durch die eingespielte Zusammenarbeit zwischen Beziehungspromotoren Transaktionskosten (z. B. Koordinations- und Kontrollkosten) eingespart werden können (Seabright/Levinthal/Fichman 1992, S. 141 ff. und S. 154 f.). Gute persönliche Beziehungen zwischen den Beziehungspromotoren werden zu einer höheren Stabilität der Geschäftsbeziehung beitragen, da sie sich einander verpflichtet fühlen und sich somit stärker für die Interessen des Partners einsetzen. Darüber hinaus sind Beziehungspromotoren insbesondere auch daran interessiert, ihre Machtgrundlagen "persönliche und geschäftliche Beziehungen" zu schützen und weiterzuentwickeln.

> H8: *Arbeiten Beziehungspromotoren aus zwei miteinander kooperierenden Organisationen zusammen, so führt dies zu einem besseren Kooperationsergebnis gegenüber einer inter-organisationalen Zusammenarbeit, bei der nur in einer der Partnerorganisationen ein Beziehungspromotor auftritt.*

4. Ausblick

Eine erfolgreiche innovationsorientierte Zusammenarbeit mit externen Partnern erfordert einen Brückenschlag zwischen Menschen und Institutionen, der die Potentiale der Innovationspartner rechtzeitig und in der richtigen Art und Weise miteinander verknüpft. Der vorliegende Beitrag zeigt, daß Beziehungspromotoren in besonderer Weise dazu geeignet sind, inter-organisationale Innovationsprozesse effizient zu gestalten.

Mit dem Beziehungspromotor wird ein *normativer personaler Gestaltungsansatz* zur Förderung von inter-organisationalen Innovationsprozessen vorgelegt. Im Rahmen dieses Beitrages konnten natürlich nicht alle relevanten Fragen beantwortet werden, er hat im Gegenteil noch zusätzliche aufgeworfen.

Wie lassen sich Beziehungspromotoren identifizieren und fördern? In der Praxis stellt sich das Problem, daß Beziehungspromotoren nicht ohne weiteres rekrutiert werden können. Die Eigenschaften und Verhaltensweisen, die einen Beziehungspromotor auszeichnen, werden nicht im Rahmen von Ausbildungsprogrammen vermittelt und können auch nicht "verordnet" werden. Das Auftreten von Beziehungspromotoren läßt sich durch Rahmenbedingungen begünstigen, die es potentiellen Schlüsselpersonen ermöglichen und diese motivieren, sich der Gestaltung und Pflege von Außenbeziehungen zu widmen. Dazu ist es notwendig, Ressourcen bereitzustellen, die gute Voraussetzungen für einen solchen Einsatz schaffen, d.h. beispielsweise das Bereitstellen finanzieller Mittel speziell für die Anbahnung und Aufrechterhaltung von Geschäftskontakten, die Freistellung von formaler Tätigkeit, das Schaffen von materiellen und immateriellen Anreizen zur Entwicklung von Außenbeziehungen. Zusätzlich muß ein offenes und vertrauensvolles Klima gefördert werden, das es potentiellen Promotoren erleichtert, die Aufgabe der Beziehungspflege weitgehend unbehindert von Restriktionen, Vorschriften und Reglementierungen wahrzunehmen und damit Spielraum für informelle Kontakte zu schaffen.

Wie lassen sich dysfunktionale Wirkungen der Beziehungspromotoren vermeiden? Es ist nicht unproblematisch, von Beziehungspromotoren eine Verhaltensbeeinflussung zu fordern. Sofern und soweit von Beziehungspromotoren das Führen von Verhandlungen verlangt wird, ist davon auszugehen, daß die Schlüsselpersonen von der Gegenseite beeinflußt werden und in Rollenkonflikte geraten. Sie sollen auf der einen Seite günstige Konditionen aushandeln, sind aber auf der anderen Seite darauf angewiesen, mit den Verhandlungspartnern ein Mindestmaß an Vertrauen zu entwickeln, um von ihnen Informationen zu erhalten und als einigungswillig akzeptiert zu werden. Aus diesen divergierenden Anforderungen kann sich leicht ein deutliches Mißtrauen gegenüber Beziehungspromotoren ergeben, daß diese z.B. nicht hart genug verhandeln oder sich der "Gegenseite" gegenüber zu vertraulich verhalten. Dies kann dazu führen, daß ihnen die eigene Organisation weniger Spielraum läßt und sie strenger überwacht. Die Verhandlungsführung der Beziehungspromotoren wird dadurch erschwert. Dies kann wiederum zu Mißerfolgen und somit zu weiterem Mißtrauen führen und schließlich in eine Mißerfolgs-Mißtrauens-Spirale münden. Auf der Strecke bleibt die Dialogfähigkeit des Beziehungspromotors. Streß und Frustrationen bei Beziehungspromotoren können dazu führen, daß sie sich gegenüber der eigenen Organisation illoyal verhalten oder das eigene Unternehmen verlassen. Letzteres kann bedeuten, daß das Unternehmen wertvolle Beziehungen zu externen Innovationspartnern verliert.

Achim Walter und Hans Georg Gemünden

Beziehungspromotoren als Förderer inter-organisationaler Austauschprozesse: Empirische Befunde

Beziehungspromotoren als Förderer inter-organisationaler Austauschprozesse: Empirische Befunde

Achim Walter und Hans Georg Gemünden

1. Zielsetzung des Beitrags

In diesem Beitrag wird der Einfluß von Beziehungspromotoren auf den Erfolg von Austauschprozessen zwischen Partnerorganisationen untersucht. Für unsere Untersuchung der *empirischen Relevanz von Beziehungspromotoren* für inter-organisationale Austauschvorgänge wählen wir

- Geschäftsbeziehungen zwischen kleinen und mittleren Unternehmen (KMU) und deren Kunden im Ausland sowie
- Technologietransferprojekte zwischen KMU und einer Großforschungseinrichtung.

Sowohl für die grenzüberschreitenden Geschäftsbeziehungen als auch für die inter-organisationalen Technologietransferprojekte kann vorausgesetzt werden, daß die zwischen den Partnerorganisationen ablaufenden Austauschprozesse keinesfalls selbstverständlich sind.

KMU haben c.p. größere Schwierigkeiten, ihre Produkte und Dienstleistungen zu exportieren, als große Unternehmen. Eine Bestandsaufnahme von dreißig empirischen Studien, die den Zusammenhang von Unternehmensgröße und Exporterfolg untersucht haben, belegt, daß KMU seltener exportieren als große Unternehmen und daß bei den meisten KMU die Exportquote geringer ausfällt (Gemünden 1991, S. 33 ff.). Dies läßt sich als ein deutlicher Hinweis dafür werten, daß die Hindernisse eines erfolgreichen Exportengagements für KMU meist deutlich größer sind als für große Unternehmen. *Empirische Untersuchungen zeigen, daß es vor allem für KMU schwierig ist, Hindernisse einer erfolgreichen Zusammen-*

arbeit mit europäischen Geschäftspartnern effizient zu überwinden (Gemünden/Helfert/Walter 1996, S. 106 ff.; Gemünden/Walter/Helfert 1996, S. 41 ff.).

Ähnlich verhält es sich bei inter-organisationalen Technologietransferprozessen. *Die Technologielandschaft ist zwar durch ein breites Angebot an Spitzentechnologien von öffentlichen Forschungseinrichtungen gekennzeichnet. Dies wird jedoch von KMU zu wenig genutzt, da dem Technologietransfer von öffentlichen Forschungseinrichtungen hin zu KMU beachtliche Barrieren entgegenstehen* (Beise/Licht/Spielkamp 1995, S. 42 und S. 68 ff.; Rothholz 1986, S. 120; Rothwell/Dodgson 1991, S. 130 f.; Strothmann/Clemens/Ziegler 1980, S. 14 f.).

Wir behaupten nun, daß diese Barrieren am wirkungsvollsten durch Beziehungspromotoren überwunden werden können. Aber es ist keinesfalls selbstverständlich, daß wir in den kleinen und mittleren Unternehmen Beziehungspromotoren vorfinden werden. In Großunternehmen mit ihren deutlich stärkeren Spezialisierungen dürfte es viel einfacher möglich sein, einen Mitarbeiter zu finden, dem die Aufgabe übertragen werden kann, als Beziehungspromotor zu fungieren.

Dieses ist auf den ersten Blick eine ungünstige Ausgangssituation für die präsentierten empirischen Untersuchungen. Wir behaupten aber, daß diese strukturell ungünstige Situation die Leistungen des Beziehungspromotors - wenn er sich dann finden läßt - noch deutlicher zutage treten läßt als die Betrachtung von Großunternehmen. Denn diese Beziehungspromotoren in kleinen und mittleren Unternehmen erfüllen unter einem Aspekt in besonderer Weise die Anforderungen, die wir an Promotoren stellen: Sie engagieren sich aus eigenem Antrieb und nicht auf dienstliche Anweisung hin und müssen zwangsläufig die nicht definierten Freiräume selbständig ausfüllen. Die beiden folgenden empirischen Untersuchungen bieten also trotz des vermeintlichen Handicaps die beachtliche Chance, den Einfluß des Beziehungspromotors auf die Effizienz inter-organisationaler Technologieprozesse und Geschäftsbeziehungen zu zeigen.

2. Untersuchung 1: Förderung europäischer Geschäftsbeziehungen durch Beziehungspromotoren

2.1 Erhebung der Daten

Gegenstand der ersten Untersuchung zur empirischen Relevanz von Beziehungspromotoren sind grenzüberschreitende Geschäftsbeziehungen. Unter einer *Geschäftsbeziehung* verstehen wir "langfristig angelegte, von ökonomischen Zielen geleitete Interaktionsprozesse und Bindungen zwischen Mitgliedern verschiedener Organisationen, die auf eine Folge von Austauschprozessen gerichtet sind" (Gemünden 1990, S. 34).

Für die Datenerhebung wurde ein *vollstandardisierter Fragebogen* entwickelt. Nach Abschluß der Konstruktion des Erhebungsinstrumentes wurde ein umfangreicher Pretest durchgeführt. Ziel dieser Vorstudie war die Überprüfung des Meßinstruments auf seine Brauchbarkeit und Gültigkeit. Die eigentliche Erhebung der Daten erfolgte 1992. Der Fragebogen wurde an über 3.000 kleinere und mittlere baden-württembergische Industrieunternehmen verschickt. Insgesamt erhielten wir Fragebogen zu 1.026 Geschäftsbeziehungen mit Partnern in Europa zurück (siehe Übersicht 1).

Die von uns in dieser Untersuchung analysierte Stichprobe umfaßt N = 578 Geschäftsbeziehungen kleiner und mittlerer baden-württembergischer Industrieunternehmen mit europäischen Partnern. Ausgeschlossen wurden reine Beschaffungsbeziehungen, reine Lohnauftragsbeziehungen, grenzüberschreitende Geschäftsbeziehungen, bei denen der Lieferant mehr als 500 Beschäftigte aufwies, Warenaustauschbeziehungen, bei denen der Lieferant rechtlich nicht selbständig war und Geschäftsbeziehungen, die bereits abgebrochen worden waren. Die Fragebogen wurden vornehmlich von den Geschäftsführern sowie den Verkaufs- und Exportleitern der Unternehmen ausgefüllt.

Zur Beschreibung der Untersuchungsstichprobe einige Kenndaten: Das durchschnittliche Alter der Geschäftsbeziehung belief sich auf 13,5 Jahre, ca. 35 % der Partnerunternehmen hatten ihren Sitz in der Schweiz, 32 % in Frankreich, 15 % in Großbritannien, die restlichen Partner stammten aus den Beneluxländern, Südeuropa oder Nordeuropa. Die osteuropäischen Staaten Ungarn, Polen, Tschechien etc. waren nicht Gegenstand der Untersuchung. Der Exportanteil der untersuchten Industrieunternehmen betrug ca. 30%. Ca. 15 % ihres Umsatzes entfielen auf neue Produkte.

1. Empirisches Feld

   (1) **Grundgesamtheit:**
   kleine und mittlere baden-württembergische Industrieunternehmen mit Geschäftsbeziehungen zu Partnern in West-Europa

   (2) **Stichprobe:**
   3.000 versandte Fragebögen

   (3) **Rücklaufquote:**
   1.026 Fragebögen = 34,2%

   (4) **Auswertungsstichprobe:**
   578 Geschäftsbeziehungen nach Ausschluß reiner Beschaffungsbeziehungen, reiner Lohnauftragsbeziehungen, Geschäftsbeziehungen mit rel. großen Partnern (über 500 Beschäftigte), mit rechtlich nicht selbständigen Partnern und bereits abgebrochener Geschäftsbeziehungen

2. Erhebung

   (1) **Methode:**
   Schriftliche Befragung mit vollstandardisiertem Fragebogen

   (2) **Durchführung:**
   1992 nach Vorstudie zur Überprüfung von Brauchbarkeit und Gültigkeit des Fragebogens

Übersicht 1: Empirisches Feld und Erhebungsmethode im Projekt Geschäftsbeziehungen

2.2 Messung der Konstrukte

2.21 Beziehungspromotoren

Bei unserer Studie wurden die baden-württembergischen Exportunternehmen nach den Beziehungspromotoren im eigenen Unternehmen und beim Partnerunternehmen befragt. Zur Bestimmung der Beziehungspromotoren wurden folgende *Leitfragen* verwendet:

- "Wie stark wird Ihre Geschäftsbeziehung durch den direkten Einfluß einer "Kontakt"-Person mit besonders guten Beziehungen zu Ihrem Partnerunternehmen gefördert?"
- "Wie stark wird Ihre Geschäftsbeziehung durch den direkten Einfluß einer "Kontakt"-Person in Ihrem Partnerunternehmen mit besonders guten Beziehungen zu Ihrem Unternehmen gefördert?"

Dabei gilt folgende Rating-Skala: 0 = gar nicht, 1 = gering, 2 = deutlich, 3 = sehr stark, 4 = entscheidend. *Der Begriff des "Promotors" wurde bei den Fragen bewußt nicht verwendet.* Bei dieser Bestimmung der Beziehungspromotoren handelt es sich um eine relativ grobe Messung. Die von uns ermittelten Befunde sind daher als Mindestaussagen anzusehen.

2.22 Erfolgsgrößen

In der vorliegenden Untersuchung werden als Erfolgsgrößen von Geschäftsbeziehungen mit Kunden der Verkaufserfolg, der Technologieentwicklungserfolg und der Markterschließungserfolg betrachtet. Zur Beurteilung der Erfolgsmaße werden vierstufige Rating-Skalen verwendet.

Der *Verkaufserfolg mit dem Kunden* wird durch eine Frage nach dem Ausmaß des Verkaufsvolumens bestimmt.

Die *Technologieentwicklung mit dem Kunden* wird anhand der drei Indikatoren "Zeit-/Kosteneinsparungen durch gemeinsame Produktentwicklung", "Produktverbesserungen durch Ideen/Lizenzen vom Partner" und "Unterstützung durch den Partner für unsere Produktanpassungen an seinen Markt" erfaßt. (Cronbachs Alpha = 0,84 für die aus den drei Indikatoren gebildete Summenskala).

Die *Markterschließung durch den Kunden* wird an den beiden Items "Verkaufserfolge aufgrund von Unterstützung/Vermittlung durch den Partner" und "Zugang zu (Insider-) Marktinformationen des Partners" gemessen (Cronbachs Alpha = 0,81 für die aus den beiden Indikatoren gebildete Summenskala).

Der *wirtschaftliche Erfolg des Industriepartners* wird anhand einer fünfstufigen, von "--" bis "++" reichenden Einschätzung gemessen. Die dazugehörige Frage lautet: "Bitte beurteilen Sie den Erfolg oder Mißerfolg dieser Geschäftsbeziehung für Ihr Unternehmen".

2.3 Befunde

2.31 Existenz von Beziehungspromotoren

Wie schaffen es die auf europäischen Industriegütermärkten erfolgreichen KMU, grenzüberschreitende Geschäftsbeziehungen effizient zu entwickeln? In Unternehmen obliegt das Überwinden von Barrieren internationaler Geschäftsbeziehungen vornehmlich dem Beziehungs- und Netzwerkmanagement (Walter 1998, S. 67 ff.). Tabelle 1 zeigt, wie häufig Personen, die eine Rolle des Beziehungspromotors erfüllen, auf beiden Seiten auftreten und wie stark sie die Geschäftsbeziehung fördern.

Es kann von den fettgedruckten Zahlen der Hauptdiagonalen abgelesen werden, daß das *Engagement von Beziehungspromotoren auf beiden Seiten der Geschäftsbeziehung korrespondiert*: Wenn beim deutschen Hersteller kein Beziehungspromotor auftritt, dann ist es auch unwahrscheinlich, daß sich beim ausländischen Kunden ein solcher engagiert. Falls jedoch die Geschäftsbeziehung auf Seiten des deutschen Unternehmens "sehr stark" oder gar "entscheidend" durch einen Beziehungspromotor gefördert wird, dann ist es auch sehr viel wahrscheinlicher, daß beim ausländischen Kunden die Geschäftsbeziehung durch einen Beziehungspromotor maßgeblich gefördert wird. Unser Befund liefert nur eine Zusammenhangsaussage. Von wem die Initiative für eine Zusammenarbeit zwischen den Promotoren ausging, kann nicht bestimmt werden.

Darüber hinaus zeigt die Tabelle einen weiteren wesentlichen Befund: *In den meisten europäischen Geschäftsbeziehungen ist die zentrale Bedeutung des Beziehungspromotors noch nicht erkannt.* Nur in einem Drittel der Fälle hat wenigstens auf einer Seite einer Geschäftsbeziehung ein Beziehungspromotor diese maßgeblich gefördert. Es kann folglich keinesfalls vorausgesetzt werden, daß die Position eines Verkaufs- oder Einkaufsleiters hinreichend dazu beiträgt, daß die jeweiligen Positionsinhaber eine Beziehungspromotorenrolle auch tatsächlich wahrnehmen. In diesem Zusammenhang ist auch interessant, daß nur 27 % der Schlüsselpersonen auf deutscher Seite eine berufliche Auslandserfahrung im Lande des Geschäftspartners besitzen.

Deutsches Unternehmen \ Ausländisches Partnerunternehmen	Gar nicht	Gering	Deutlich	Sehr stark	Ent-scheidend	Gesamt-stichprobe
Gar nicht	**77,5**	6,3	8,5	3,5	4,2	36,1
Gering	16,2	**37,8**	35,1	5,4	5,4	9,4
Deutlich	16,5	15,2	**44,3**	21,5	2,5	20,1
Sehr stark	14,7	5,9	10,3	**51,5**	17,6	17,3
Entscheidend	13,4	3,0	14,9	28,4	**40,3**	17,0
Gesamtstichprobe	37,7	10,4	19,6	19,8	12,5	

Tab. 1: Auftretenshäufigkeiten und Einflußstärken von Beziehungspromotoren in grenzüberschreitenden Geschäftsbeziehungen (in Prozent)

2.32 *Effizienz von Beziehungspromotoren*

Zur Prüfung der von uns vermuteten Effizienzwirkungen von Beziehungspromotoren auf den Erfolg von Geschäftsbeziehungen mit europäischen Partnern legen wir zunächst fest, ab welchem Schwellenwert wir das Prädikat "Beziehungspromotor" vergeben. Wir sprechen im weiteren von einem *Beziehungspromotor, wenn er laut Auffassung des Respondenten die Geschäftsbeziehung "stark" oder "entscheidend" gefördert* hat. Dies dürfte Wittes Auffassung, daß Promotoren jene Personen sind, die komplexe bzw. innovative Prozesse "aktiv und intensiv" fördern, gut entsprechen.

Tabelle 2 dokumentiert unsere Befunde. Die dort angegebenen Werte sind zentriert, d.h. von allen Meßwerten wurde der Mittelwert der betreffenden Variable abgezogen. Die zentrierten Variablen besitzen einen Mittelwert von Null. Negative Werte zeigen Mißerfolge, positive zeigen Erfolge an.

	Ohne Beziehungs-promotoren	**Nur auf einer Seite Beziehungspromotoren**	**Auf beiden Seiten Beziehungspromotoren**
Verkaufserfolg mit dem Kunden	- 0,22	+ 0,14	+ 0,36
Technologieentwick-lung mit dem Kunden	- 0,06	+ 0,06	+ 0,18
Markterschließung mit dem Kunden	- 0,15	+ 0,06	+ 0,29
Finanzieller Erfolg der Geschäftsbeziehung	- 0,12	+ 0,09	+ 0,19

Tab. 2: Einfluß der Beziehungspromotoren auf den Erfolg der europäischen Geschäftsbeziehung (alle Einflüsse sind auf dem 1-%-Niveau signifikant)

Die Aussage der Befunde ist eindeutig: *Zwischen Beziehungspromotoren und allen Erfolgsgrößen zeigt sich ein hoch signifikanter positiver Zusammenhang.* Geschäftsbeziehungen, die nicht von Beziehungspromotoren gefördert werden, weisen bei allen Erfolgsgrößen negative, d.h. unterdurchschnittliche Werte auf. Außerdem zeigt sich, daß bei Geschäftsbeziehungen, im Rahmen derer auf *beiden Seiten Beziehungspromotoren* agieren, die *höchsten Erfolgswerte* erreicht werden.

2.4 Zusammenfassung

In der vorliegenden Untersuchung von 578 Geschäftsbeziehungen zwischen kleinen und mittleren Unternehmen und Partnern im europäischen Ausland wurde gezeigt, daß der Beziehungspromotor den Erfolg dieser Geschäftsbeziehung maßgeblich positiv beeinflußt. Dies läßt sich dadurch begründen, daß die im Rahmen von Innovationskooperationen auftretenden Barrieren des Nicht-Voneinander-Wissens und des Nicht-Zusammenarbeiten-Wollens, Nicht-Zusammenarbeiten-Könnens oder Nicht-Zusammenarbeiten-Dürfens auch der Zusammenarbeit mit Geschäftspartnern im Ausland entgegenstehen. Die Überwindung derartiger Barrieren bedarf in Unternehmen des aktiven und positiven Engagements von Personen im Beziehungs- und Netzwerkmanagement, welche die spezifischen Eigenschaften eines Beziehungspromotors aufweisen.

Wir vermuten daher, daß das Rollenkonzept des Beziehungspromotors insbesondere bei Geschäftsbeziehungen mit Partnern aus räumlich und kulturell ferneren Ländern angewandt werden kann. Dies ist für die Praxis von großer Bedeutung, da diese Ländermärkte vor allem von kleinen und mittleren Unternehmen sehr viel stärker als bisher erschlossen werden müssen, um ihre Innovations- und Wettbewerbskraft aufzubauen und zu erhalten. Darüber hinaus muß davon ausgegangen werden, daß die Barrieren der Zusammenarbeit zwischen Geschäftspartnern mit zunehmender räumlicher, sprachlicher und kultureller Distanz wachsen (Gemünden/Helfert/Walter 1996). Im Hinblick auf (potentielle) Partner in Osteuropa, Fern- und Nahost sowie in Übersee ist zu erwarten, daß sich für die kleinen und mittleren Unternehmen bei der Anbahnung, Gestaltung und Pflege der Geschäftsbeziehungen noch sehr viel größere Hürden ergeben.

3. Untersuchung 2: Förderung inter-organisationaler Technologietransferprozesse durch Beziehungspromotoren

3.1 Erhebung der Daten

Gegenstand der zweiten Untersuchung zur empirischen Relevanz von Beziehungspromotoren sind Technologietransferprojekte zwischen einem Großforschungszentrum und dessen kleinen und mittelständischen Industriepartnern. Unter einem *Technologietransferprojekt* ist hier die anwendungsbezogene Übertragung von technologischem Know-how aus einer Forschungseinrichtung zu Industrieunternehmen zu verstehen. Dabei ist es das primäre Ziel, die Wettbewerbsfähigkeit der Industrieunternehmen mittels eines technologisch neuen Produktes oder Verfahrens zu verbessern.

Zur Entwicklung eines *vollstandardisierten Fragebogens*, der unseren Forschungszielen und den spezifischen Gegebenheiten der interessierenden Technologietransferprojekte gerecht wird, wurden jeweils 10 teilstandardisierte Interviews mit Personen auf seiten der Großforschungseinrichtung und der Industriepartner geführt. Die Interviews dauerten im Durchschnitt zwei bis drei Stunden. Die entwickelten Fragebogen wurden von den projektverantwortlichen Mitarbeitern der Technologietransferstelle des Großforschungszentrums ausgefüllt. Diese Personen erwiesen sich nach den Ergebnissen der Interviewstudie als die geeigneten *Schlüsselinformanten.*

Die Auswertung der im Rahmen des Pretests bei den Technologietransferparteien erhobenen qualitativen Daten zeigt, daß die Schlüsselinformanten beim Großforschungszentrum in allen Fällen in der Lage waren, die für die Technologietransferprojekte wichtigen Personen auf seiten der Industriepartner zu identifizieren. Darüber hinaus zeigen die Ergebnisse der Vorstudie, daß die Mitarbeiter der Technologietransferstelle weitgehend zuverlässige Angaben in bezug auf den Erfolg der Technologietransferprojekte für die Industriepartner machen konnten.

Im Rahmen der Datenerhebung wurden alle Technologietransferprojekte des Großforschungszentrums erhoben, welche zwischen den Jahren 1979 und 1995 durchgeführt wurden. Unsere empirische Untersuchung basiert auf 94 Technologietransferprojekten.

3.2 Messung der Konstrukte

Der vollstandardisierte Fragebogen besteht aus *zwei* Teilen. Der *erste* Teil des Erhebungsinstruments umfaßt Fragen zu den Personen, die im Rahmen des jeweils betrachteten Technologietransferprojektes als wichtig erachtet wurden. Insgesamt wurden Fragen zu Promotoreneigenschaften zu 217 Personen beantwortet, die im Rahmen der 94 Technologietransferprojekte auf seiten des Großforschungszentrums und der Industriepartner aktiv waren. Der *zweite* Teil des Fragebogens enthält Indikatoren zum technischen, wirtschaftlichen und sozialen Erfolg der Technologietransferprojekte (siehe Übersicht 2).

1. Empirisches Feld

(1) **Grundgesamtheit:**
Technologietransferprojekte zwischen einem Großforschungszentrum und kleinen und mittleren Industriepartnern, die zwischen den Jahren 1974 und 1995 durchgeführt wurden

(2) **Stichprobe:**
94 Technologietransferprojekte

2. Erhebung

(1) **Methoden:**
Schriftliche Befragung mit vollstandardisiertem Fragebogen nach vorheriger Durchführung von 10 teilstandardisierten Interviews jeweils auf seiten des Großforschungszentrums und der Industrieunternehmen

(2) **Durchführung:**
Befragung der jeweils projektverantwortlichen Mitarbeiter des Großforschungszentrums

Übersicht 2: Empirisches Feld und Erhebungsmethode im Projekt Technologietransferprozesse

3.21 Macht-, Fach- und Beziehungspromotoren

In diesem Beitrag wird vor allem der Effizienzeinfluß von Beziehungspromotoren auf inter-organisationale Technologietransferprozesse untersucht. Daneben wird auch der Einfluß von Macht- und Fachpromotoren auf den Erfolg der Technologietransferprozesse berücksichtigt.

Promotoren zeichnen sich nach Witte (1973, S. 15 f.) dadurch aus, daß sie "einen Innovationsprozeß aktiv und intensiv fördern". Bei der Bestimmung der Promotoren wurden folgende Leitfragen verwendet: (Rating-Skalen von 1 bis 7)

(1) *Handelt es sich um eine Schlüsselperson?*
Schlüsselpersoneneigenschaft: "Die Person übt einen starken Einfluß auf den Prozeß aus". (Rating-Wert größer 4)

(2) *Handelt es sich um einen Promotor?*
Förderung des Projektes: "Die Person war ein starker Befürworter der Projektidee." (Rating-Wert größer 4)

(3) *Welche Machtquelle setzt diese Person ein?*

- Machtpromotoreneigenschaft?

  Hierarchisches Potential: Rating-Wert für hierarchischen Rang größer als 4 auf einer fünfstufigen Skala

- Fachpromotoreneigenschaft?

  Problemspezifisches Wissen: "Die Person besitzt einzigartiges technisches Wissen." (Rating-Wert größer 4)

- Beziehungspromotoreneigenschaft?

  Die Beziehungspromotoreneingenschaften äußern sich in guten Beziehungen und spezifischem Wissen über organisationsinterne und -externe Schlüsselpersonen eines Technologietransferprozesses. Um die Beziehungspromotoreneigenschaften zu ermitteln, wurde hinsichtlich der Schlüsselpersonen im Großforschungszentrum, beim Industriepartner und bei relevanten Drittparteien (z. B. Pilotkunden und weitere Forschungseinrichtungen) jeweils erfragt, wie gut die persönlichen Beziehungen und der Wissensstand waren. Die Eigenschaften des Beziehungspromotors werden bei einem Akteur dann als gegeben angesehen, wenn der mittlere Rating-Wert der drei Summenskalen über 4 liegt.

Zur Qualität der Messung des Beziehungspromotors läßt sich folgendes anführen:

Die beiden Items "Wissen" und "Beziehungen" korrelieren sehr hoch miteinander. Die Koeffizienten liegen in der Regel über 0.80, d. h. wer gute Beziehungen zum Großforschungszentrum, zum Industriepartner oder zu Drittparteien hat, ist über diese Partner gut informiert. Die *Reliabilität der Messung* ist daher als sehr hoch anzusehen.

Die *Validität der Messung* wird mittels der erklärten Varianz der zwei Erfolgskriterien "Förderung des Technologietransferprojektes" und "Förderung der Geschäftsbeziehung zum Technologietransferpartner" (Rating-Skalen von 1 bis 7) beurteilt. Die beiden multiplen Regressionen mit den drei Summenskalen "Wissen/gute Beziehungen zum Großforschungszentrum", "Wissen/gute Beziehungen zum Industriepartner" und "Wissen/gute Beziehungen zu Drittparteien" erklären 24,9 % bzw. 39,7 % der Varianz. Die Validität unserer Messung ist daher als hoch anzusehen. Tabelle 3 dokumentiert, daß alle standardisierten Regressionskoeffizienten signifikant sind, d.h. alle Netzwerkbeziehungen sind für den Erfolg von inter-organisationalen Technologietransferprozessen von Nutzen.

	Förderung	
	Technologie-transferprojekt	Geschäfts-beziehung
Wissen über und gute Beziehungen zum Großforschungszentrum	.17*	.15*
Wissen über und gute Beziehungen zum Industriepartner	.33***	.55***
Wissen über und gute Beziehungen zu Drittparteien	.26**	.15*
R^2	24,9%	39,7%

*: $p < .05$ **: $p < .01$ ***: $p < .001$

Tab. 3: Beziehungswissen, Erfolg der Technologietransferprojekte und Etablierung von Geschäftsbeziehungen

3.22 *Erfolgsgrößen*

Zur Messung des Erfolgs der Technologietransferprojekte führen wir *vier Konstrukte* ein: den technischen Projekterfolg, den wirtschaftlichen Erfolg für den Industriepartner, die Bereitschaft des Industriepartners, wieder mit dem Großforschungszentrum zu kooperieren, sowie die Etablierung einer Geschäftsbeziehung zwischen den Transferparteien.

Der *technische Projekterfolg* wurde daran gemessen (siebenstufige Rating-Skalen), ob aus Sicht des Großforschungszentrums der Technologietransfer-Gegenstand die mit dem Industriepartner vereinbarte Funktions-/Leistungsfähigkeit erfüllte, der Technologietransfer-Gegenstand bei Projektabschluß den technischen Anforderungen des Industriepartners genügte und der Technologietransfer-Gegenstand technisch erfolgreich realisiert werden konnte.

Der *wirtschaftliche Erfolg des Industriepartners* wurde daran gemessen, ob der Technologietransfer-Gegenstand aus Sicht des Großforschungszentrums dazu beigetragen hat, die erwarteten Lizenzeinnahmen zu realisieren (siebenstufige Rating-Skala), die Wettbewerbsfähigkeit des Industriepartners zu verbessern (siebenstufige Rating-Skala), die Existenz des Industriepartners zu sichern (siebenstufige Rating-Skala) und einen neuen Markt zu erschließen (dichotom skaliert).

Die *Bereitschaft des Industriepartners, wieder mit dem Großforschungszentrum zu kooperieren,* wurde daran gemessen (siebenstufige Rating-Skalen), ob aus Sicht des Großforschungszentrums der Industriepartner nach Beendigung des Technologietransfers zu einer langfristigen Zusammenarbeit gewonnen wurde und ob sich eine Erhöhung der Kooperationsbereitschaft des Industriepartners feststellen ließ.

Die einzelnen Items der Erfolgsgrößen wurden mittels einfaktorieller Hauptkomponentenanalysen verdichtet (Cronbachs Alpha Werte liegen im Bereich von .79 bis .92). Im weiteren werden zur Prüfung der Effizienzhypothesen die ermittelten Faktorwerte herangezogen. Die Erfolgsgröße *Etablierung einer Geschäftsbeziehung zwischen den Technologietransferpartnern* wurde dichotom skaliert.

3.3 Befunde

3.31 Existenz von Macht-, Fach- und Beziehungspromotoren

Die bisherige Analyse bezog sich auf 217 Einzelpersonen. In unserer weiteren Untersuchung betrachten wir die 94 Technologietransferprojekte sowie die auf seiten der Transferparteien aufgetretenen "Promotorenstrukturen" (Witte, 1973, S. 34 ff.).

Bei der Bildung von *Promotorenstrukturen* unterscheiden wir lediglich danach, ob auf seiten der Transferparteien eine *Promotorenrolle von mindestens einem Akteur* ausgefüllt wird. Es wird nicht danach differenziert, ob die Promotorenrollen von einem Akteur in Personalunion oder ob unterschiedliche Rollen von verschiedenen Personen ausgefüllt werden. Hierzu legen wir den in Tabelle 4 dargestellten Befund vor.

Beim Industriepartner treten Promotoren seltener auf als im Großforschungszentrum. So gibt es beim Großforschungszentrum 59 Prozesse mit Fachpromotoren, 50 mit Beziehungspromotoren, 21 mit Machtpromotoren und 25 ohne Promotoren. Bei den Industriepartnern sind es nur 14 mit Fachpromotoren, nur 14 mit Beziehungspromotoren und 17 mit Machtpromotoren. In 73 Prozessen fehlt jeglicher Promotor.

Offenkundig ist das Großforschungszentrum, welches ein Technologietransfer-Programm implementiert hat, eher die treibende Kraft als die angeblich so "dynamischen" Unternehmer. Gemessen an der Promotorenstruktur lag eher "technology push" als "demand pull" vor. Hierfür spricht auch die Tatsache, daß ca. 90 % der Projektideen im Großforschungszentrum entstanden. Es kann also nicht behauptet werden, daß die Innovationsprojekte ohnehin in den Unternehmungen durchgeführt worden wären.

Industriepartner

Großforschungszentrum

Konfiguration	**OP**	**FP**	**MP**	**MFP**	**BP**	**FBP**	**MBP**	**MFBP**	Σ
OP	22	1					1	1	25
FP	12		1	3		1		1	18
MP									0
MFP	1								1
BP	3	1			1		1		5
FBP	24			1					25
MBP	5								5
MFBP	6		1				3	5	15
Σ	73	2	2	4	1	1	5	7	94

OP:= keine Promotorenrolle vorhanden, FP:= nur Fachpromotorenrolle vorhanden, MP:= nur Machtpromotorenrolle vorhanden, BP:= nur Beziehungspromotorenrolle vorhanden, FBP:= nur Fach- und Beziehungspromotorenrolle vorhanden, MFP:= nur Macht- und Fachpromotorenrolle vorhanden, MBP:= nur Macht- und Beziehungspromotorenrolle vorhanden, MFBP:= Macht-, Fach- und Beziehungspromotorenrolle vorhanden.

Tab. 4: Promotorenstrukturen der Technologietransferparteien

3.32 Effizienz von Macht-, Fach- und Beziehungspromotoren

Zur Analyse der Effizienzwirkungen der Promotoren werden zunächst die durchschnittlichen Erfolgsmaße (Faktorwerte) der Promotorenstrukturen, die wenigstens fünfmal aufgetreten sind, rein deskriptiv verglichen. Tabelle 5 faßt die Ergebnisse zusammen. Für die drei Erfolgsmaße (Faktorwerte) "technischer Erfolg", "wirtschaftlicher Erfolg" und "Kooperationsbereitschaft" beurteilen wir Werte zwischen +0.3 und -0.3 als durchschnittlich und stufen Werte größer gleich bzw. kleiner gleich 0.3 als überdurchschnittlich bzw. unterdurchschnittlich ein. Werte größer 1.0 bzw. kleiner -1.0 betrachten wir als sehr hoch bzw. sehr niedrig.

	Technischer Erfolg	Wirtschaftlicher Erfolg	Kooperations-bereitschaft	Geschäftsbeziehung heute (%)	Anzahl
OP_{GFZ}	-.59	-.47	-.31	36	22
FP_{GFZ}	-.55	-.67	-.45	58	12
FBP_{GFZ}	.39	.34	.18	87	24
MBP_{GFZ}	.29	-.24	.54	80	5
$MFBP_{GFZ}$	.25	.58	.65	67	6
$MFBP_{GFZ}$ + $MFBP_{IP}$	.65	1.17	.92	100	5

OP_{GFZ}:= keine Promotorenrolle im Großforschungszentrum vorhanden,
FP_{GFZ}:= nur Fachpromotorenrolle im Großforschungszentrum vorhanden,
FBP_{GFZ}:= nur Fach- und Beziehungspromotorenrolle im Großforschungszentrum vorhanden,
$MFBP_{GFZ}$+ $MFBP_{IP}$:= Macht-, Fach- und Beziehungspromotorenrolle im Großforschungszentrum und auf seiten der Industriepartner vorhanden,

Tab. 5: Typische Promotorenstrukturen und ihr Einfluß auf den Erfolg der inter-organisationalen Technologietransferprozesse

Die Struktur ohne Promotoren ist eine ineffiziente Lösung. Der Satz: "Keine Innovation ohne Promotoren!" wird somit auch durch unsere Studie belegt. Sehr schlecht schneidet auch die Struktur mit einem isolierten Fachpromotor in der Forschungseinrichtung ab.

Überdurchschnittliche Werte erzielen alle übrigen Strukturen. Ihr gemeinsames Merkmal ist die Existenz eines Beziehungspromotors. *Der Beziehungspromotor scheint damit eine notwendige Voraussetzung eines erfolgreichen inter-organisationalen Technologietransfers zu sein.*

Eine genauere Betrachtung der Tabelle zeigt, daß auch der Beziehungspromotor die anderen Promotoren dringend benötigt, um die Effizienz inter-organisationaler Technologietransfers erhöhen zu können. Bemerkenswert ist zunächst, daß der Beziehungspromotor nur in drei der 94 Fälle allein auftritt. Diese Fälle waren nicht sehr erfolgreich. Die beiden Strukturen, in denen der Beziehungspromotor nur mit einem anderen Promotorentyp zusammen auftritt, weisen nur eine mittlere Effizienz auf. *Erst wenn neben der Beziehungspromotorenrolle eine Fach- und Machtpromotorenrolle ausgefüllt wird, kann der Beziehungspromotor seine volle Wirkung entfalten.* Gemeinsam erreichen die Promotoren eine besonders erfolgreiche Innovationskooperation.

Die unterste Zeile der Tabelle deutet an, daß es bei komplexen Promotorenstrukturen auf beiden Seiten zu einem sehr effizienten Technologietransfer kommt.

Zur Prüfung der von uns vermuteten Effizienzwirkungen von Beziehungspromotoren auf inter-organisationale Technologietransferprozesse werden dreifaktorielle Varianzanalysen durchgeführt, und zwar mit den drei Promotorenrollen als Faktoren und den Effizienzmaßen zum technischen und wirtschaftlichen Erfolg sowie zur Kooperationsbereitschaft und Etablierung einer Geschäftsbeziehung als Kriteriumsvariablen. Tabelle 6 zeigt die Signifikanzniveaus der Haupteffekte und die erklärten Varianzen.

Beim technischen Innovationserfolg zeigt sich bezüglich des Beziehungspromotors ein hochsignifikanter Einfluß, die Einflüsse der beiden übrigen Promotoren sind nicht signifikant. *Unsere Hypothese zum Einfluß des Beziehungspromotors auf den technischen Erfolg von Innovationskooperationen wird somit bestätigt.*

Hinsichtlich des wirtschaftlichen Innovationserfolges zeigt sich ein nicht signifikanter Macht- und Fachpromotoreneinfluß sowie ein hochsignifikanter Einfluß des Beziehungspromotors. *Unsere Hypothese zum Einfluß des Beziehungspromotors auf den wirtschaftlichen Erfolg von Innovationskooperationen wird somit bestätigt.*

	Technischer Erfolg	Wirtschaftlicher Erfolg	Kooperations-bereitschaft	Geschäftsbezie-hung heute (%)
MP	n.s.	n.s.	n.s.	n.s.
FP	n.s.	n.s.	n.s.	n.s.
BP	.002	.006	.003	.001
R^2	14,5%	17,9%	13,9%	18,9%

Tab. 6: Einfluß von Macht-, Fach- und Beziehungspromotoren auf den Erfolg der inter-organisationalen Technologietransferprozesse

Bei den beiden Analysen zur Kooperationsbereitschaft und zur Etablierung der Geschäftsbeziehung zeigt sich wiederum für den Beziehungspromotor ein hochsignifikanter Einfluß. Für die beiden übrigen Promotorenrollen läßt sich kein signifikanter Einfluß nachweisen. *Damit werden auch unsere Hypothesen zum Einfluß des Beziehungspromotors auf den sozialen Erfolg von Innovationskooperationen bestätigt.*

Diese Befunde fallen so überraschend deutlich zugunsten des Beziehungspromotors und zu Lasten der beiden übrigen Promotoren aus, daß wir in einem nächsten Schritt zweifaktorielle Varianzanalysen ohne den Faktor Beziehungspromotor durchführen. Es zeigt sich nun ein tendenziell signifikanter Einfluß ($p < .10$) des *Machtpromotors* auf den technischen Projekterfolg und ein *signifikant positiver Einfluß* ($p < .05$) *auf den wirtschaftlichen Innovationserfolg und die Kooperationsbereitschaft. Der Einfluß des Machtpromotors auf die Etablierung einer Geschäftsbeziehung ist nicht signifikant.*

Der *Fachpromotor* übt ebenfalls einen nur *tendenziell signifikanten* Einfluß auf den technischen Projekterfolg aus. Der Einfluß des Fachpromotors auf den ökonomischen Innovationserfolg des Industriepartners und die Etablierung einer Geschäftsbeziehung ist *signifikant positiv*. Sein Einfluß auf die Kooperationsbereitschaft ist *nicht signifikant*.

Durch den Einfluß von Macht- und Fachpromotoren werden 4,8 % bzw. 10,7 % der Varianz der Erfolgsgrößen "technischer Projekterfolg" und "wirtschaftlicher Erfolg" des Industriepartners erklärt. Von den Erfolgsmaßen "Kooperationsbereitschaft" und "Etablierung einer Geschäftsbeziehung" werden 4,9 % bzw. 9,2 % der Varianz erklärt.

Zusammenfassend können wir festhalten, daß der Einfluß von Macht- und Fachpromotoren auf den Erfolg der inter-organisationalen Technologietransferprojekte zwar vorhanden, aber doch überraschend schwach ausgeprägt ist. Macht- und Fachpromotoren entfalten ihre effizienzfördernden Potentiale erst dann, wenn sie durch einen Beziehungspromotor unterstützt bzw. verknüpft werden. *Der Beziehungspromotor stellt offensichtlich das "Getriebe" dar, welches die Kräfte von Macht- und Fachpromotoren der Partnerorganisationen aktiviert, überträgt und, falls erforderlich, synchronisiert.*

3.33 Effizienz der Zusammenarbeit von Beziehungspromotoren

Tabelle 7 zeigt den Effizienzeinfluß der *Arbeitsteilung* zwischen Beziehungspromotoren auf beiden Seiten der Technologietransferparteien.

	ohne BP	BP nur im Forschungszentrum	BP bei beiden Parteien
Technischer Projekterfolg	-0,47	+0,24	+0,54
Wirtschaftlicher Erfolg des Industriepartners	-0,49	+0,17	+0,71
Kooperationsbereitschaft des Industriepartners	-0,43	+0,17	+0,94
Auf- und Ausbau einer Geschäftsbeziehung	47%	82%	90%

Tab. 7: Einfluß der Arbeitsteilung zwischen Beziehungspromotoren auf den Erfolg der inter-organisationalen Technologietransferprozesse

Hinsichtlich aller Effizienzmaße ist ein deutlicher Anstieg des Erfolgs durch die Zusammenarbeit eines Beziehungspromotors im Großforschungszentrum mit einem Beziehungspromotor auf seiten des Industriepartners zu erkennen. Auf die Darstellung der Effizienzbefunde im Falle des Auftretens von nur einem Beziehungspromotor beim Industriepartner verzichten wir. Dies war nur in 4 Technologietransferprojekten der Fall. Der varianzanalytische Befund zeigt bei allen Effizienzgrößen einen *signifikanten Einfluß beider Beziehungspromotoren.* Unsere Hypothese, daß aus der Zusammenarbeit von Beziehungspromotoren der beiden Transferparteien ein höherer Kooperationserfolg resultiert als aus einer Zusammenarbeit, im Rahmen derer nur auf einer Seite der Transferparteien ein Beziehungspromotor agiert, ist somit bestätigt. *Es drängt sich der Vergleich mit einer Brücke auf, die wesentlich mehr Last tragen kann, wenn sie auf beiden Seiten auf stabilen Pfeilern ruht.*

3.4 Zusammenfassung

Die empirische Analyse von 94 Technologietransferprojekten zwischen einem Großforschungszentrum und kleinen und mittleren Unternehmen zeigt, daß der Beziehungspromotor besonders dazu beiträgt, Transferbarrieren des Nicht-Wissens, Nicht-Könnens, Nicht-Wollens und Nicht-Dürfens zwischen Technologiepartnern zu überwinden und damit den technischen sowie wirtschaftlichen Erfolg des inter-organisationalen Technologietransfers entscheidend zu fördern. Die Schlüsselperson fördert durch ihre Leistungsbeiträge zudem die Bereitschaft der Industriepartner, weitere technologieorientierte Kooperationsprojekte durchzuführen sowie eine Geschäftsbeziehung zwischen den Transferparteien aufzubauen und fortzuführen.

Der effizienzfördernde Einfluß des Beziehungspromotors besteht im wesentlichen in der Aktivierung von Macht- und Fachpromotoren beider Transferorganisationen und der Überwindung ihrer Interaktionsbarrieren. Darüber hinaus leistet der Beziehungspromotor einen eigenständigen Beitrag zum Erfolg inter-organisationaler Technologietransferprojekte. Dieser Einfluß erklärt sich aus dem Ausgleich von Wissensdefiziten der Akteure, indem er seine Informationen über Anforderungen, Bedürfnisse und Know-how von Technologietransferpartnern geeigneten Schlüsselakteuren zur Verfügung stellt. Der Beziehungspromotor ist jemand, der persönliche Beziehungen zu den Schlüsselakteuren der Transferparteien aufbaut und pflegt. Er ist damit für diese ein verläßlicher, konstanter und kompetenter Ansprechpartner. Partnerspezifische Informationen sind damit auch langfristig verfügbar und können für eine dauerhafte Zusammenarbeit genutzt werden.

Darüber hinaus zeigen die Ergebnisse der Untersuchung einen besonders effizienzfördernden Einfluß der Schlüsselakteure auf inter-organisationale Technologietransfers, wenn es zu einer Zusammenarbeit von Beziehungspromotoren beider Transferparteien kommt. Beziehungspromotoren verfügen über Heimvorteile, die vom jeweiligen Mitstreiter auf seiten des Transferpartners effizient genutzt werden können. Durch die eingespielte Zusammenarbeit zwischen Beziehungspromotoren der Technologietransferparteien können Koordinations- und Kontrollkosten eingespart werden. Darüber hinaus haben Beziehungspromotoren im Hinblick auf den Erhalt und Ausbau ihrer Machtpotentiale ein starkes Interesse daran, ihre guten persönlichen Beziehungen zu bewahren. Folglich stabilisieren Beziehungspromotoren durch ihre Zusammenarbeit die Geschäftsbeziehung zwischen den Transferparteien.

4. Weiterführende Fragen

Aufgrund der nachgewiesenen empirischen Relevanz von Beziehungspromotoren für grenzüberschreitende Geschäftsbeziehungen ist es unserer Meinung nach lohnenswert, das Rollenkonzept des Beziehungspromotors auf Fragen des internationalen Marketing anzuwenden und dabei unsere noch recht grobe Messung zu verfeinern und zu verbessern. Im Hinblick auf die Ableitung praxisnaher Handlungsempfehlungen ist es insbesondere wichtig zu untersuchen, auf welchen Wegen Beziehungspromotoren den Erfolg von Geschäftsbeziehungen beeinflussen. Üben Beziehungspromotoren ihren Effizienzeinfluß primär über Schlüsselmerkmale von Geschäftsbeziehungen, z.B. partnerspezifischen Anpassungen, Vertrauen und Commitment, aus, oder haben die Promotoren vornehmlich einen direkten Einfluß auf den Beziehungserfolg?

Der beachtliche Effizienzeinfluß von Beziehungspromotoren auf inter-organisationale Technologietransferprozesse und die besondere Bedeutung des Innovationserfolgs für den wirtschaftlichen Erfolg von Unternehmen halten dazu an, weiteren Fragen nachzugehen: Welche Rahmenbedingungen in öffentlichen Forschungseinrichtungen begünstigen das Auftreten von Beziehungspromotoren? Wie lassen sich Beziehungspromotoren identifizieren, systematisch fördern und an die eigene Organisation binden?

Darüber hinaus sollte auf die Frage der Zusammenarbeit des Beziehungspromotors mit den anderen Promotoren, d.h. den Macht-, Fach- und Prozeßpromotoren näher eingegangen werden. Und schließlich ist es interessant, die Fragestellung zu untersuchen, welche Rolle Beziehungspromotoren bei der Überwindung von Widerständen durch Opponenten spielen, die sich gegen die Beschaffung, Implementierung und Nutzung von neuartigen Problemlösungen richten.

Anmerkung:

Die Daten zu der Untersuchung 2 wurden in einer Studie der inno GmbH, Karlsruhe, über die Effizienz und die Effektivität von Technologie-Transfer-Projekten des (ehemaligen) Kernforschungszentrums Karlsruhe erhoben. Die Autoren danken den beteiligten Mitarbeitern beider Institutionen für ihre Auskunftsbereitschaft und wertvollen konzeptionellen Hinweise. Weitere Daten wurden in einem gemeinsamen Projekt des Instituts für Angewandte Betriebswirtschaftslehre und Unternehmensführung der Universität (TH) Karlsruhe und des Forschungszentrums Karlsruhe erhoben. Die beiden Autoren danken Herrn Dr. Wüst und seinen Mitarbeitern für ihre aktive Unterstützung.

Jürgen Hauschildt und Gerhard Schewe

Gatekeeper und Prozeßpromotoren

Zuerst erschienen unter dem Titel:
Gatekeeper und Promotoren - Schlüsselpersonen in Innovationsprozessen in statischer und dynamischer Perspektive, in: Die Betriebswirtschaft, Jg. 57 (1997), S. 506-616.

Gatekeeper und Prozeßpromotoren

Jürgen Hauschildt und Gerhard Schewe

1. Problemstellung

Die Geschichte erfolgreichen Innovationsmanagements ist reich an Beispielen, bei denen der Innovationserfolg eng mit den Namen bestimmter Personen verbunden ist (Hauschildt 1997, S. 153 ff.). Mit ihrem aktiven Eintreten für die Innovation und mit ihrem spezifischen Beitrag zum Gelingen der Innovation unterscheiden sich diese Personen nachhaltig von anderen Personen, die ebenfalls in einem Innovationsprozeß aktiv werden. *Die Existenz von Schlüsselpersonen ist eine notwendige, aber keine hinreichende Bedingung für die Sicherung des Innovationserfolges.*

In den letzten Jahrzehnten sind in der Literatur eine Vielzahl von Schlüsselpersonen-Konzepten vorgestellt und auch empirisch überprüft worden. Wie häufig in der Wissenschaft zu beobachten, bauen diese Konzepte nur zum Teil explizit aufeinander auf. Darüber hinaus sind jedoch auch Konzepte entwickelt worden, bei denen auf den ersten Blick nicht ersichtlich ist, ob sie überhaupt und wie sie zueinander in Beziehung stehen. In diesem Zusammenhang sind vor allem die sogenannten Gatekeeper-Konzepte (Allen 1967, Allen 1970) und die Promotoren-Konzepte (Witte 1973) zu nennen. Erstere beschreiben Schlüsselpersonen, die *unabhängig von einem bestimmten Innovationsprojekt* aktiv werden und letztere Schlüsselpersonen, die *ausschließlich mit einem bestimmten Innovationsprojekt befaßt sind.* Die Literatur erweckt dabei den Eindruck, daß beide Konzepte damit unterschiedliche Schlüsselpersonen beschreiben. Vertreter des "Gatekeeper-Ansatzes" und des "Promotoren-Ansatzes" unterstellen offenbar, daß Innovationsprozesse jeweils nur dann erfolgreich durchgeführt werden, wenn die jeweiligen Schlüsselpersonen vorhanden sind. Es müßte konsequenterweise gefragt werden, ob ein Prozeß, in welchem sowohl Gatekeeper als auch Innovationspromotoren auftreten, ein höheres Effizienzniveau erreicht als ein Prozeß, bei dem dies nicht der Fall ist.

Es finden sich bisher keine empirischen Untersuchungen, die sich dieser Fragestellung angenommen haben. Eine Ursache hierfür könnte der Umstand sein, daß beide Konzepte womöglich gar nicht so unterschiedlich sind, wie sie in der Literatur oftmals erscheinen. Nimmt möglicherweise ein Gatekeeper auch Promotorenfunktionen wahr bzw. umgekehrt ein Promotor auch Gatekeeper-Funktionen? *Lassen sich die beiden zentralen Schlüsselpersonen-Konzepte für Innovationsprozesse - das Gatekeeper-Konzept und das Promotoren-Konzept - ineinander überführen?*

Der Vergleich der Schlüsselpersonen-Konzepte folgt dabei der in der Literatur allgemein gewählten "statischen" Perspektive. Dabei werden die Schlüsselpersonen "des" Innovationsprozesses identifiziert und ihre spezifischen Eigenschaften und Leistungsbeiträge analysiert. Es bleibt unberücksichtigt:

- ob diese Schlüsselpersonen während des gesamten Prozesses aktiv sind oder nur zu bestimmten Phasen,

- ob sich ihre spezifischen Beiträge während des Prozesses ändern oder unverändert bleiben,

- ob sie in einem Innovationsprozeß erstmals die Rolle einer Schlüsselperson wahrnehmen oder bereits in früheren Innovationsprozessen in gleicher Funktion tätig waren.

Wir vermuten, daß es die Statik der Betrachtungsweise ist, weshalb das Gatekeeper-Konzept und das Promotoren-Konzept allgemein nebeneinander stehen und Zusammenhänge nur vereinzelt aufgezeigt werden. Es werden jeweils die Eigenschaften eines Gatekeepers oder eines Promotors identifiziert. Diese Eigenschaftsprofile sind in der Regel unterschiedlich.

Wählt man stattdessen eine dynamische Perspektive, so kann man zeigen, daß sich die *Bindung bestimmter Funktionen an bestimmte Schlüsselpersonen im Zeitablauf ändert.* Hier sehen wir den Ansatzpunkt, das Gatekeeper-Konzept und das Promotoren-Konzept ineinander zu überführen.

2. Grundlegender theoretischer Bezugsrahmen der Schlüsselpersonen-Konzepte

Schlüsselpersonen unterscheiden sich von den übrigen am Innovationsprozeß beteiligten Personen zumindest durch ihre erhöhte Aktivität (Witte 1973, S. 28 f; Allen 1977, S. 145 f.; Tushman/Katz 1980, S. 1071 ff.; Pulcynski 1992, S. 246 f.). Durch diese Aktivitäten werden Leistungsbeiträge erbracht, die einen Innovationsprozeß zu einem erfolgreichen Ende führen (Witte 1973). Schlüsselpersonen stützen sich dabei auf bestimmte Machtquellen, die ihnen erlauben, einen Innovationsprozeß voranzutreiben.

Ein Innovationsprozeß verläuft nicht in festen Bahnen und vorgezeichneten Schritten. Im Gegensatz zum Routineprozeß läßt sich der Prozeßfortschritt nicht programmieren, da Unsicherheit über den Eintritt bestimmter Situationen besteht und sich die Prozeßstruktur durch eine erhebliche Komplexität auszeichnet. Hinzu kommen ständige Behinderungen des Prozeßfortschritts durch Widerstände der Betroffenen und Beteiligten. Schlüsselpersonen ermöglichen es nun, den Innovationsprozeß über diese Barrieren zu hieven. Hierin liegt ihr spezifischer Erfolgsbeitrag. Ihr Auftreten ist notwendig, damit ein Innovationsprozeß nicht an derartigen Barrieren hängen bleibt.

Diese Überlegungen liefert das Konzept für den systematischen Vergleich der unterschiedlichen Ansätze:

- Von welchen Innovationsbarrieren geht das jeweilige Konzept aus?
- Welche Eigenschaften zeichnen die jeweilige(n) Schlüsselperson(en) aus?
- Wie sieht der konkrete Leistungsbeitrag der Schlüsselperson(en) aus?

3. Schlüsselpersonen-Konzepte für Innovationsprozesse: Die statische Perspektive

3.1 Projektbezogene Sicht

In projektbezogenen Modellen nimmt eine Schlüsselperson während eines einzigen Innovationsprozesses eine bestimmte Schlüsselfunktion wahr. Mit Beendigung des Prozesses endet die Betrachtung und schließt nicht aus, daß damit auch die Schlüsselfunktion einer Person endet. In einem anderen Prozeß können ganz andere Personen diese Schlüsselfunktionen wahrnehmen. Im Zentrum dieser projektbezogenen Konzepte stehen die sogenannten Promotoren-Modelle.

3.11 Champion-Modelle als Ausgangskonzept

Vorläufer des Promotoren-Konzeptes waren sogenannte Champion-Modelle. Derartige Konzepte finden sich bereits sehr früh in der Literatur (Schon 1963, Chakrabarti 1974, Tushman/Nadler 1986, Howell/Higgins 1990). Diese Modelle gehen davon aus, daß *eine* Person existiert, die einen Innovationsprozeß entscheidend vorantreibt.

In aller Regel liegt bei den Champion-Modellen kein geschlossenes theoretisches Konzept vor. Es wird lediglich behauptet, daß ein Innovationsprozeß ohne einen Champion scheitert oder zu schlechteren Ergebnissen gelangt.

3.12 Zweifel am unipersonalen Konzept: das Promotoren-Modell

Im Gegensatz zu den Champion-Modellen führen die Promotoren-Modelle eine *Trennung von Schlüsselfunktion und Schlüsselperson* ein. Der Innovationsprozeß wird nicht mehr nur von einer einzigen Schlüsselperson vorangetrieben. Die Bereitstellung der innovationsrelevanten Leistungsbeiträge erfolgt *arbeitsteilig*, wobei die Schlüsselpersonen jeweils unterschiedliche Leistungsbeiträge hervorbringen. Die hier gewählte Namensgebung für diese Art der Modelle geht auf die Arbeit Wittes (1973) zurück. In der Literatur finden sich darüber hinaus eine Vielzahl von Modellen, die von einem ähnlichen theoretischen Ansatz wie Witte ausgehen und entsprechende Schlüsselpersonen identifizieren. Diese sind mit vielen anderen Namen versehen (Krüger 1995).

Das Promotorenkonzept basiert auf der Symmetrie zum Barrierenkonzept. Witte (1973) nennt in diesem Zusammenhang insbesondere die Barriere des Nicht-Wollens und die Barriere des Nicht-Wissens, die dazu führen, daß

- das Innovationsprojekt nicht weiter verfolgt wird,
- keine sachgerechte Lösung zustande kommt oder
- der Innovationsprozeß über Gebühr verzögert wird.

Ein Innovationsprozeß weist dann das insgesamt vorteilhafteste Effizienzniveau auf, wenn ein Machtpromotor mit seinem hierarchischen Potential dazu beiträgt, die Barriere des Nicht-Wollens zu überwinden und ein Fachpromotor sein objektspezifisches Fachwissen dazu einsetzt, den Innovationsprozeß nicht an der Barriere des Nicht-Wissens scheitern zu lassen. Dieses wird jüngst auch durch die empirischen Ergebnisse bei Green (1995, S. 228) belegt, wonach hierarchisches Potential insbesondere dazu führt, daß ein komplexer Entscheidungsprozeß zügig beendet und nicht abgebrochen wird, und Expertenwissen bewirkt, daß die Innovationsziele eingehalten werden.

Mit der Spezialisierung der Schlüsselpersonen im Promotoren-Modell erfolgt eine Abkehr von der Ein-Personenorientierung. Während es bei den monistischen Konzepten noch unproblematisch erscheint, ob es sich bei der Funktion, die eine Schlüsselperson im Innovationsprozeß einnimmt, um personale Attribute handelt oder um eine bestimmte Rolle, die von einer Person wahrgenommen wird, ist dies bei den dualistischen Ansätzen nicht mehr der Fall. Hier wird zwischen den

Eigenschaften einer Person und den Rollen, die eine Person wahrnehmen kann, unterschieden. Dabei ist zum einen denkbar, daß eine Person mehrere Rollen übernimmmt. Für diese Sicht sprechen die empirischen Ergebnisse bei Witte (1973), der eine "Personalunion" von Macht- und Fachpromotor in einer nicht unerheblichen Anzahl von Fällen identifizieren konnte. Zum anderen ist aber auch vorstellbar, daß die Rollen auf unterschiedliche Personen verteilt sind bzw. von ihnen wahrgenommen werden. Dann wird aber zusätzlich gefordert, daß diese Personen gut koordiniert sind sowie eng und vertrauensvoll zusammenarbeiten.

3.13 Die Erweiterung des Promotoren-Modells

Wenn es gilt, administrative Barrieren zu überwinden, ist das Duo von Macht- und Fachpromotor um eine weitere Schlüsselperson zu ergänzen. Die dyadische Modellvorstellung wandelt sich zu einer *Triade*. Eine solche Schlüsselperson besitzt wiederum viele Namen:

- Havelock (1973) bezeichnet sie als "process helper".
- Rothwell et al. (1974) identifizieren einen "product champion".
- Hauschildt/Chakrabarti (1988) nennen diese Schlüsselperson einen "Prozeßpromotor".

Der Erfolgsbeitrag eines Prozeßpromotors äußert sich in seiner Fähigkeit, administrative Barrieren zu überwinden, die dem Fortschreiten eines Innovationsprozesses entgegenstehen. Hauschildt/Chakrabarti (1988) charakterisieren den Prozeßpromotor folgendermaßen: Er besitzt Organisationskenntnis und weiß, wer von der Innovation betroffen ist. Er verhindert Insellösungen und stellt die Verbindung zwischen Fachpromotor und Machtpromotor her. Er fungiert als "Übersetzer" zwischen technischer und ökonomischer Sprachwelt. Er besitzt diplomatisches Geschick.

3.2 Projektunabhängige Sicht

3.21 Gatekeeper-Ansatz

Ausgangspunkt der unterschiedlichen Gatekeeper-Konzepte war die empirische Untersuchung von Allen (1967). Allen untersuchte den Informationsaustausch zwischen Industrieforschern in F&E-Abteilungen. Dabei konnte er feststellen, daß bestimmte Personen als soziometrische Stars aus internen und externen Quellen Informationen aufnehmen, verarbeiten und weiterleiten. Sie werden als Gatekeeper bezeichnet. Derartige Schlüsselpersonen sind in der Zwischenzeit auch in anderen Untersuchungen identifiziert worden (Katz/Tushman 1981; Domsch/Gerpott/Gerpott 1989).

Gatekeeper überwinden Informations- oder Kommunikationsbarrieren und verhindern, daß die innovationsrelevanten Informationen nicht weitergeleitet werden. Ohne sie würde der Innovationsprozeß ins Stocken geraten oder in eine weniger erfolgversprechende Richtung laufen. Ursache hierfür ist oftmals, daß zwischen innovationsrelevanten Personen kein Dialog zustande kommt. Dies kann auf unterschiedliche Wertvorstellungen, Kulturen oder Sprachen zurückzuführen sein, ein Problem, welches insbesondere an den Grenzen der Unternehmung auftritt.

Diese Informations- und Kommunikationsbarrieren sind dabei nicht mit der Barriere des Nicht-Wissens bei Witte (1973) identisch. Die Barriere des Nicht-Wissens bezieht sich nur auf eine Teilmenge der innovationsrelevanten Informationen: die objektspezifische Fachinformation. Daneben sind aber auch andere Informationen zu berücksichtigen, wie z.B. Informationen über mögliche Kooperationspartner, den Ablauf administrativer Prozesse innerhalb der Unternehmung oder die Wünsche und Bedürfnisse der potentiellen Kunden bzw. Anwender.

Als typisch für einen Gatekeeper werden folgende *Eigenschaften* genannt (Gemünden/Walter 1994):

- Gatekeeper bauen sich ein Kommunikations- und Informationsnetzwerk auf, welches in hohem Maße durch persönliche Informationsquellen gekennzeichnet ist. Die besondere Qualität des Gatekeepers liegt darin, daß er nicht nur in der Lage ist, unternehmensinterne Informationsquellen zu nutzen, sondern verstärkt auch unternehmensexterne (Katz/Tushman 1979; Allen 1977; Goldhar/Bragaw/Schwartz 1976).

- Die Verfügungsgewalt des Gatekeepers über ein exklusives Informations- und Kommunikationsnetz bildet die Grundlage seiner Machtposition im Innovationsprozeß (Aldrich/Herker 1977; Tushman/Romanelli 1983; Brass/ Burkhardt 1993).

- Der Leistungsbeitrag des Gatekeepers im Innovationsmanagement liegt darin, daß er in der Lage ist, informationsbedingte Defizite der einzelnen Mitarbeiter in der Forschung und Entwicklung abzubauen (Allen 1977; Katz/Tushman 1979; Domsch/Gerpott/Gerpott 1989; Ancona/Caldwell 1992).

Im Gegensatz zu einem Innovationspromotor wird der Gatekeeper in der Regel als unabhängig von einen bestimmten Innovationsprojekt angesehen. Die Rolle eines Innovationspromotors läßt sich hingegen immer nur für einen bestimmten Innovationsprozeß wahrnehmen.

Betrachtet man die konkreten *persönlichen Eigenschaften*, die Gatekeepern in empirischen Studien attestiert werden, so ist eine gewisse Ähnlichkeit zur einem Fachpromotor ebenso gegeben wie zu einem Prozeßpromotor. So charakterisiert Allen (1970) den Gatekeeper folgendermaßen: Seine originäre Eigenschaft ist sicherlich die Verfügungsgewalt über ein weit gespanntes *Informationsnetz.* Ähnlich einem Fachpromotor widmet er sich intensiv dem Studium der einschlägigen Fachliteratur, besitzt ein *hohes Ausbildungsniveau* und wird oft um technischen Rat gefragt. Eher auf einen Prozeßpromotor schließen läßt die Eigenschaft, daß er im Regelfall der *oberen Führungsebene* angehört.

Ein etwas anderes Bild ergibt sich, wenn man die Ergebnisse von Domsch/ Gerpott/Gerpott (1989) betrachtet: Auch hier zeichnet den Gatekeeper primär wieder die Verfügungsgewalt über ein exklusives Informationsnetz aus. Er ähnelt dabei jedoch wesentlich stärker als bei Allen einem Prozeßpromotor. Er ist häufiger *Projektleiter*, er weist eine lange Unternehmenszugehörigkeit auf, und es läßt sich bei ihm kein überdurchschnittlich intensives Studium der Fachliteratur feststellen.

Unstrittig ist somit nur die Verfügungsgewalt über ein Informationsnetz, das über die Unternehmensgrenzen hinausreicht und den originären Beitrag des Gatekeepers zum Innovationserfolg begründet. Insofern scheint es sinnvoll, entweder nur von Promotoren mit Gatekeeper-Eigenschaften oder umgekehrt Gatekeepern mit Promotoren-Eigenschaften zu sprechen.

3.22 Modell des Beziehungspromotors

Aufbauend auf den Gatekeeper-Ansatz entwickelten Gemünden/Walter (1995) ein Konzept des "Beziehungspromotors", für welches sie erste empirische Ergebnisse vorgelegt haben (Gemünden/Walter 1996)[1]. Im Zentrum stehen nicht mehr die Informationen, die für den Erfolg eines Innovationsprozesses notwendig sind, sondern die Personen, die Barrieren bei der zwischenbetrieblichen Kooperation überwinden.

Der Beziehungspromotor ist in der Lage, Personen aus den kooperierenden Unternehmen miteinander in Kontakt zu bringen und Informationen auszutauschen. Der Beziehungspromotor überwindet diese Barrieren, weil er über ein Netzwerk von persönlichen Beziehungen verfügt. Der Aufbau eines solchen Netzes gelingt dem Beziehungspromotor durch seine persönlichen Eigenschaften, wie z.B. ein bestimmtes Maß an Expertenwissen, hinreichendes Wissen über potentielle Kooperationspartner, soziale Kompetenz und Erfahrung.

Im Unterschied zum Gatekeeper betreibt der Beziehungspromotor nicht in erster Linie ein Informationsmanagement. Die Sammlung, Verarbeitung und Weiterleitung von Informationen ist allenfalls eine zusätzliche Leistung. Sein primäres Streben richtet sich darauf, Personen zusammenzubringen, d.h. eine direkte Beziehung zwischen Personen aus den unterschiedlichen, an der Kooperation beteiligten Institutionen herzustellen. Ihre Interaktion ist für den Innovationsprozeß von Bedeutung, sie stehen jedoch wegen bestimmter Barrieren nicht in einer Beziehung zueinander. Der Beziehungspromotor ähnelt mit dieser Funktion also auch stark dem Prozeßpromotor. Dies wird noch deutlicher, wenn man die bei Gemünden/Walter (1994) gewählte Operationalisierungsvorschrift betrachtet: "Die Beziehungspromotoreneigenschaften äußern sich in (...) spezifischem Wissen über organisationsinterne und -externe Schlüsselpersonen des Innovationsprozesses" (S. 13). Beziehungspromotoren operieren im Gegensatz zum Prozeßpromotor über die Grenzen des Unternehmens hinweg.

---

[1] Siehe die Beiträge von Gemünden/Walter und Walter/Gemünden auf den Seiten 111 bis 158 dieser Schrift.

4. Schlüsselpersonen-Konzepte für Innovationsprozesse: Die dynamische Perspektive

In ihrer statischen Perspektive lassen die soeben vorgestellten Schlüsselpersonen-Konzepte zwar einen Vergleich der Konzepte - insbesondere der Promotoren- und Gatekeeper-Ansätze - hinsichtlich bestimmter Unterschiede und Gemeinsamkeiten zu. Nicht erkennbar wird jedoch, ob die Konzepte auch ineinander überführbar sind. Eine Antwort auf diese Frage ergibt sich möglicherweise, wenn die rein statische Betrachtungsweise zugunsten einer dynamischen aufgegeben wird.

4.1 Zur Dynamik auf der Ebene eines einzelnen Innovationsprojektes

4.11 Schlüsselpersonen im Prozeßverlauf einer einzelnen Innovation

Intensiv ist das Zusammenwirken der Schlüsselpersonen in Abhängigkeit vom Prozeßfortschritt einer Innovation bisher nur im Rahmen des sogenannten Promotoren-Modells analysiert worden. In ihrem erweiterten Ansatz diskutieren Hauschildt/Chakrabarti (1988) das Zusammenspiel von Macht-, Fach- und Prozeßpromotor während eines Innovationsprozesses.

Das Schwergewicht der Leistungsbeiträge des Fachpromotors liegt darin, die technischen Aspekte in die eigentliche Problemlösung, in die Informationssuche und -verarbeitung, in die Alternativenbestimmung und Evaluation einzubringen. Der Prozeßpromotor ist der Steuermann des Innovationsprozesses. Er bestimmt die Ablauforganisation des Innovationsprozesses. Er schaltet den Machtpromotor ein, wenn ernsthafte Opposition auftritt, die er mit seinen Potentialen und Instrumenten nicht überwinden kann.

In eine derartige Abfolge von Leistungsbeiträgen kann man auch die projektunabhängigen Schlüsselpersonen integrieren:

- Ein Gatekeeper würde sich in der Regel immer dort finden, wo dem Fachpromotor das größte Gewicht der Beiträge zufällt und dem Prozeßpromotor ein mittelstarker Beitrag. Dies gilt wohl in ähnlicher Weise auch für den Beziehungspromotor.

- Ein Gatekeeper wird vermutlich bereits recht frühzeitig im Innovationsprozeß aktiv werden, d.h. zu einem Zeitpunkt, bei dem Informationen gebraucht werden, um auftretende Unsicherheit zu reduzieren.

- Der Beziehungspromotor wird vermutlich erst in einem fortgeschrittenen Stadium des Prozesses an Bedeutung gewinnen, wenn es gilt, unternehmensexterne Beziehungen zu den Marktpartnern, Kunden und Lieferanten zu schaffen. Allenfalls bei Entscheidungen über eine F&E-Kooperation wird auch er frühzeitig aktiv werden.

Die dynamische Betrachtung auf der Projektebene läßt damit noch keine klare Antwort auf die Frage zu, ob die projektunabhängigen Schlüsselpersonen als Innovationspromotoren aktiv werden. Es scheint allerdings so, daß die Rolle des Machtpromotors als weitgehend unabhängig von den Funktionen der projektunabhängigen Schlüsselpersonen zu sehen ist.

4.12 Schlüsselpersonen im Wandel der Innovationsrelevanz

Bisher wurde stillschweigend unterstellt, daß eine Person eine bestimmte Schlüsselfunktion im Rahmen eines Innovationsprozesses hat oder nicht. Diese Annahme erscheint jedoch beim Fortschreiten eines Innovationsprozesses wenig wahrscheinlich. Wird ein Innovationsprojekt weitergeführt, so verändert sich auch die Bedeutung, die ein solches Projekt für die Unternehmung besitzt. Es ist damit nur zu wahrscheinlich, daß sich auch die Schlüsselfunktionen bestimmter Personen verändern.

Je weiter ein Innovationsprojekt voranschreitet, desto höher *steigt es in der Hierarchie auf* (siehe Abb. 1). Das Projekt gewinnt an unternehmerischer Bedeutung. Es benötigt mehr Ressourcen. Es muß nachhaltiger durch hierarchisches Potential gefördert werden. Es gilt mehrere betriebliche Teilbereiche aufeinander abzustimmen. Insofern verliert der Machtpromotor, der das Projekt zu einem Zeitpunkt unterstützt hat, als es noch auf einer niedrigeren hierarchischen Ebene angesiedelt war, zunehmend an Bedeutung. Sein hierarchisches Potential reicht

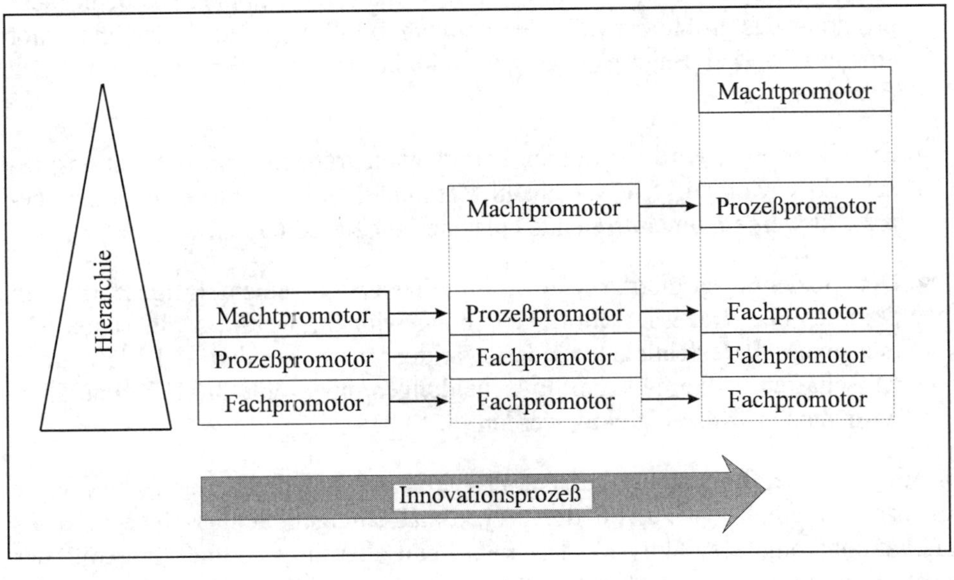

Abb. 1: Rollenwandel der Schlüsselpersonen während des Innovationsprozesses

nicht mehr aus. Er nimmt zusehends die Funktion des Prozeßpromotors wahr, dessen vordringliche Aufgabe es ist, einen neuen Machtpromotor zu finden, der über vergleichsweise mehr hierarchisches Potential verfügt. Denkbar ist jedoch auch die Möglichkeit, daß ein Promotor selbst mit einem Innovationsprojekt in der Hierarchie bei zunehmendem Projektfortschritt aufsteigt. Allerdings wird dies wahrscheinlich die Ausnahme bleiben.

Fragt man sich, wie sich die Veränderung der Projektbedeutsamkeit auf das Auftreten der projektunabhängigen Schlüsselpersonen auswirkt, so ließen sich die folgenden Überlegungen anstellen: Mit dem "Aufstieg" eines Innovationsprojektes in der Hierarchie geht einher, daß von der Innovation zunehmend weitere operative Bereiche (Funktionen oder Geschäftsbereiche) betroffen sind. Dies hat zur Folge, daß die Herstellung von Beziehungen, seien sie nun eher personenbezogen oder eher informationsbezogen, erheblich an Bedeutung gewinnt. Es ist damit wahrscheinlich, daß projektunabhängige Schlüsselpersonen aktiv werden müssen, um den Innovationsprozeß erfolgreich abzuschließen. Unter Umständen treten somit noch ein Beziehungspromotor oder ein Gatekeeper zu den Innovationspromotoren hinzu. Es ist aber auch denkbar, daß es bei bestimmten Schlüsselpersonen zu einer Kumulation der projektbezogenen und der projektunabhängigen Schlüsselfunktionen kommt.

Damit wird auch hier deutlich, daß auch dieser Aspekt der Dynamisierung auf dem Weg zur Integration der Schlüsselpersonenkonzepte einen nur begrenzten Beitrag leistet. Vermutlich wird diese Integration erst möglich, wenn im Rahmen der dynamischen Betrachtung auch der *Bezug auf einzelne Innovationsprojekte aufgegeben* wird.

4.2 Zur Dynamik bei einer Folge von Innovationsprozessen

Erst wenn man die Abfolge von mehreren Innovationsprojekten im Zeitablauf betrachtet, ist man in der Lage, die Rolle von Schlüsselpersonen sowohl projektbezogen als auch projektunabhängig zu analysieren (siehe Abb. 2).

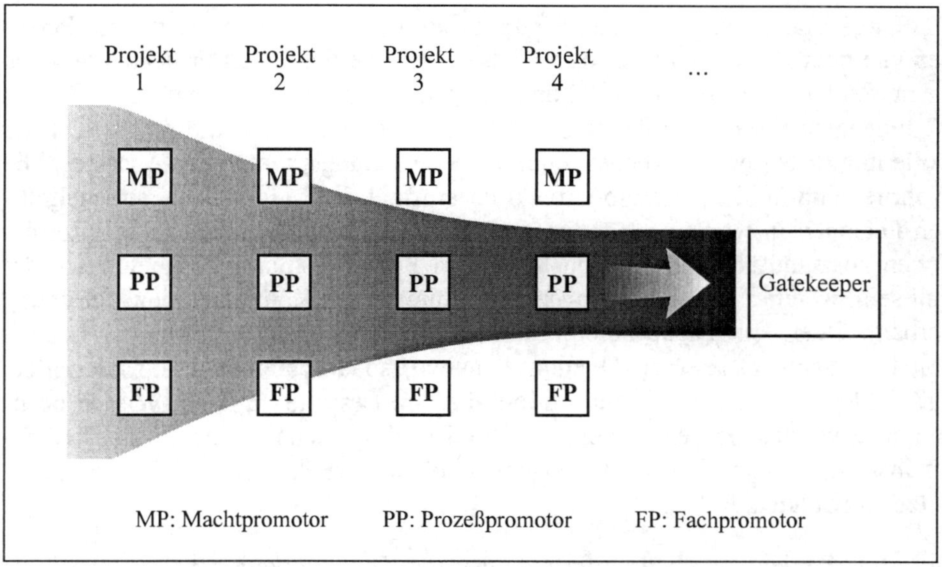

Abb.2: Rollenwandel von Schlüsselpersonen während einer Projektfolge

Die projektbezogenen und die projektunabhängigen Schlüsselpersonenkonzepte sind folgendermaßen ineinander zu überführen:

Eine Person, die über ein exklusives Netz von Informationen und/oder Beziehungen verfügt, wird zur Schlüsselperson eines Innovationsprozesses, wenn sie sich durch ein herausgehobenes Aktivitätsniveau auszeichnet. Die dabei erbrachten Leistungsbeiträge erstrecken sich nicht nur auf die Nutzung des exklusiven Netzes. Es werden vielmehr auch Leistungen erbracht, die sich unzweifelhaft auch als Leistungsbeiträge eines Innovationspromotors charakterisieren lassen. So ist z.B. die nach Domsch/Gerpott/Gerpott (1989, S. 106) für einen Gatekeeper charakteristische Eigenschaft der Dauer der Unternehmenszugehörigkeit zugleich auch als Eigenschaft eines Prozeßpromotors zu werten, aus der dieser seinen Leistungsbeitrag für das Gelingen der Innovation ableitet: die Organisationskenntnis, die ihn befähigt, administrative Barrieren zu überwinden. Die überproportionale Kenntnis der Fachliteratur, wie es von Allen (1970) als Gatekeeper-Eigenschaft angesehen wird, ist zugleich ein Indiz für die Fachpromotorenfunktion, bei der man aktiv dazu beiträgt, die Barriere des Nicht-Wissens zu überwinden. *Sukzessiv arbeitende Prozeßpromotoren erlangen zunehmend die Funktion eines Gatekeepers.*

Die Ungebundenheit der Rollen der Innovationspromotoren an bestimmte Personen und/oder Positionen führt dazu, daß - über eine Folge von Projekten gesehen - eine Person in Projekt P1 die Funktion eines Fachpromotors erfüllt, in Projekt P2 hingegen die eines Prozeßpromotors. Erklären ließe sich dieser Wandel der Rolle mit Hilfe des Gatekeeper- oder auch Beziehungspromotoren-Ansatzes. Die Wahrnehmung einer Promotorenfunktion eröffnet die Möglichkeit, mit vielfältigen Personen in Kontakt zu treten und mit ihnen innovationsrelevante Informationen auszutauschen. Dies kann bei einem Prozeßpromotor beispielsweise der Fall sein, wenn er über Abteilungsgrenzen hinweg die Kommunkationsbeziehung aufbaut. Oder: Ein Fachpromotor wird Informationen, die gegebenenfalls auch von unternehmensexternen Quellen stammen, so aufbereiten und weiterleiten, daß Widerstände gegen die Innovation, die ihre Ursache im Nicht-Wissen besitzen, überwunden werden. In ähnlicher Weise gelingt es auch einem Machtpromotor in seiner Interaktion mit Opponenten solche Beziehungs- und Informationsnetze aufzubauen.

Derartige Beziehungs- bzw. Informations- und Kommunikationsnetze können als Machtgrundlage für einen Gatekeeper oder einen Beziehungspromotor angesehen werden, auf die sich diese Schlüsselpersonen berufen, wenn es gilt, spezifische Innovationsbarrieren in nachfolgenden Prozessen zu überwinden. Der Aufbau eines solchen Netzes wird in der Regel wohl kaum während eines einzelnen Innovationsprozesses erfolgen. Er führt jedoch dazu, daß Personen neben ihrem

Eintreten für die Innovation als Innovationspromotor auch die Fähigkeit eines Gatekeepers oder eines Beziehungspromotors besitzen. *Sukzessives „Networking" befähigt Promotoren zunehmend, die Funktion eines Gatekeepers einzunehmen.*

Es kann dabei angenommen werden, daß diese "Zusatzqualifikation" eines Innovationspromotors dazu führt, daß er seine spezifische Promotorenrolle von Prozeß zu Prozeß ändert. Ein über mehrere Projekte hinweg aufgebautes Netz von Beziehungen oder Informations- und Kommunikationskanälen kann einen Fachpromotor in die Lage versetzen, zunehmend die Rolle eines Prozeßpromotors einzunehmen. Er ist dazu besonders befähigt, wenn er als Gatekeeper oder Beziehungspromotor fungiert. Ein Informations- und Kommunikationsnetz wie auch ein Netz von Beziehungen bleiben in ihrem Nutzen nicht nur auf ein einziges Innovationsprojekt beschränkt.

Das oben aufgezeigte Problem, wonach in empirischen Untersuchungen ein Gatekeeper nicht mit einem einheitlichen Eigenschaftsprofil belegt werden konnte, ließe sich damit erklären, daß ein Fachpromotor zusätzlich über Eigenschaften eines Gatekeepers verfügt, welche ihn bei einem späteren Projekt als Prozeßpromotor in Erscheinung treten lassen.

Man kann sogar noch einen Schritt weitergehen und einen Wandel zum Machtpromotor annehmen, wenn man sich die empirischen Ergebnisse bei Balachandra/Brockhoff/Pearson (1996) zu den "Karrierepfaden" von Projektmanagern ansieht oder Überlegungen mit einbezieht, die in Richtung Fachlaufbahn oder Parallelhierarchie gehen (Gerpott 1988).

5. Ausblick

Bisher wurde von der Literatur noch kein Versuch unternommen, das an ein bestimmtes Innovationsprojekt gebundene Promotorenkonzept und die eher projektunabhängigen Konzepte des Gatekeepers und des Beziehungspromotors ineinander zu überführen. Im vorliegenden Beitrag versuchen wir dies mit Hilfe der Dynamisierung der Betrachtungsweise. Insbesondere dann, wenn man eine Folge von Innovationsprojekten betrachtet, wird deutlich, wie über die vermehrte Wahrnehmung spezieller Promotorenfunktionen ein exklusives Informations- und Kommunikationsnetz bzw. ein Netz von Beziehungen aufgebaut wird, deren

Nutzung als typisch für Gatekeeper bzw. Beziehungspromotoren angesehen wird. Diese Überlegung wird nicht zuletzt dadurch gestützt, daß empirische Untersuchungen, soweit sie sich dem Eigenschaftsprofil eines Gatekeepers zuwenden, zu recht unterschiedlichen Ergebnissen gelangen.

An dieser Stelle muß jedoch auch konstatiert werden, daß die empirischen Erkenntnisse hinsichtlich der jeweiligen Eigenschaften solcher Schlüsselpersonen trotz der Vielzahl der bisher durchgeführten Untersuchungen noch relativ vage sind. Nur wenn hierzu nachhaltigere Ergebnisse vorliegen, die sich nicht nur auf ein bestimmtes Innovationsprojekt beziehen, sondern auf eine Projektfolge, kann dazu übergegangen werden, Gestaltungsempfehlungen für das Innovationsmanagement zu geben. Zu denken wäre hier beispielsweise an eine bewußte Institutionalisierung von projektunabhängigen Schlüsselpersonen, denen Ressourcen zur Verfügung gestellt werden, damit sie in der Lage sind, derartige Netze aufzubauen. Es wäre dann zu überlegen, ob solche projektunabhängigen Schlüsselpersonen quasi die "natürlichen" Ansprechpartner als Prozeßpromotoren von Innovationen sind. Man wäre so einen Schritt weiter auf dem Weg, Regeln für ein institutionalisiertes Innovationsmanagement zu entwickeln.

Teil IV

Promotoren-Modell und Projektmanagement

Thomas Lechler

Was leistet das Promotoren-Modell für das Projektmanagement?

Was leistet das Promotoren-Modell für das Projektmanagement?

Thomas Lechler

1. Das Problem: Sind Promotoren auch Projektmanager?

Die Realisierung der Apollo-Programme gilt als die Geburtsstunde des Projektmanagements in seiner heutigen bekannten Form. In der Industrie stößt es mittlerweile auf eine immer größere Akzeptanz, denn die Unternehmen haben erkannt: Projektmanagement ist ein attraktives Führungskonzept, das geeignet ist, die immer häufiger auftretenden komplexen, interdisziplinären und innovativen Aufgaben auch schnell und kostengünstig zu lösen. Schmerzhaft ist für viele Unternehmen aber die Erkenntnis, daß Projektmanagement kein Allheilmittel ist. Vielmehr sind Projektfehlschläge an der Tagesordnung (Crawford 1979, 1987). Dabei ist das Feld möglicher Fehlerursachen sehr komplex und kaum überschaubar. Es reicht von Problemen der Implementierung und der Integration bis hin zu konkreten Fehlern des Managements.

Die explosionsartig anwachsende einschlägige Fachliteratur zur erfolgreichen Gestaltung von Projekten nimmt daher nicht Wunder. Trotz der hohen Zahl von Veröffentlichungen *fehlt eine theoretische Basis* (Schelle 1989). Die geäußerten und veröffentlichten Erfolgsbehauptungen stützen sich hauptsächlich auf Erfahrungsberichte oder konzeptionelle Arbeiten. Die Forderungen nach mehr Projektunterstützung durch das Top-Management oder nach Projektleitern mit mehr formalen Einflußpotentialen oder nach kompetenteren Projektteams basieren bislang nur auf der Meinung einzelner.

Auch die empirische Forschung bietet zu der Frage nach den Wirkungen der diskutierten Erfolgsfaktoren noch keine befriedigenden Antworten. Der aktuelle Stand der Forschung ist hauptsächlich *deskriptiv* und noch relativ *unsystematisch*. Konfirmatorische empirische Untersuchungen sind die Ausnahme und beschränken sich ausnahmslos auf die Ableitung und Prüfung einzelner Hypothesen. Die

Erfolgswirkungen der untersuchten Erfolgsfaktoren werden mit einer Ausnahme (Murphy/Baker/Fisher 1974) isoliert voneinander analysiert. Mit dieser Betrachtungsweise kann letztlich aber nicht geklärt werden, in welcher Form die verschiedenen Erfolgsfaktoren voneinander abhängen und wie sich diese Abhängigkeiten auf den Erfolg auswirken. Unstrittig ist indessen die hohe Bedeutung des persönlichen Engagements bestimmter Schlüsselpersonen in Projekten und Innovationen.

Innovationen sind multipersonale arbeitsteilige Prozesse (Hauschildt/Chakrabarti 1988, S.379 ff.), in deren Verlauf Ideen generiert, durchgesetzt, realisiert und verwertet werden (Thom 1980, S.46 ff.; Domsch et al. 1995, S.17 ff.). Die organisatorische Bewältigung von Innovationsprozessen erfolgt häufig über Projekte, wie z.B. Produktentwicklungen, die Erstellung neuer Dienstleistungen oder die Einführung neuer Fertigungstechnologien. In diesem Sinne ist das Projektmanagement als ein Instrument des Innovationsmanagements anzusehen. Die Frage, ob die Erklärungsansätze zu den Erfolgsfaktoren von Innovationsprozessen auch auf das Projektmanagement übertragbar sind, liegt auf der Hand.

Hierfür scheint das Promotoren-Modell (Witte 1973 a, b) besonders geeignet. Es basiert auf drei Grundannahmen, die wiederholt empirisch bestätigt werden konnten. In der historischen Entwicklung erfuhr das Gespann-Modell von Witte durch Hauschildt und Chakrabarti eine Erweiterung um den Prozeßpromotor (Hauschildt/Chakrabarti, 1988) zum Troika-Modell. Auch für dieses erweiterte Modell konnten die Grundannahmen empirisch belegt werden (Hauschildt/Kirchmann, 1997, S.68). Die Promotoren werden durch ihren Leistungsbeitrag, ihre erzielte Wirkung und die Barrieren im Innovationsprozeß identifiziert. Zusammengefaßt zeigen die Ergebnisse, daß sich erfolgreiche Innovationen durch das Zusammenspiel mehrerer verschiedener Personen mit ganz unterschiedlichen Merkmalen auszeichnen. Anhand dieser Merkmale werden sie in *Macht-, Fach- und Prozeßpromotoren* unterschieden. Zu beobachten ist außerdem, daß mit steigender Intensität der Zusammenarbeit die technischen Lösungen einen höheren Innovationsgrad aufweisen.

Auch eine erfolgreiche Projektabwicklung ist nur durch die Zusammenarbeit von Personenmehrheiten möglich. Analog dem Innovationsprozeß treten bei Projekten immer wieder Barrieren auf, die einen erfolgreichen Projektverlauf behindern oder verhindern können. Konkret äußern sie sich z.B. in der Verweigerung der Projektunterstützung durch einen Linienvorgesetzten. Oder es wird aufgrund der Ressourcenknappheit der am ehesten entbehrliche Mitarbeiter, der aber den technischen Anforderungen der Projektaufgabe nicht gerecht werden kann, für die Projektarbeit freigestellt. Die Überwindung dieser Barrieren erfordert Personen mit ganz unterschiedlichen Merkmalen und Leistungsbeiträgen. Anhand ihrer

Funktionen werden sie im Projektmanagement als *Projektleiter, Projektteam* und *Top-Management* bezeichnet. Aus den Rollendefinitionen und den Leistungsbeiträgen wird die Nähe zwischen dem Projektmanagement und dem Promotoren-Modell deutlich. Dementsprechend können die Akteure des Projektmanagements den Promotorenrollen folgendermaßen zugeordnet werden:

- Dem *Top-Management* fällt die Aufgabe zu, dem Projekt über Krisen hinweg zu helfen, Ressourcen freizugeben, Konflikte zu lösen, kurz: die Rolle des *Machtpromotors* zu übernehmen.
- Das *Projektteam* übernimmt verschiedene Planungs-, Überwachungs- und Ausführungsaufgaben. Es löst die spezifischen Fachprobleme, was der Rolle des *Fachpromotors* entspricht.
- Der *Projektleiter* trägt die Projektverantwortung und muß die verschiedenen Ressourcen koordinieren, motivieren, kontrollieren und je nach Situation selbständig Entscheidungen herbeiführen. Er bildet im Projekt den Informationsknotenpunkt, bei ihm laufen alle Informationen zusammen und er hat die Aufgabe, die vielen Informationen zu filtern und zu kanalisieren. Projektleiter sind im allgemeinen aber nicht mit den für die Aufgabenerfüllung notwendigen formalen Kompetenzen ausgestattet, so daß sie häufig auf andere Machtquellen, wie z.B. ihre persönliche Überzeugungskraft, zurückgreifen müssen (Pinkenburg 1980, S.170). In diesem Sinne entspricht der Projektleiter dem *Prozeßpromotor*.

Der wesentliche Unterschied zwischen dem Promotoren-Modell und dem Projektmanagement liegt in der *theoretischen Konzeption.* Das Promotoren-Modell ist ein *deskriptives Konzept*, das reale Phänomene beschreibt. In diesem Sinne beobachtet Witte Promotoren als Personen, die *nicht formal eingesetzt* werden, sondern deren Aktivitäten durch organisationsgestalterische Maßnahmen allenfalls ermöglicht werden (Witte 1973 a, S.57). Hingegen ist das Projektmanagement ein *normatives Konzept*, an das verschiedene Sollvorstellungen geknüpft sind. Zur Projektdurchführung werden verschiedene Personen *formal bestimmt* und ihnen die im Projekt wahrzunehmenden Aufgaben übertragen.

Wie aus der vorgenommenen Zuordnung hervorgeht, können die Projektmanager innovativer Projekte durchaus als Promotoren aufgefaßt werden. Daraus leitet sich die Vermutung ab, daß die Wirkungen der Projektmanager denen der Promotoren für den Innovationserfolg entsprechen und somit eine *Integration* der grundlegenden Hypothesen und Erkenntnisse naheliegt (Schneider 1973, S.103 ff.; Waudig 1994). In diesem Sinne könnte das Promotoren-Modell einen wertvollen Beitrag zur theoretischen Fundierung und Identifikation der Erfolgsfaktoren des Projektmanagements leisten. Hier setzt die zentrale Zielsetzung des vorliegenden Beitrags an. Ausgehend vom Promotoren-Modell sollen solche Hypothesen für das Projektmanagement abgeleitet werden, die die erfolgsrelevanten Merkmale der Schlüsselakteure und ihrer Interaktionen beschreiben. Anhand einer empirischen Analyse erfolgt die Prüfung der postulierten Erfolgs- und Interaktionshypothesen.

2. Hypothesen

Die Ableitung der Hypothesen erfolgt in zwei Schritten. Im ersten Schritt werden anhand einer umfassenden Analyse der empirischen Erfolgsfaktorenforschung des Projektmanagements die erfolgswirksamen Merkmale der drei Akteure Top-Management, Projektleiter und Projektteam identifiziert. Im zweiten Schritt erfolgt auf Basis des Promotoren-Modells eine Ableitung der Interaktionshypothesen, die die Zusammenhänge zwischen den Akteuren des Projektmanagements postulieren.

2.1 Direkte Beziehungen zwischen den Akteuren des Projektmanagements und dem Projekterfolg

2.11 Das Top-Management

Aufgrund seiner hohen Einflußpotentiale kommt dem *Top-Management* bei der Abwicklung von Projekten eine wesentliche Rolle zu. Eine eindeutige begriffliche Abgrenzung der Managementebenen ist nicht möglich, da sie in Abhängigkeit der Unternehmen und Projekte variieren können. Der Begriff Top-Management bezeichnet daher nicht ausnahmslos die Geschäftsleitung, sondern faßt die Mitglieder der höheren Managementebenen zusammen, die in bezug auf das Projekt weitreichende Einflußbereiche und Entscheidungsbefugnisse auf sich vereinigen.

Vor dem Projektstart entscheidet das Top-Management darüber, welche Projekte durchgeführt werden sollen. Es legt die Projektorganisation fest und beeinflußt maßgeblich die Wahl des Projektleiters und des Projektteams. Zum eigentlichen Projektstart ist das Top-Management die letzte Entscheidungsinstanz für die Projektziele und gewährleistet die Bereitstellung finanzieller, personeller und zeitlicher Ressourcen. Während der Projektdurchführung ist es die primäre Aufgabe des Top-Managements, projektübergreifende Konflikte zu lösen und in Krisensituationen den Projektleiter und das Team zu unterstützen. Auch bei wichtigen Projektentscheidungen, wie z.B. die Änderung der Projektziele, bildet es die höchste Entscheidungsinstanz. Durchgängig muß das Top-Management allen betroffenen Unternehmensbereichen die Bedeutung und Wichtigkeit des Projektes signalisieren und bei auftretenden Engpaß-Situationen entsprechende Prioritäten setzen.

Bei internen Projekten befindet das Top-Management darüber, wann das Projekt abgeschlossen ist. Bei externen Projekten bildet das Top-Management die formale Schnittstelle zwischen Kunden und Projektbeteiligten. Letztendlich zeichnet es sich mit dem Projektvertrag gegenüber dem Kunden verantwortlich und wird vor der offiziellen Übergabe an den Kunden eine interne Projektabnahme durchführen.

Zusammenfassend leiten sich die Funktionen und damit die Erfolgseinflüsse des Top-Managements aus den spezifischen organisatorischen Merkmalen der Projekte ab, die in einem Spannungsfeld zur Unternehmensorganisation stehen und damit den Einflüssen verschiedenster Interessengruppen ausgesetzt sind. Vielfach kann nur das Top-Management den während der Projektabwicklung notwendigen Interessenausgleich zwischen diesen Gruppen herbeiführen.

Tab. 1 zeigt, welche Erfolgswirkungen die vorliegenden empirischen Studien zum Projektmanagement für diesen Faktor nachweisen können.

Die Ergebnisse bestätigen, daß eine erfolgreiche Projektabwicklung ohne das Interesse und die Unterstützung des Top-Managements kaum realisierbar ist. Die vorliegenden Befunde legen damit folgende Erfolgshypothese nahe:

H1: *Ein hohes Engagement des Top-Managements wirkt direkt positiv auf den Projekterfolg.*

Studie von	Jahr	Erfolgseinfluß
Rothwell et al.	1974	++
Rubenstein et al.	1976	+
Baker et al.	1984	++
De Meyer	1983	+
Balachandra/Raelin	1984	++
Maidique/Zirger	1984	+
Might/Fischer	1985	++
Thamhain/Wilemon	1986	++
Pinto	1986	++
Keplinger	1991	++
Weltz/Ortmann	1992	++
Lange	1993	++

Tab. 1: Erfolgswirkungen des Top-Managements

2.12 Der Projektleiter

Bei der Abwicklung von Projekten nimmt der *Projektleiter* eine zentrale Funktion ein. An diese Position sind verschiedene Rechte und Pflichten geknüpft. Die wahrzunehmenden Aufgaben können dabei die gesamten Projektfunktionen, wie z.B. Führungs-, Planungs-, Steuerungs-, Überwachungs- und Entscheidungsaufgaben umfassen (Schmelzer 1986 b, S.69 ff.; Rinza 1985, S.133; Madauss 1990, S.363 ff.).

Um die Aufgabenerfüllung zu gewährleisten, wird diese Position mit formalen Befugnissen ausgestattet (Zogg 1974, S.260 ff.), die häufig nicht mit der übertragenen Verantwortung kongruent sind. Der Projektleiter trägt zwar die volle Projektverantwortung, ist aber mit dem Problem konfrontiert, Mitarbeiter für die Projektarbeit motivieren zu müssen, auf die er keinen formalen Zugriff hat. Darüber hinaus arbeiten in vielen Fällen Personen aus verschiedenen Unternehmensbereichen im Projekt, die parallel zur Projektarbeit auch noch Linienfunktionen wahrnehmen müssen. Bei der Koordination dieser Projektmitarbeiter kann es dann zu Konflikten mit der Linienorganisation kommen, die der Projektleiter aufgrund seiner geringen Befugnisse auf formeller Ebene nicht lösen kann. Dies erschwert die Aufgabenerfüllung und stellt neben dem ohnehin schon facettenreichen Aufgabenspektrum weitere Anforderungen an den Projektleiter.

Zusammenfassend übernimmt der Projektleiter (Prozeßpromotor) integrierende und koordinierende Funktionen zur Unterstützung der Zusammenarbeit zwischen dem Top-Management (Machtpromotor), dem Projektteam (Fachpromotor) und innerhalb des Projektteams. Dieser Aufgabe können Projektleiter nur gerecht werden, wenn sie über diverse Fähigkeiten, wie z.B. fachliches und administratives Know-how, soziale Kompetenz sowie Entscheidungs- und Weisungsbefugnisse, verfügen. Der Projektleiter kann die in Projekten auftretenden Barrieren des „Nicht-Wissens“ und des „Nicht-Wollens“ nur mit entsprechendem fachspezifischen Know-how und Managementpotential überwinden.

Im Rahmen der vorliegenden Untersuchung bleibt trotz der hohen Relevanz die empirische Analyse ausschließlich auf die formalen Einflußbereiche des Projektleiters beschränkt. Dieser Schritt begründet sich mit dem gewählten Forschungsdesign, da die Projektleiter zur primären Zielgruppe der Studie zählen. Valide Antworten zu Fähigkeiten des Projektleiters sind aufgrund des „self-ratings“ fraglich. Tab. 2 verdichtet die empirisch ermittelten Einflüsse der formalen Befugnisse des Projektleiters auf den Projekterfolg.

Name	**Jahr**	**Erfolgseinfluß**
Rubin/Seelig	1967	++
Murphy et al.	1974	++
Rubenstein et al.	1976	+
Balachandra/Raelin	1984	+
Katz/Allen	1985	0
Pinto	1986	++
Allen et al.	1988	++
Keplinger	1991	++
Weltz/Ortmann	1992	++
Lange	1993	+

Tab. 2: Erfolgswirkungen der Projektleiter-Befugnisse

Die vorliegenden Befunde belegen die hohe Bedeutung ausreichender formaler Befugnisse für den Projekterfolg und begründen die folgende Erfolgshypothese:

> H2: *Umfangreiche Befugnisse des Projektleiters wirken direkt positiv auf den Projekterfolg.*

2.13 Das Projektteam

Das Projektmanagement ist ein interdisziplinäres, teamorientiertes Führungskonzept, das die Vorteile der Teamarbeit nutzt, um komplexe und innovative Aufgaben effizient zu realisieren (Schmelzer 1992, S.298). Dementsprechend weist das Aufgabenspektrum der *Projektteams* eine hohe Bandbreite auf. Die verschiedenartigen Aufgaben und die spezifische Projektsituation stellen an die Mitarbeiter im Team besonders hohe Anforderungen. Sie reichen von der Unterstützung des Projektleiters bei den koordinierenden Aufgaben bis hin zur eigenverantwortlichen Übernahme koordinierender und steuernder Tätigkeiten, wie z.B. Projektsteuerung, Qualitätssicherung usw. (Schmelzer 1986 b, S.68; Madauss 1990, S.363 ff.). Der Aufgabenschwerpunkt liegt allerdings im allgemeinen auf der technischen Realisierung der festgelegten Projektziele. In dieser Funktion korrespondiert das Team mit dem Fachpromotor, der im Innovationsprozeß die Lösung der technischen Fragestellungen übernimmt. Zur adäquaten Erfüllung der anfallenden Aufgaben müssen die einzelnen Mitarbeiter hoch motiviert sein, über Projekterfahrung, über entsprechende Fähigkeiten zur Teamarbeit (Mühlfelder/ Nippa 1989, S.370) und über ein hohes fachspezifisches Know-how verfügen. Tab. 3 zeigt, daß gerade das technische Know-how als erfolgsrelevantes Merkmal besonders häufig untersucht und bestätigt wurde.

Die eindeutigen und starken Befunde der verschiedenen empirischen Studien rechtfertigen die folgende Erfolgshypothese:

> H3: *Ein fachlich kompetentes Projektteam wirkt direkt positiv auf den Projekterfolg.*

Name	**Jahr**	**Know-how**
Rubin/Seelig	1967	0
Murphy et al.	1974	++
Rothwell et al.	1974	++
Gerstenfeld	1976	+
Rubenstein et al.	1976	+
Baker et al.	1984	++
Might	1984	++
Balachandra/Raelin	1984	++
Pinto	1986	++
Thamhain/Wilemon	1986	++
Ashley et al.	1987	++
Larson/Gobeli	1987/88	++
Souder	1988	+
Deutsch	1991	++
Keplinger	1991	++
Knöpfel et al.	1992	+
Weltz/Ortmann	1992	+

Tab. 3: Erfolgswirkungen der Merkmale des Projektteams

2.2 Interaktionseffekte

Ausgehend von dem empirisch belegten Interaktionstheorem des Promotoren-Modells, sind neben den direkten auch *indirekte* Erfolgseinflüsse zu beachten. Folgende Hypothese ist zu spezifizieren:

H4: *Die Akteure des Projektmanagements weisen untereinander kausale Abhängigkeiten auf.*

2.21 Top-Management

Der Einfluß des Top-Managements auf die beiden anderen im Modell betrachteten Akteure ist offensichtlich. Zunächst gehört es zu den primären Aufgaben des Top-Managements, den Projektleiter zu bestimmen und die mit der Funktion verbundenen Entscheidungskompetenzen festzulegen. Hohes Projektengagement des Top-Managements und führt auch zu umfassenden Entscheidungskompetenzen des Projektleiters, da das Top-Management „sein" Projekt nicht durch einen „schwachen" Projektleiter gefährden möchte:

> H4.1: *Je höher das Engagement des Top-Managements, desto umfassender sind die Befugnisse des Projektleiters.*

Auch die Besetzung des Projektteams wird vom Top-Management vor allem dann maßgeblich beeinflußt, wenn das Interesse für das Projekt besonders hoch ist. Der geschilderte Einfluß kommt in der Hypothese zum Ausdruck:

> H4.2: *Je höher das Engagement des Top-Managements, desto kompetenter ist das Projektteam.*

2.22 Projektleiter

Die Zusammensetzung eines kompetenten Projektteams wird nicht nur vom Top-Management beeinflußt. Vor allem hat der Projektleiter dann einen entscheidenden Einfluß, wenn ihm hinreichende Befugnisse übertragen wurden. Der vermutete Zusammenhang kommt in folgender Hypothese zum Ausdruck:

> H4.3: *Je umfangreicher die Befugnisse des Projektleiters, desto kompetenter ist das Projektteam.*

2.3 Merkmale der Projektaufgabe als Kontexteinflüsse

Einen Beitrag über mögliche Einflüsse der Projektaufgabe bieten die theoretischen Überlegungen und empirischen Befunde zum Promotoren-Modell. Je *komplexer* und *innovativer* die Aufgaben sind, desto häufiger treten die Barrieren des „Nicht-Wissens" und des „Nicht-Wollens" auf, und desto intensiver müssen die Promotoren zusammenarbeiten. Empirisch konnte gezeigt werden, daß mit einer intensiveren Zusammenarbeit der Promotoren auch der Neuigkeitsgrad der technischen Lösungen (Hauschildt/Kirchmann 1997, S.71[1]) zunimmt.

Angewendet auf das vorliegende Untersuchungsproblem läßt sich daraus die Annahme ableiten, daß die Interaktionseffekte und die Erfolgswirkungen vom Top-Management, vom Projektleiter und vom Team in Abhängigkeit von *Komplexität* und *Innovationsgrad* der Projektaufgabe variieren.

Anhaltspunkte für den Einfluß der Projektaufgabe bieten auch die vorliegenden empirischen Studien der Bestandsaufnahme. Allerdings analysieren sie ausschließlich den direkten Einfluß einzelner Projektmerkmale auf den Projekterfolg sowie auf einzelne Erfolgsfaktoren (Lechler 1997, S.80). Mit diesem Untersuchungsdesign kann zwar nachgewiesen werden, daß die spezifischen Ausprägungen der Projektaufgabe den Erfolg und die Erfolgsfaktoren beeinflussen, aber die simultane Bestimmung moderierender Effekte von mehreren Aufgabenmerkmalen auf das gesamte Zusammenwirken der Erfolgsfaktoren ist damit nicht möglich.

Eine präzise Ableitung von Aufgabeneinflüssen auf die Erfolgswirkungen und die Interaktionseffekte der Akteure ist ex ante kaum möglich. Zu komplex sind die Beziehungen zwischen den Akteuren und den verschiedenen Aufgabenmerkmalen. Es können lediglich exemplarische Vermutungen über mögliche Auswirkungen angestellt werden:

- Je *innovativer oder risikoreicher* ein Projekt ist, desto mehr muß mit der Barriere des „Nichtwissens" gerechnet werden, zu deren Überwindung vor allem das Fach-Know-how des Projektteams vonnöten ist. Mit steigendem Innovationsgrad/Risiko ist daher mit einem höheren Erfolgseinfluß des Projektteams zu rechnen.

---

[1] Siehe diesen Beitrag auf den Seiten 89 bis 107 dieser Schrift.

- Das *Komplexitätsmerkmal* dürfte die Stellung des Prozeßpromotors beeinflussen. Mit zunehmendem Projektumfang wird die organisatorische Distanz zwischen dem Macht- und dem Fachpromotor so groß, daß zu ihrer Überwindung dem Prozeßpromotor eine tragende Rolle zugeschrieben werden kann und damit auch die formalen Befugnisse des Projektleiters an Bedeutung gewinnen.

- Bei Projekten mit hoher *Relevanz* wird vor allem der Einfluß des Top-Managements besonders ausgeprägt sein, denn es ist anzunehmen, daß mit solchen Prestigeprojekten ein hohes persönliches und finanzielles Interesse verknüpft ist.

Die getroffenen Annahmen beschreiben mögliche Auswirkungen der Aufgabenmerkmale auf die Erfolgsfaktoren des Projektmanagements. Zusammengefaßt führen sie zu folgender zu prüfender Hypothese:

> H5: *Die Stärke der Erfolgseinflüsse der Akteure ist nicht unabhängig von den Merkmalen der Projektaufgabe.*

3. Empirische Basis

3.1 Stichprobe

Feldstudien, die hauptsächlich hypothesenprüfenden Charakter besitzen, müssen neben der Konzeption bestimmten äußeren Anforderungen genügen. Die Aussagekraft ihrer Ergebnisse ist abhängig von der Stichprobengröße, die durch die Variablenzahl und die gewählten statistischen Verfahren determiniert wird. Dementsprechend wurde das Stichprobenziel auf N≥400 Fälle festgelegt.

Das gewählte Erhebungsdesign stützt sich auf den paarweisen Vergleich, bei dem die angesprochenen Personen gebeten wurden, sowohl über ein erfolgreiches als auch ein erfolgloses Projekt zu berichten. Mit dieser Maßnahme konnte das Risiko einer unausgewogenen, von erfolgreichen Fällen dominierten Stichprobe deutlich reduziert werden. Außerdem führt diese Methode zu einer hohen Varianz in der abhängigen Variable Projekterfolg.

Für den ersten Erhebungsschritt bildete das Mitgliederverzeichnis der Gesellschaft für Projektmanagement (GPM) die Ausgangsbasis. Zum Zeitpunkt der Erhebung (1993) umfaßte das Mitgliederverzeichnis 448 Mitglieder. Es konnte angenommen werden, daß in diesem Kreis viele für die Studie geeignete Kandidaten zu finden sind. Zusätzlich dienten im weiteren Verlauf der Erhebung Listen der IHK und der HOPPENSTEDT als Adreßdatenbanken. Aus ihnen wurden vorwiegend große Unternehmen ausgewählt, da sie am ehesten regelmäßig mit Projekten und Projektmanagement konfrontiert sind.

1. Empirisches Feld

(1) **Grundgesamtheit:** Mitglieder und Mitgliedsfirmen der Gesellschaft für Projektmanagement (GPM), zusätzlich Großunternehmen aus Adressdatenbanken der IHK und des Verlags Hoppenstedt

(2) **Stichprobe:** 1.040 versandte Fragebögen

(3) **Rücklaufquote:** 448 Fragebögen (= 43%)

(4) **Auswertungsstichprobe:** 257 erfolgreiche und 191 erfolglose Projekte

2. Erhebung

(1) **Methode:** Schriftliche Befragung mit vollstandardisiertem Fragebogen

(2) **Durchführung:** 1993 nach Interviews zur Überprüfung der Gültigkeit des Fragebogens

Übersicht 1: Empirisches Feld und Erhebungsmethode im Projekt Projektmanagement

Wichtigstes *Auswahlkriterium potentieller Respondenten* war die aktive Mitarbeit an Projekten, entweder in der Funktion als Projektleiter, als Mitglied im Projektteam (kaufmännisch, technisch) oder als externer Berater. Dabei lag der Schwerpunkt auf der Ansprache von Projektleitern. Der Projektleiter bildet den fokalen Punkt in einem Projekt. Er hat einen gesamten Überblick über das Projekt, kennt die Projekthistorie und kann am ehesten detaillierte Informationen über das Projekt geben.

Der Ablauf der Erhebung erfolgte in mehreren Schritten. Nach der telefonischen Kontaktaufnahme erhielten sämtliche kooperationsbereiten Personen innerhalb einer Woche die Erhebungsunterlagen zugesandt. Nach etwa zwei Wochen wurde den Interessenten ein Erinnerungsschreiben zugesandt. Ein zweites Schreiben erhielten die möglichen Respondenten nach einer weiteren Frist von etwa zwei Wochen.

Die realisierte Stichprobe hat einen Umfang von (*N=448*) Projekten. In der empirischen Literatur des Projektmanagements existiert bislang nur eine einzige Untersuchung, die auf eine noch umfangreichere Datenbasis zurückgreifen kann (Murphy/Baker/Fisher 1974). Die Rücklaufquote liegt bei etwa *43%.* Dies ist ein beachtlicher Wert, der das hohe Interesse der Praxis an der Themenstellung dokumentiert.

Die Stichprobe setzt sich aus *257 erfolgreichen* und *191 erfolglosen* Projekten zusammen. Das leichte Übergewicht erfolgreicher Projekte ist darauf zurückzuführen, daß einige Respondenten bis zum Erhebungszeitpunkt nur an erfolgreichen Projekten beteiligt waren. Im Vergleich zu anderen Stichproben ist das Verhältnis der erfolglosen Projekte zufriedenstellend und erfüllt die Zielsetzung einer möglichst hohen Varianz in der abhängigen Variable Projekterfolg.

3.2 Das Befragungskonzept

Den Ausgangspunkt der vorliegenden empirischen Analyse bildet das zehn Erfolgsfaktoren umfassende Modell von Pinto (Pinto 1986, S. 34, Abb. 3.1; Pinto/Slevin 1987, S. 26, Abb.1). Die Verwendung dieses bewährten Erhebungsinstruments hat den Vorteil, daß Erkenntnisse über seine Eignung vorliegen und bietet ferner die Möglichkeit von Ergebnisvergleichen.

Zunächst erfolgte eine Übersetzung des englischsprachigen Fragebogens. Zur Vermeidung von Fehlern wurde die Übersetzung mit mehreren Experten durchgesprochen und entsprechend korrigiert. Außer dem Faktor „Projektleiter" wurden die Operationalisierungen aller von Pinto vorgeschlagenen Faktoren übernommen. Als Zielgruppe spricht die vorliegende Untersuchung vor allem Projektleiter an. Die befragten Projektleiter müßten in diesem Fall ihre eigenen Führungseigenschaften und andere persönlichen Merkmale selbst beurteilen. Ebenfalls kann davon ausgegangen werden, daß die Merkmale des Projektleiters relativ stabil sind, d.h. die Projektleiter ändern nicht ihren Führungsstil von einem Projekt zum anderen. Es ist deshalb kaum eine Diskriminanz zwischen erfolgreichen und erfolglosen Projekten zu erwarten.

Wie die Befunde der vorliegenden empirischen Studien und verschiedene mit erfahrenen Projektleitern geführte Interviews zeigten, weist das amerikanische Konzept noch einige Lücken auf. Im zweiten Schritt erfolgte daher die Erweiterung der Meßkonzeption. Als wichtige noch unbeachtete Problembereiche kristallisierten sich vor allem verschiedene Aspekte der Projektorganisation, wie z.B. die Befugnisse des Projektleiters und der Dysfunktionen wie Konflikte und Zieländerungen heraus. Insgesamt wuchs der Umfang des weiterentwickelten Meßkonzeptes etwa um das dreifache auf 199 Items an. Der so entstandene stark erweiterte Fragebogen wurde zunächst in einem Pretest in Form von strukturierten Interviews geprüft. Daraufhin wurden einige Modifikationen vorgenommen, die sich hauptsächlich auf die Formulierung verschiedener Items bezogen.

Um die Tauglichkeit der Meßkonzeption in der anonymen Erhebungssituation zu testen, wurde der endgültige Fragebogen einigen dem Autor bekannten Projektleitern zur Beantwortung und einer kritischen Stellungnahme zugesandt. Nach einem ausführlichen Feedback, das keine nennenswerten Änderungen erforderte, wurde mit der Felderschließung begonnen.

3.3 Operationalisierungen

Die Operationalisierung erfolgte in mehreren Schritten. In einer exploratorischen Faktorenanalyse wurde zunächst eine Ausgangslösung ermittelt. In einer konfirmatorischen Faktorenanalyse wurden die Operationalisierungen der Faktoren überprüft und nochmals modifiziert. Die Ausprägungen der eingesetzten Items wurden ausschließlich durch *Zustimmung oder Ablehnung an einer 7-er Skala* bestimmt.

3.31 Akteure des Projektmanagements

Die erfolgsrelevanten Merkmale der Akteure werden entweder direkt (Projektleiter, Projektteam) oder indirekt über ihre Leistungsbeiträge (Top-Management) erfaßt. Die nachfolgende Tab. 4 enthält die endgültigen Operationalisierungen der drei Faktoren und die Variablenbezeichnungen der späteren empirischen Analyse.

Konstrukt :	Indikator :	Bedeutung des Indikators :
η_2 Projektleiter	y_5	Der Projektleiter wurde in die Vertragsverhandlungen einbezogen und hatte ausreichenden Einfluß.
	y_6	Der Projektleiter hatte Mitspracherechte bei der Festlegung der Projektziele.
	y_7	Der Projektleiter hatte die Befugnis, alle Entscheidungen zu treffen, die zur Erreichung der Projektziele notwendig waren.
	y_8	Der Projektleiter hatte die Befugnis, Teilziele zu verändern, falls er es als notwendig erachtete, um das Gesamtziel zu erreichen.
η_3 Team	y_9	Die Projektteammitglieder waren fachlich ausreichend geschult.
	y_{10}	Den Mitgliedern des Projektteams war klar, welche Aufgaben sie im Team übernehmen sollten.
	y_{11}	Die Spezialisten des Teams waren fachlich kompetent.
ξ_1 Top-Mgmt.	x_1	Das höhere Management stand hinter dem Projektteam, wenn es darum ging, den Erfolg zu sichern.
	x_2	Das höhere Management hat uns die notwendigen Befugnisse übertragen und unterstützte die Entscheidungen, die das Projekt betrafen.
	x_3	Das höhere Management reagierte aufgeschlossen gegenüber einer etwaigen Bitte nach zusätzlichen Ressourcen.
	x_4	Das höhere Management unterstützte das Projekt in einer Krise.

Tab. 4: Operationalisierungen der Akteure-Faktoren

3.32 *Erfolgsmessung*

Der Projekterfolg wurde anhand mehrerer Indikatoren operationalisiert. Erste Aufschlüsse über die Qualität des eingesetzten Erhebungsinstruments liefert eine Mittelwertanalyse der einzelnen Erfolgsindikatoren. Alle eingesetzten Variablen müssen eine signifikante Mittelwertdifferenz zwischen den beiden Gruppen erfolgreicher und erfolgloser Projekte aufweisen. Erreicht eine Erfolgsvariable keine signifikante Mittelwertdifferenz, ist sie für eine Erfolgsaussage nicht geeignet und wird aus den weiteren Analysen ausgeschlossen. Die nachfolgende Graphik (Abb. 1) stellt die erzielten Mittelwerte der Erfolgsindikatoren (Items) differenziert nach erfolgreichen und erfolglosen Projekten einander gegenüber.

- Der rechte Polygonzug beschreibt den *Mittelwertverlauf* erfolgreicher Projekte und der linke jenen erfolgloser.
- An der Ordinate sind die *Mittelwertdifferenzen* in Form von Balken abgetragen.
- Die einzelnen Erfolgsindikatoren sind nach der *Höhe ihrer Mittelwertdifferenzen* in absteigender Reihenfolge sortiert.

Insgesamt zeigen die erzielten Befunde, daß *alle* eingesetzten Erfolgsindikatoren deutlich zwischen erfolgreichen und erfolglosen Projekten diskriminieren. Bei den durchgeführten Signifikanztests übertrafen alle dargestellten Mittelwertdifferenzen das 1%-Signifikanzniveau bei weitem. Die Ergebnisse sind deshalb so beachtenswert, da etwa die Hälfte aller Respondenten im Projekt die Funktion eines Projektleiters wahrgenommen hat. Sie sind ein Indiz für die Offenheit und die selbstkritische Einschätzung, mit der die Respondenten die Erfolgsbeurteilung vorgenommen haben.

Die höchsten Mittelwertdifferenzen zwischen erfolgreichen und erfolglosen Projekten weisen die Erfolgsindikatoren der *globalen Erfolgsdimension* (Frage 1, 2, 3, 6) auf. Dabei erzielt die persönliche Beurteilung des Projektverlaufs (Frage 2) für die Gruppe der erfolglosen Projekte den geringsten Mittelwert aller Erfolgsindikatoren. Die Zufriedenheit des Auftraggebers mit dem Projektverlauf, beurteilt aus der Perspektive der Projektbeteiligten (Frage 3), erreicht insgesamt ähnliche Werte. Das Zufriedenheitsmaß des Auftraggebers mit dem Projektergebnis (Frage 6) weicht von den anderen drei globalen Erfolgsmaßen deutlich ab. Der Mittelwert für erfolglose Projekte fällt positiver aus und schlägt sich dadurch auch in einer geringeren Mittelwertdifferenz nieder. Nach Einschätzung der Respondenten können erfolglose Projekte durchaus einige Leistungsziele erreichen, mit denen der Kunde in gewissem Umfang zufrieden ist. Die nachfolgenden Betrachtungen konzentrieren sich auf diese globale Erfolgsdimension und blenden von den übrigen Erfolgsurteilen ab.

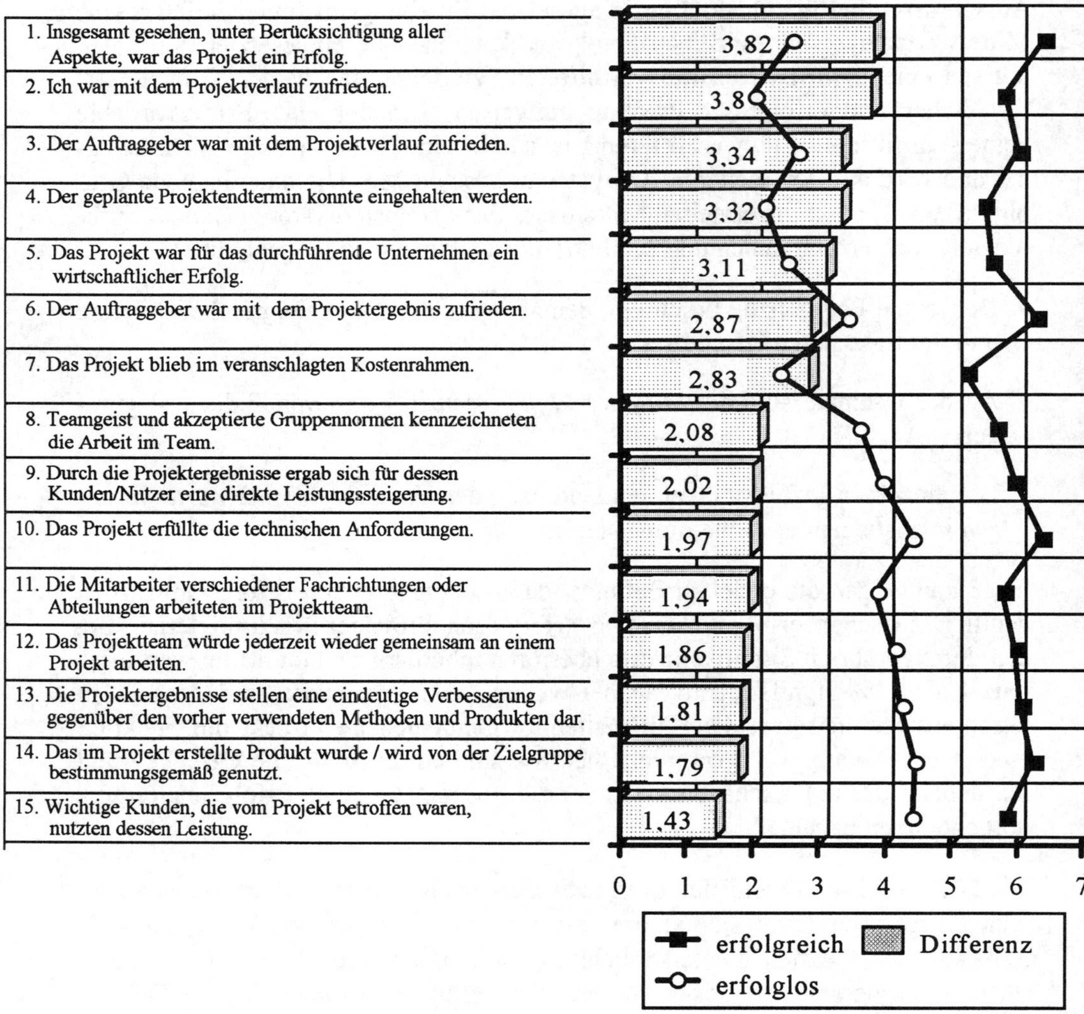

Abb. 1: Mittelwertdifferenzen der Erfolgsindikatoren

4. Befunde: Die Akteure des Projektmanagements als Erfolgsfaktoren

Als wesentliche Rollenträger des Projektmanagements identifiziert die vorgenommene Bestandsaufnahme das Top-Management, den Projektleiter und das Projektteam. Diese drei Konstrukte bilden das *Akteure-Modell*. Ihre Wirkungen untereinander und ihr Einfluß auf den Projekterfolg werden durch die Hypothesen H1, H2, H3, H4 postuliert. Die Prüfung der Untersuchungshypothesen erfolgt anhand einer simultanen linearen Strukturgleichungsanalyse (LISREL). Das analysierte Kausalmodell repräsentieren die nachfolgenden Abbildungen und Tabellen.

Im Überblick zeigen die Befunde der Modellschätzung, daß das Akteure-Modell die formalen Prüfkriterien der Modellevaluation erfüllen (zum angewendeten Prüfprogramm vgl. Lechler 1997, S.137 ff.).

Zur Diskussion der Wirkungsstruktur der drei Erfolgsfaktoren reicht es im folgenden daher aus, die Strukturgleichungskoeffizienten zu betrachten. Sie sind zur graphischen Veranschaulichung im vereinfachten Pfaddiagramm dargestellt.

Mit Hilfe der Wirkungsstruktur ist es nun möglich, die Erfolgseinflüsse der Faktoren anhand ihrer direkten und indirekten Effekte zu ermitteln. Insgesamt wird die große Bedeutung der betrachteten drei Akteure aus dem erzielten hohen Anteil der erklärten Varianz der Erfolgsgröße (R^2=.49) ersichtlich.

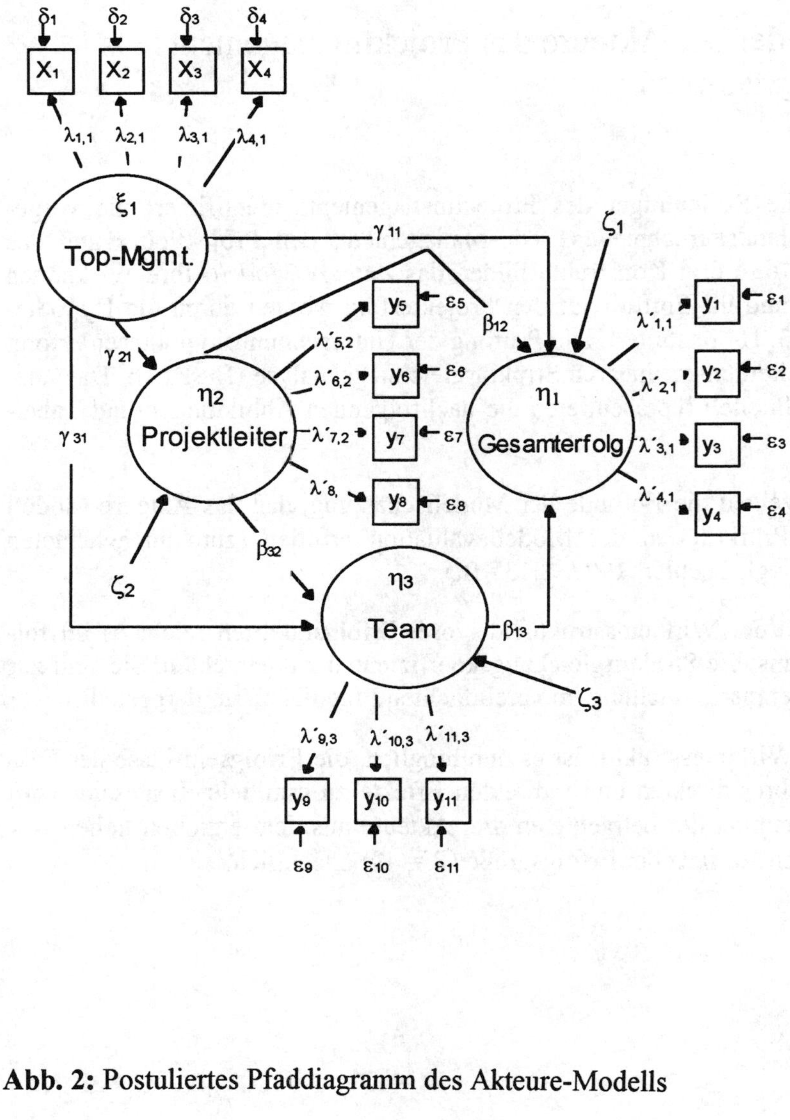

Abb. 2: Postuliertes Pfaddiagramm des Akteure-Modells

Maße der Modellanpassung								
χ^2 = 479.6		GFI = .988			PGFI = .692		t = 36	
df = 84		AGFI = .983					$t^* = 120$	
χ^2 /df = 5.71		RMR = .054					$t < t^*$	
Konstrukt :	**Faktorladung :**			**Meßfehlervarianz :**				
Meßmodell η								
η_1 Gesamterfolg	$\lambda_{1,1}$	=	.93	θ_1	=	.14		
	$\lambda_{2,1}$	=	.91	θ_2	=	.18		
	$\lambda_{3,1}$	=	.91	θ_3	=	.17		
	$\lambda_{4,1}$	=	.89	θ_4	=	.20		
η_2 Projektleiter	$\lambda_{5,2}$	=	.79	θ_5	=	.38		
	$\lambda_{6,2}$	=	.63	θ_6	=	.60		
	$\lambda_{7,2}$	=	.75	θ_7	=	.44		
	$\lambda_{8,2}$	=	.73	θ_8	=	.46		
η_3 Team	$\lambda_{9,3}$	=	.74	θ_9	=	.47		
	$\lambda_{10,3}$	=	.84	θ_{10}	=	.30		
	$\lambda_{11,3}$	=	.82	θ_{11}	=	.36		
Meßmodell ξ								
ξ_1 Top-Mgmt.	$\lambda_{1,1}$	=	.87	θ_1	=	.24		
	$\lambda_{2,1}$	=	.90	θ_2	=	.21		
	$\lambda_{3,1}$	=	.70	θ_3	=	.52		
	$\lambda_{4,1}$	=	.74	θ_4	=	.46		

Konstruktinterkorrelationen :

	η_1	η_2	η_3	ξ_1
η_1	1.00			
η_2	.47	1,00		
η_3	.66	.56	1,00	
ξ_1	.58	.66	.58	1.00

Tab. 5: Modellevaluation des Akteure-Modells

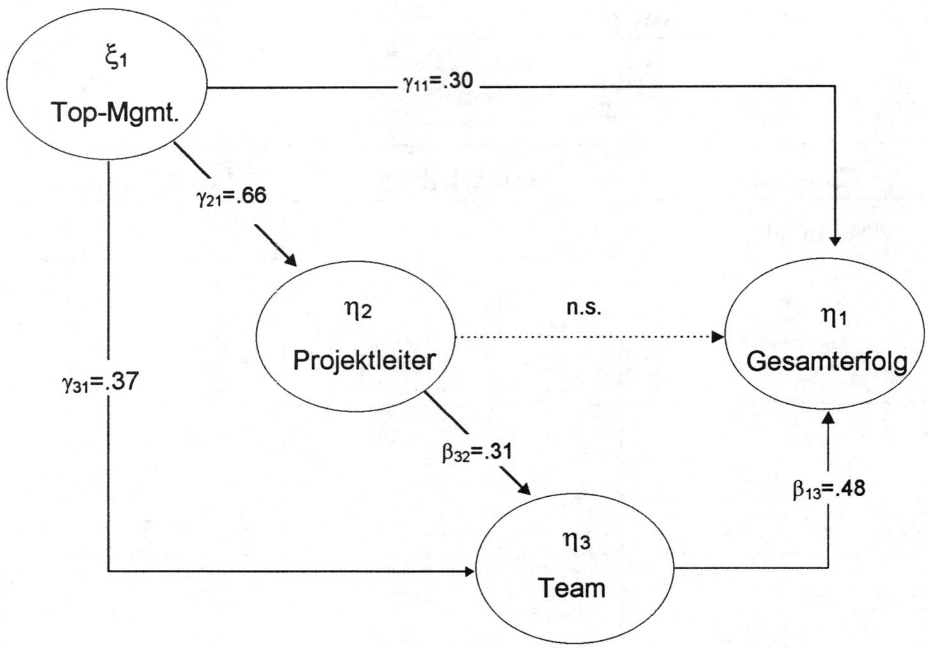

Abb. 3: Pfaddiagramm der geschätzten Strukturgleichungskoeffizienten des Akteure-Modells

Effekte / Einflußfaktoren	**Direkter Effekt**	**Indirekter Effekt**	**Totaler Effekt**
Top-Mgmt.	.30	.28	.58
Projektleiter	-	.15	.15
Team	.48	-	.48

Tab. 6: Die Erfolgswirkungen des Akteure-Modells

Gemäß der Hypothese H1 zeigen die Ergebnisse, daß ein hohes Engagement des *Top-Managements* einen *starken, direkten Einfluß* (γ_{11} = .30) auf den Projekterfolg hat. Überraschend fällt das Ergebnis für den Faktor Projektleiter aus. Entgegen der Hypothese H2 und den Befunden der empirischen Untersuchungen der Bestandsaufnahme, haben umfangreiche Einflußmöglichkeiten des *Projektleiters keine direkte Erfolgswirkung* (β_{12} = n.s.). Dieser Befund relativiert sich aber durch die im Rahmen der vorliegenden Untersuchung fokussierte Sichtweise auf das Einflußpotential des Projektleiters. Der Projektleiter ist die zentrale Person in Projekten. Es ist daher davon auszugehen, daß andere Merkmale des Projektleiters einen stärkeren Einfluß auf den Projekterfolg haben. Als mögliche relevante Merkmale für eine Modellerweiterung kommen vor allem das Führungs- und Sozialverhalten, das Fachwissen und das administrative Projekt-Know-how des Projektleiters in Frage[1] . Auf ihre Analyse verzichtet die vorliegende Untersuchung aber bewußt. Die stärkste direkte Erfolgswirkung geht vom *Projektteam* (β_{13} = .48) aus und bestätigt die Hypothese H3. Der Befund unterstreicht damit die in der Praxis oft geäußerte Forderung, nur die geeignetsten Mitarbeiter für das Projekt zu verpflichten.

Die Ermittlung der *indirekten* Effekte auf den Projekterfolg folgt aus der detaillierten Betrachtung der Wirkungsstruktur der drei Faktoren. Über den Einfluß auf eine stärkere Stellung des Projektleiters (γ_{21} = .66) und eine adäquatere Besetzung des Projektteams (γ_{31} = .37) wirkt sich ein starkes Engagement des Top-Managements indirekt auf den Projekterfolg aus. Verfügt der Projektleiter über ein ausreichendes formales Einflußpotential, führt dies zu ausgewogeneren und qualitativ höherwertig besetzten Teams (β_{32} = 0.31) und fördert damit indirekt den Projekterfolg.

Die Reihenfolge in der Erfolgsbedeutung der Akteure ändert sich, wenn die *totalen Effekte* der Faktoren in die Beurteilung einbezogen werden. In diesem Fall weist der Faktor Top-Management den höchsten (tot. Eff. = .58) und das Team den zweithöchsten (tot. Eff. = .48) totalen Effekt aus. Die totalen Effekte zeigen aber auch, daß *der Faktor Projektleiter* (tot. Eff. = .15) für den Projekterfolg von Bedeutung ist.

Aus dem Anteil erklärter Varianz (R^2=.44) des Konstrukts „Projektleiter" wird deutlich, daß das Einflußpotential in erheblichem Maße, aber nicht ausschließlich vom Top-Management abhängt. Mögliche weitere Einflüsse sind die formale Position des Projektleiters in der Linienorganisation, seine Fähigkeiten sowie die Kooperationsbereitschaft der am Projekt beteiligten Linienorganisation.

---

[1] Vgl. hierzu den Beitrag von Hauschildt/Keim auf den Seiten 211 bis 231 dieser Schrift.

Auch der Faktor Projektteam (R^2=.39) wird neben dem Top-Management und dem Projektleiter von weiteren noch nicht im Modell enthaltenen wichtigen Einflüssen erklärt. So dürfte die Kooperationsbereitschaft der Linienvorgesetzten eine wesentliche Rolle bei der Besetzung des Teams spielen. Zeigen sie kein Interesse an einem Projekt, dann finden sich viele Argumente, um die Verpflichtung der am besten geeigneten Mitarbeiter für die Projektarbeit zu verhindern. Auch die Bereitschaft potentieller Mitarbeiter kann die Teambesetzung beeinflussen. Wird die Projektarbeit als lästige Zusatzarbeit empfunden, dann ist eine optimale Auswahl geeigneter Personen kaum möglich. Ein weiterer Einfluß könnte sich aus den Sachzwängen ergeben. Kapazitätsengpässe sind im betrieblichen Alltag eher die Regel als die Ausnahme. Die Freiheitsgrade in der Wahl der Mitarbeiter sind somit begrenzt. Selbst wenn sich das Top-Management in dem Projekt besonders engagiert, kann das Team nicht immer mit den Wunschkandidaten besetzt werden. Schließlich ist zu berücksichtigen, daß auch externe Gruppen, wie z.B. die Nutzer der Projektergebnisse, externe Auftraggeber oder externe öffentliche Stellen die Akteure und den Projekterfolg beeinflussen können.

5. Eigenschaften der Projektaufgabe als Kontextfaktor

Zur Prüfung der Kontexthypothese H5 werden die erhobenen Projekte anhand der Ausprägungen von vier Merkmalsdimensionen der Projektaufgabe mittels einer Clusteranalyse typisiert. Danach können die Projekte in drei Gruppen zusammengefaßt werden. Anhand der deskriptiven Befunde sollen die charakterisierenden Merkmale der drei Projektgruppen analysiert werden. Sie können der folgenden Tabelle 7 entnommen werden.

Insgesamt bestätigen die Ausprägungen der Merkmalsdimensionen im wesentlichen die definitorischen Elemente der Projektaufgabe. Die von der Praxis durchgeführten Projekte entsprechen damit der üblichen Definition, nach der es sich bei Projekten um riskante, bedeutende und dringliche, multipersonal abzuwickelnde, neuartige und komplexe Aufgaben handelt.

	Cluster 1 operative Projekte		**Cluster 2** nachrangige Projekte		**Cluster 3** strategische Projekte		**Gesamt**	
Projektmerkmale	μ	σ	μ	σ	μ	σ	μ	σ
Innovationsgrad	1,91	0,84	3,61	1,64	4,68	1,57	3,10	1,75
Technisches Risiko	4,90	1,59	4,72	1,65	6,45	0,73	5,23	1,60
Dringlichkeit/ Bedeutung	6,01	0,87	4,83	1,46	5,06	1,62	5,44	1,40
Komplexität	x_{med}		x_{med}		x_{med}		x_{med}	
Kosten	3 mio		1,7 mio		10 mio		3 mio	
Teamgröße	8 Pers.		4 Pers.		10 Pers.		7 Pers.	
N	192		120		102		414 Miss. = 34	

Tab. 7: Deskriptive Charakterisierung der Projekt-Cluster

Cluster 1: Diese Gruppe umfaßt mittelgroße, mit gewisser technischer Unsicherheit behaftete, wenig innovative, aber sehr dringliche und sehr bedeutende Projekte mit kürzeren Laufzeiten von 1-3 Jahren. Die hohe Dringlichkeit und Bedeutung dieser Projekte läßt vermuten, daß sie für das Kerngeschäft der Unternehmen sehr wichtig sind. Diese Alltagsprojekte werden in den weiteren Ausführungen als *operative Projekte* bezeichnet.

Cluster 2: Im Vergleich zu den beiden anderen Gruppen beschreibt das Cluster 2 kleine, weniger dringliche, weniger bedeutende und technisch nahezu sichere, aber innovative Projekte. Gerade aufgrund des Innovationsgrades und der geringeren Dringlichkeit könnten diese Projekte als „Versuchsballons" für weitere oder neue Anwendungen von bereits bestehenden technischen Lösungen interpretiert werden. Sie stellen Investitionen dar, die nicht unbedingt aus dem Druck des Tagesgeschäfts heraus entstehen. Diese Charakterisierung korrespondiert auch mit der vergleichsweise geringeren Projektgröße, die Laufzeiten von bis zu zwei Jahren erreichen. Wegen ihrer geringeren Relevanz und Dringlichkeit werden diese Projekte in den weiteren Ausführungen als *nachrangige Projekte* bezeichnet.

Cluster 3: Diese Gruppe schließt sehr komplexe, innovative und technisch riskante Projekte ein. Augenfällig ist allerdings die im Vergleich zu den operativen Projekten geringere Dringlichkeit und Bedeutung. Eine mögliche Erklärung für den überraschenden Befund ist ihre noch nicht eindeutig einschätzbare Ergebniswirkung. Die hohen Laufzeiten und der große Ressourcenbedarf lassen vermuten, daß es sich um Investitionsprojekte mit strategischem Charakter handelt. Aufgrund der hohen Komplexität und des hohen Innovationsgrads wird diese Gruppe in den weiteren Ausführungen als Gruppe der *strategischen Projekte* bezeichnet.

Die Charakterisierungen der drei Projekttypen korrespondieren auch mit ihrer zahlenmäßigen Verteilung auf die Cluster. Mit der geringsten Anzahl sind die *strategischen Projekte* vertreten. Sie fordern ein hohes Investitionsvolumen und binden damit über einen längeren Zeitraum wichtige Ressourcen. Die Zahl der Projekte dieser Art, die ein Unternehmen durchführen kann, ist damit äußerst begrenzt. Anders verhält es sich hingegen mit den *operativen Projekten*, die aufgrund der hohen Dringlichkeit häufig als Reaktionen auf bestimmte veränderte Situationen, wie z.B. Aktivitäten der Konkurrenz oder veränderte Kundenanforderungen, ausgelöst werden. Die zahlenmäßig dazwischenliegenden *nachrangigen Projekte* entstehen scheinbar nicht aus einem situationsbedingten starken Handlungszwang.

Die drei Projektklassen und das abgeleitete Akteure-Modell bilden die Ausgangsbasis für die Hypothesenprüfung. Dabei wird das Modell für die drei Cluster jeweils getrennt geschätzt und die Strukturgleichungskoeffizienten miteinander verglichen. Die Faktorladungen der Meßmodelle weisen ähnliche Werte auf, und auch die kausale Modellstruktur bleibt bei allen drei Clustern erhalten, so daß auf eine detaillierte Dokumentation der Schätzresultate verzichtet wird. Entscheidend für die Hypothesenprüfung sind hingegen die direkten und indirekten Erfolgswirkungen der drei Akteure.

Cluster 1 (R^2= .47), Cluster 2 (R^2= .50), Cluster 3 (R^2= .55)									
	Direkter Effekt			Indirekter Effekt			Totaler Effekt		
Cluster / Faktoren	1 Cluster operativ	2 Cluster nachr.	3 Cluster strat.	1 Cluster operativ	2 Cluster nachr.	3 Cluster strat.	1 Cluster operativ	2 Cluster nachr.	3 Cluster strat.
Top-Mgmt.	.36	.38	.19	.24	.26	.40	.60	.64	.59
Projektleiter	-	-	-	.12	.16	.23	.12	.16	.23
Projektteam	.41	.40	.63	-	-	-	.41	.40	.63

Tab. 8: Die Erfolgswirkungen des Akteure-Modells in Abhängigkeit der Projektaufgabe

Die ermittelten Erfolgseinflüsse der Akteure (vgl. Tab. 8) unterscheiden sich unter dem Einfluß der Projektaufgabe teilweise erheblich. Die Hypothese H5 ist anzunehmen. Die unterschiedlich ausgeprägte Erklärungskraft des Akteure-Modells ist auf die variierenden Stichprobengrößen der drei Cluster zurückzuführen. Mit zunehmender Stichprobe nimmt die erklärte Varianz der Erfolgsgröße ab.

Mit Blick auf die Verknüpfung des Promotoren-Modells mit dem Projektmanagement-Konzept interessieren uns vornehmlich die Erfolgswirkungen der Akteure in den strategischen Projekten. Die vorliegenden Schätzungen lassen folgende zusammenfassende Feststellungen für die *strategischen Projekte* zu:

- Mit steigendem Innovationsgrad und steigender Komplexität wächst in strategischen Projekten die Barriere des „Nicht-Wissens". Damit spielen die Fähigkeiten des *Projektteams* für eine erfolgreiche Realisation von innovativen Projekten eine zunehmend wichtigere Rolle, was durch den im Vergleich der Cluster höchsten direkten Erfolgseinfluß zum Ausdruck kommt.

- Der direkte Erfolgseinfluß des *Top-Managements* fällt im Vergleich zum Projektteam geringer aus. Es ist anzunehmen, daß sich die hohe Bedeutung der Projekte mindernd auf die Auftretenshäufigkeit der Barriere des „Nicht-Wollens" auswirkt. Der Stellenwert des Projektes ist allen direkt oder indirekt Beteiligten bekannt.

- Im Vergleich zu den anderen beiden Projekttypen ist das Einflußpotential des *Projektleiters* bei strategischen Projekten am wichtigsten. Ein möglicher Erklärungsansatz läßt sich aus der hohen Komplexität ableiten. Die Distanz zwischen dem Projektteam und dem Top-Management wächst mit dem Komplexitätsgrad, so daß der Projektleiter in seiner Funktion als Vermittler organisatorische Barrieren nur mit ausreichendem Einflußpotential überwinden kann.

6. Konsequenzen

6.1 Konsequenzen für die Forschung

Den Ausgangspunkt der vorgenommenen Betrachtungen bildet die Frage, ob das Promotoren-Modell als eine theoretische Basis zur Ableitung der Erfolgsfaktoren des Projektmanagements geeignet ist. Die Leistungsfähigkeit des Promotoren-Modells für das Projektmanagement läßt sich anhand der ermittelten Befunde beurteilen:

- Das Troika-Modell von Macht-, Prozeß- und Fachpromotor empfiehlt sich für innovative, komplexe und hoch relevante Projekte. Die Troika ist ein wesentlicher Erfolgsfaktor für strategische Projekte. Das Promotoren-Modell ist somit insbesondere für das Projektmanagement von Innovationen zu empfehlen.

- Demgegenüber werden dringliche, aber weniger innovative, eher mittelgroße („operative") Projekte offenbar besser durch das Gespann von Macht- und Fachpromotor geleitet. Zumindest spielen die formalen Einflußpotentiale des Projektleiters eine vergleichsweise untergeordnete Rolle.

- In kleineren, weniger dringlichen, technisch gut beherrschbaren aber innovativen („nachrangigen") Projekten ist wiederum der Ansatz des Troika-Modells geeignet.

Mit der Übertragung der zentralen Hypothesen des Promotoren-Modells auf das Projektmanagement konnten die Erfolgswirkungen und das Zusammenwirken einiger Erfolgsfaktoren des Projektmanagements theoretisch abgeleitet werden. Die empirischen Befunde bestätigen diese Hypothesen und unterstreichen die Notwendigkeit und Gültigkeit des erweiterten Promotoren-Modells.

6.2 Konsequenzen für die Praxis des Projektmanagements

Der detaillierten Analyse von 448 erfolgreichen und erfolglosen Projekten schließt sich nunmehr die Frage an: Welche Konsequenzen sind aus den Befunden für die Praxis des Projektmanagements ableitbar?

1. Ohne das *Engagement des Top-Managements* ist eine erfolgreiche Realisierung stark gefährdet. Das Top-Management legt sowohl die Rahmenbedingungen in Form der Zusammensetzung des Projektteams als auch die formalen Einflußpotentiale des Projektleiters fest. Wird das Projekt beim Start nicht ausreichend vom Top-Management unterstützt, dann droht eine erfolglose Projektdurchführung. Es ist daher bewußt zu entscheiden, ob ein solches Projekt überhaupt durchgeführt werden soll.

2. Für den Projekterfolg mindestens genauso wichtig ist das *Projektteam*. Daraus ergibt sich für die Praxis, daß ein hoher Wert auf eine adäquate Zusammensetzung des Projektteams zu legen ist. Diese Forderung steht allerdings im Konflikt zur Ressourcenknappheit in Unternehmen. Schränken äußere Sachzwänge die Personalwahl in zu starkem Maße ein, dann legen die vorliegenden empirischen Ergebnisse einen Verzicht der Projektdurchführung oder einen vorzeitigen Abbruch nahe.

3. Die *formalen Einflußpotentiale des Projektleiters* unterstützen den Erfolg von Projekten. Der empirisch nicht nachweisbare direkte Erfolgseinfluß relativiert allerdings die pauschale Forderung der Projektmanager nach mehr Entscheidungs- und Weisungsbefugnissen.

4. Wie die Prüfung der Kontexthypothese zeigt, genügt ein situationsunabhängiges Projektmanagementkonzept den Ansprüchen der Realität nicht. Je nach merkmalsspezifischen Ausprägungen der *Projektaufgaben* divergieren die Erfolgseinflüsse der analysierten Einflußfaktoren in unterschiedlichem Maße. Die ermittelten Ergebnisse legen die Empfehlung nahe, daß gerade bei innovativen und komplexen Projekten der Zusammensetzung des Projektteams eine entscheidende Bedeutung zukommt.

Jürgen Hauschildt und Gesche Keim

Projektleiter als Prozeßpromotoren

Zuerst erschienen unter dem Titel:
Vom Promotoren-Modell zum Projektmanagement in Innovationsprozessen, in: C. Scholz (Hrsg.): Individualisierung als Paradigma, Festschrift für H. J. Drumm, Kohlhammer Stuttgart et al. 1997, S. 201-222.

Projektleiter als Prozeßpromotoren

Jürgen Hauschildt und Gesche Keim

1. Das Promotoren-Modell - Bewährtes Paradigma oder Ärgernis?

1.1 Ein scheinbar unwiderlegbares Konzept

Innovationsprozesse entziehen sich als Entscheidungs- und Durchsetzungsprozesse traditionellen betriebswirtschaftlichen Überlegungen. Komplexität, Konfliktgehalt und Unsicherheit von Innovationen verlangen vielfach die Entwicklung ganz neuer Methoden, auf jeden Fall die radikale Modifikation der Konzepte, die sich in Routinesituationen oder in Lagen einer mittleren Beherrschbarkeit bewährt haben. Es läßt sich empirisch belegen, daß die klassischen Management-Techniken, wie Struktur- und Prozeßorganisation, Gestaltung von Informationswegen und -netzen, Pläne und Programme in Innovationsprozessen ihren Dienst versagen (Hauschildt 1997, S. 363 ff.; Ettlie 1983, S. 239; Cohn/Turyn 1980, S. 100; Rubenstein et al. 1976, S. 18). An ihre Stelle tritt *persönliche Koordination durch Menschen,* die flexibel, tatkräftig und kreativ auf die ungeplanten und unplanbaren Ereignisse reagieren, die die Widerstände gegen das Neue überwinden und die beharrlich und unbeirrt für "ihre" Innovation eintreten.

Witte nannte diese Personen "*Promotoren*" (Witte 1973, S. 16 ff.) in der angelsächsischen Literatur werden sie als "*champions*"(Chakrabarti 1974, S. 58 ff.) bezeichnet.

Das Promotoren-Modell enthält drei Kernaussagen: (Hauschildt 1997, S. 160).

- Promotoren sollen spezifische *Widerstände* überwinden. Gegen den Widerstand des Nicht-Wollens wird hierarchisches Potential, gegen den Widerstand des Nicht-Wissens objektspezifisches Fachwissen eingesetzt.

- Dieser Einsatz wird von *unterschiedlichen Personen* geleistet. In den Innovationsprozeß bringt der Machtpromotor das hierarchische Potential und der Fachpromotor das objektspezifische Fachwissen ein.

- Der Durchsetzungsprozeß ist erfolgreich, wenn Machtpromotor und Fachpromotor *koalieren* und *gut koordiniert* sind.

Das Promotoren-Modell wurde von Witte für den Zwei-Promotoren-Fall empirisch getestet (Witte 1973, S. 58 ff.): Der Machtpromotor fördert den Innovationsprozeß durch Einsatz seiner ranghohen Position, durch Verteilung von Ressourcen und durch Blockade von Opposition. Der Fachpromotor fördert den Innovationsprozeß durch objektspezifisches Fachwissen, durch die kreative Findung neuer Lösungen, durch Überzeugungsarbeit und Lehrtätigkeit. Das *"Gespann"* der zwei Promotoren gelangt zu den insgesamt vorteilhaftesten Leistungen, wenn man es mit allen monopersonalen Lösungen vergleicht.

Dieses Modell ist unter dem Eindruck vielfältiger empirischer Befunde zu einem *Drei-Promotoren-Modell ("Troika")* erweitert worden (Hauschildt/Chakrabarti 1988, S. 378 ff.). Immer dann, wenn ein besonders innovatives Problem in einem besonders komplexen System zu lösen ist, empfiehlt sich die Einschaltung eines *"Prozeßpromotors"*, der den Innovationsprozeß durch Organisationskenntnis, Planungsvermögen und Kommunikationsfähigkeiten fördert. Auch diese Hypothese bewährt sich im empirischen Test: *Die Troika ist allen anderen Konstellationen, sogar dem Gespann, überlegen* (Hauschildt/Kirchmann 1997[1]).

An dieser Stelle pflegt die Diskussion über das Promotoren-Modell abzubrechen. Die empirischen Befunde scheinen die Kritik zu ersticken. Das Modell ist übersichtlich, intuitiv akzeptabel, leicht vermittelbar und im übrigen so unpräzise, daß es jedem Anwender eine individuelle Interpretation und Applikation erlaubt.

Wir wollen indessen nicht länger an dieser Stelle stehenbleiben. Wir behaupten: Bei näherem Hinsehen ist das Promotoren-Modell ein Ärgernis - aus organisatorischer, aus personalwirtschaftlicher und aus projektbezogener Sicht. Mag es auch als theoretisches Konzept bewährt sein, für die Praxis des Projektmanagements ist es erheblich zu spezifizieren.

---

[1] Siehe den Beitrag auf den Seiten 89 bis 107 dieser Schrift.

1.2 Einwendungen und Defizite

(1) Wer die Elle der klassischen *Organisationslehre* an das Promotoren-Modell legt, wird erhebliche Defizite beklagen:

- Der hierarchische Rang des Machtpromotors ist ungenau bestimmt. Die hierarchischen Beziehungen der Promotoren sind lediglich dadurch gekennzeichnet, daß der Machtpromotor "ranghoch", Prozeß- und Fachpromotor hingegen auf "niedrigeren" Rangebenen angesiedelt sind. Ihre hierarchische Beziehung zueinander ist nicht präzise bestimmt.

- Promotoren werden durch "Rollen", "Leistungsbeiträge" und "Machtquellen", nicht aber durch "Stellen", "Aufgaben" und "Kompetenzen" beschrieben. Promotoren sind nicht durch "Rechte" und "Pflichten" bestimmt, sie werden durch "Aktivitäten" und "Ergebnisse" gekennzeichnet.

- Es wird wenig zur Spezialisierung der Promotoren in der Routineorganisation, also außerhalb des Innovationsprojektes, gesagt. Zur Freistellung oder anderen Regelungen gegenüber der Position der Promotoren im Routinefall fehlt jegliche Aussage.

- Es bleibt völlig offen, wie die Gespann- bzw. Troika-Partner sich finden. Es wird immer wieder auf die spontane Interessenkollusion mit offenbar starken emotionalen Bindungen verwiesen.

(2) Auch aus *personalwirtschaftlicher Sicht* wirft das Promotoren-Modell mehr Fragen auf, als daß es Antworten gibt:

- Es ist mit Blick auf den Personalbedarf quantitativ und qualitativ offen: "Unterhalb" der Promotoren sind offenbar noch weitere Personen am Innovationsprozeß beteiligt - wie viele, mit welchen Qualifikationen?

- Überdies ist der Personalbedarf wegen der vielfältigen Unsicherheit nur sehr grob bestimmbar. Im Zweifel wird wohl intensitätsmäßige Anpassung der Promotoren erwartet - keine gute Voraussetzung für den Erfolg der Innovation.

- Das Promotoren-Modell liefert nur unscharfe Rollenbeschreibungen und entspricht nicht den Ansprüchen an ein hinreichend klares Anforderungsprofil. Es erlaubt keine Suche nach Promotoren.

- Über Anreize wird nichts gesagt. Es wird lediglich klar, daß die Promotoren intrinsisch motiviert sind - wie aber geschieht das?

- Ganz offenkundig erfolgt die Rollenfindung ohne Zutun einer Personalabteilung. Damit könnte immerhin der Vorwurf mangelnder Professionalität begründet sein.

- Kein Wort enthält das Promotoren-Modell über den Verbleib der Promotoren nach Abschluß des Innovationsprozesses. Dies dürfte insbesondere beim Scheitern des Projektes ein erhebliches Problem sein.

(3) Auch für die *Theorie und Praxis des Projektmanagements* ist das Promotoren-Modell eher ein Fremdkörper. Zwar sind alle Innovationen Projekte, das gilt aber nicht umgekehrt: Die größte Zahl von Projekten befaßt sich nicht mit völlig neuartigen Produkten oder Prozessen. Es ist ganz natürlich, daß sich das Projektmanagement nicht vom Ausnahme-, sondern vom Regelfall definiert:

- Eine Innovation beschert allergrößte Schwierigkeiten, als "Problem" und sodann als "Projekt" abgegrenzt zu werden. Man weiß nicht, wer von dem Projekt betroffen sein könnte, welche Folgeprobleme und welche Teilprobleme auftreten, die Projektziele werden erst allmählich gebildet und nicht zu Beginn vorgegeben. Dieser Mangel an Abgrenzbarkeit verlangt ständige Neudefinition, zumindest die Bereitschaft, eine einmal gewählte Projektdefinition in Frage zu stellen. Und damit erhebt sich die Frage nach der sachgerechten Zusammensetzung des Projektteams stets aufs Neue.

- Das Promotoren-Modell ist ein Koordinationsmodell. Es sagt aber nichts aus über andere bewährte Techniken der Koordination, z.B. über Gremienarbeit, Berichtswesen, Ablaufplanung. Das Promotoren-Modell ist damit einseitig. Es beschreibt lediglich die personelle Seite des Projektmanagements.

- Das Promotoren-Modell bezieht in der Person des Machtpromotors ausdrücklich eine sehr hohe hierarchische Ebene in das Innovationsgeschehen ein. Die Literatur zum Projektmanagement erweckt demgegenüber den Eindruck, als liefen die Projekte unterhalb der Geschäftsführungsebene ab. Diese hätte danach nur die Funktion, das Projekt zu starten und das Resultat zu kontrollieren. Jedenfalls ist es nicht die Aufgabe ranghoher Instanzen, Tag für Tag vor Ort zu sein, um das Projekt voranzutreiben.

Aus all diesen Fragen folgt zunächst, daß es unzweckmäßig ist,

- *unreflektiert* mit den gängigen Vorstellungen des *Projektmanagements* an Innovationsprobleme heranzugehen,
- *ausschließlich* auf der Basis des *Promotoren-Modells* die personelle Seite des Projektmanagements regeln zu wollen.

Zu fragen ist, wie die Einsichten des Promotoren-Modells in die Gestaltung des Projektmanagements eingefügt werden können. Gibt es empirisch gesicherte Einsichten zu den Erfolgsfaktoren des Projektmanagements - zudem in innovativen Projekten - die es erlauben, das Promotoren-Modell für die Projektarbeit zu konkretisieren?

2. Empirische Befunde: Projektleiter und Projekterfolg

Die im folgenden dargestellte empirische Untersuchung (Keim 1997) verfolgte bewußt nicht das Ziel, das Promotoren-Modell erneut zu prüfen. Zentraler Focus war vielmehr das Projektmanagement. Gefragt wurde

- nach den gewünschten und nach den tatsächlich vorhandenen Fähigkeiten von Projektleitern,
- nach unterschiedlichen Typen von Projektleitern,
- nach dem Erfolg dieser unterschiedlichen Typen,
- nach der Stabilität dieser Erfolgsbeziehung unter Einfluß von diversen Rahmendaten.

Im Licht dieser Befunde ist es dann möglich, die erwünschte Konkretisierung des Promotoren-Modells zu liefern.

2.1 Die Stichprobe

Die Stichprobe muß eindeutig eine *Projektbestimmung* zulassen. Sie sollte sich darüber hinaus bewußt auf Projekte *mit deutlichem Innovationsauftrag* beziehen. Wir betrachten daher *Neuproduktentwicklungen.* Die neuen Produkte sollen bereits in den Markt eingeführt sein. Diesen Anforderungen entsprechen solche Produkte, die in den Jahren 1993 und 1994 beim iF-Design-Wettbewerb für gutes Design ausgezeichnet wurden. Hierbei handelt es sich um einen jährlich durchgeführten internationalen Wettbewerb, bei dem sich Hersteller und Designer von industriell gefertigten Serienprodukten um die iF-Auszeichnung bewerben. Die Produkte, die eingereicht werden, sollten *nicht länger als drei Jahre auf dem Markt* sein. Bei der Auswahl der Produkte orientiert sich die Jury an zehn Kriterien, von denen nur eines explizit auf Innovationen hinweist, nämlich daß es sich um Produkte von *technischer und formaler Eigenständigkeit* handeln muß. Tatsächlich zeigt die spätere Auswertung der untersuchten Projekte, daß sie gegenüber der herkömmlichen Neuentwicklung einen deutlichen Unterschied im Neuigkeitsgrad aufweisen. Des weiteren wurde die Befragung explizit an die für *Forschung und Entwicklung* zuständige Instanz der Geschäftsführung adressiert.

215 Unternehmen wurden prämiert, 48 kleine Unternehmen mit weniger als 100 Arbeitnehmern wurden aus dieser Untersuchung ausgesondert, da sich die zu untersuchende Arbeitsteilung bei ihnen nicht mit Sicherheit vorfinden läßt. Die Grundgesamtheit besteht demnach aus 167 Unternehmen, 86 wurden zufällig ausgewählt, von denen 46 Unternehmen durch ein *mündlich durchgeführtes Interview* befragt wurden. An die restlichen Unternehmen wurde ein *Fragebogen* mit der Bitte um schriftliche Beantwortung geschickt. *Der endgültig auswertbare Datensatz umfaßt 58 Untersuchungseinheiten.*

In einer anschließenden zweiten Befragung wurden die Interviewpartner um eine erneute Mitwirkung gebeten. Sie hatten in einer *Conjoint-Analyse* 16 Stimuli-Karten zu ordnen, in denen präsumtive Projektleiter-Kandidaten nach unterschiedlichen Ausprägungen der in der ersten Erhebung als relevant festgestellten Fähigkeitsmerkmale angegeben waren.

Die erste Erhebung erfaßte also die *"Wirklichkeit"*, die zweite den *"Wunsch"* nach den Fähigkeiten der Projektleiter, so, wie sie sich in den Augen ihrer Vorgesetzten darstellten. Beide Erhebungen werden hier in umgekehrter Reihenfolge dargestellt, zunächst der Wunsch, sodann die Wirklichkeit.

Übersicht 1 informiert über Vorgehensweise und technische Details der Erhebungen.

Grundgesamtheit:	167 Preisträger des iF-Forum Designs der Jahre 1993 und 1994
I. Analyse realer Projektleiter ("Wirklichkeit")	
Ziel:	Identifikation realer Projektleitertypen
Stichprobe:	n = 57
Erhebungsform:	45 persönlich geführte Interviews und 12 verschickte Fragebögen
II. Analyse idealer Projektleiter ("Wunsch")	
Ziel:	Identifikation idealer Projektleiter
Stichprobe:	n = 35
Erhebungsform:	Experiment
Conjoint-Attribute:	Entwicklungserfahrung
	systematisch-analytisches Denken
	Planungs- und Organisationsfähigkeit
	Motivationsfähigkeit
	Kreativität

Übersicht 1: Überblick über Vorgehensweise und Ergebnisstruktur des Projektes „Projektleiter“

2.2 Der ideale Projektleiter

Ausgangspunkt für die Conjoint-Analyse waren zunächst lange Listen von erwünschten Fähigkeiten, wie sie in der Literatur zum Projektmanagement reichlich vorfindbar sind[2]. Diese Fähigkeitstabellen entbehren jeglicher Gewichtung, sie sind nicht klar operationalisiert, ein Erfolgsnachweis fehlt, sie stützen sich auf Einzelerfahrungen und vielfältige Praxis. Sie heroisieren den Projektmanager, liefern "Organisationsentwürfe für Erzengel" (Drumm 1996, S. 18) und lassen nicht erkennen, ob die Fähigkeitsbeschreibungen eher Wunsch als Wirklichkeit sind. Sie sind heuristisch wertvoll, aber auch nur das. Sie lassen sich unter den Schlagworten "Fachkompetenz", "Problemlösungskompetenz", "Managementkompetenz", "Führungskompetenz" sowie "soziale Kompetenz" grob ordnen.

Bereits im Jahre 1955 veröffentlichte Ralph Katz (S. 33 ff.) ein Modell, das den Erfolg von Managern auf die *Kombination technischer, sozialer und konzeptioneller Fähigkeiten* zurückführt. Katz hat dieses Modell 1974 (Katz 1974) modifiziert und erweitert: Die sozialen Fähigkeiten sind danach zu differenzieren, ob sie *innerhalb* einer Gruppe oder *zwischen* Gruppen einzusetzen sind. Das 1977 von Stickney/Johnston (1977, S. 416 ff.) auf Projektmanager übertragene Modell postuliert, daß bei höheren Rangebenen der konzeptionelle Anteil zu Lasten des technischen Anteils zunimmt, der soziale Anteil insgesamt zwar gleichbleibt, sich aber zugunsten von Inter-Gruppen-Aktivitäten verschiebt. Explizit enthält dieses Modell keine Hypothesen zum Erfolg. Implizit erlaubt es, eine Fit-Beziehung zu konstruieren, wonach derjenige Projektleiter erfolgreich ist, der in seinem Fähigkeitenprofil jeweils der skizzierten Mischung entspricht.

---

[2] Litke 1995, S. 171 f.; Haberfellner 1992, Sp. 2100 f.; Jessen 1992, S. 181; Wermter 1992, S. 160 f.; Vetter, Wiesenbauer 1992, S. 44 ff.; Bentley 1992, S. 20; Hamburger 1990a,b, S. 43 ff., S. 11 ff; Reschke, Schelle 1989, S. 338 f.; Bloom 1989, S. 77 ff.; Hofstetter 1989, S. 73 f.; Strobel 1989, S. 131 ff.; Klimstra, Potts 1988, S. 30; Lange 1987, S. 437; Einsiedel 1987, S. 53 f.; Hansel, Lomnitz 1987, S. 211 ff.; Roman 1986, S. 436; Brandenberger, Ruosch 1985, S. 64; Andersson 1984, S. 88; Stroope, Jenes 1984, S. 87 ff.; Kerzner 1982, S. 207; Kerzner 1979, S. 171 ff.; Sharad 1979, S. 422; Stuckenbruck 1976, S. 41 ff.; Martin 1976, S. 33 ff.; Archibald 1976, S. 55; Henderson 1972, S. 11 ff.; Fronz 1972, S. 177;Gaddis 1957, S. 89 ff.

Die empirische Untersuchung von Friedman, Fleishman und Fletcher (1992, S. 211 ff.) aus dem Jahre 1992 stellte nun die Bedeutung der technischen Fähigkeiten radikal in Frage. Nach ihren Befunden sind die drei Hauptaktivitäten eher im Management-Bereich zu suchen. Sie betonen die Bedeutung von Projektmanagement, Mitarbeiterführung und strategischer Planung. In bewußter Vereinfachung: *Sind Techniker überhaupt geeignete Projektleiter?* Verlangt das Management nicht vor allem konzeptionelle, organisatorische und soziale Fähigkeiten?

	Mittel wert	Standard-abweichung	Variations-koeffizient
Entwicklungserfahrung	20.8	13.8	66
Systematisch-analytisches Denken	18.4	10.9	59
Planungs- und Organisationsfähigkeit	24.7	16.5	66
Motivationsfähigkeit	17.6	14.6	82
Kreativität	18.5	13.5	72

Tab. 1: Bedeutungsgewichte der Fähigkeiten in Prozent

Unsere Erhebung erbrachte als Conjoint-Analyse die in Tab. 1 wiedergegebenen Bedeutungsgewichte der Fähigkeiten in Prozent. Es ist bemerkenswert, daß die *Planungs- und Organisationsfähigkeit mit 24,7 % deutlich an der Spitze* steht. Auffällig ist des weiteren, daß *sich die übrigen* Eigenschaften hinsichtlich ihrer Bedeutungsgewichte *kaum unterscheiden*. Die von Katz aufgeworfene und von Friedman et al. bereits beantwortete Frage findet auch hier eine eindeutige Bestätigung: *Technische Kompetenz findet sich nur in zwei der fünf Eigenschaften*, und dann auch in einer jeweils spezifischen Verbindung: Sie ist zum einen in der Entwicklungserfahrung enthalten, d.h., es ist nicht allein die technische Kompetenz, sondern die in wiederholter Anwendung offensichtlich erfolgreich praktizierte Kompetenz. Sie findet sich zum zweiten in der Eigenschaft "Kreativität", hier interessanterweise mit dem zusätzlichen Attribut, nicht als einmal erworbene und gleichmäßig praktizierte Kompetenz gefragt zu sein, sondern als solche, die sich selbst in Frage stellen kann und über den gegebenen Stand des Wissens hinausführt: *technische Kompetenz - offensichtlich nur erfolgreich in der Dialektik von Erfahrung und Erneuerung.*

2.3 Der reale Projektleiter

2.31 Fähigkeiten

Diese Wunschkataloge lassen sich in den betrachteten Unternehmen nicht oder nur eingeschränkt realisieren. In den betrachteten Unternehmen stehen im Schnitt nur zwei bis drei Mitarbeiter für die Leitung des Projektes zur Verfügung. Gleichzeitig geben 40 % der Befragten an, daß die Qualifikation der Mitarbeiter ein Problem darstellt. In 66 % der Fälle wird sogar von personellen Engpässen bei der Auswahl von Projektleitern gesprochen. Damit stellt sich die *Frage, inwieweit die Wirklichkeit von den Wunschvorstellungen abweicht.*

Zur Klärung dieser Frage wurde auf der Basis von 42 Eingangsitems eine *mehrstufige Faktorenanalyse* durchgeführt. Aus den verbleibenden 24 Variablen der ersten Sektion werden sieben Faktoren extrahiert. Tab. 2 zeigt die rotierte Faktorladungsmatrix und die statistischen Bewertungen. Die sieben Faktoren werden in folgender Weise interpretiert:

Faktor 1: *Interaktionsvermögen*

Dieser Faktor beschreibt vor allem die Fähigkeiten des Projektleiters, die in der täglichen Zusammenarbeit mit seinen Teammitgliedern Bedeutung erlangen. Hinzu kommen Fähigkeiten, die zu einer reibungslosen Abwicklung des Projektes führen und so das Zusammenspiel des Projektes mit anderen Unternehmensaktivitäten erleichtern.

Faktor 2: *Erfahrung*

In diesen Faktor sind insbesondere Arbeitserfahrungen, Kenntnisse der Ablauforganisation sowie Erfahrung in Projekten, namentlich in der Forschung und Entwicklung, einbezogen worden.

Faktor 3: *Problemlösungskapazität*

Problemlösungskapazität drückt sich in der Fähigkeit zu ganzheitlich vernetztem Denken aus. Auch das Beurteilungsvermögen und die Entscheidungsfähigkeit laden hoch auf diesen Faktor.

Variable	Faktor 1	Faktor 2	Faktor 3	Faktor 4	Faktor 5	Faktor 6	Faktor 7	Komm.
Kritikfähigkeit	0.76	-0.11	0.13	0.33		0.21	0.22	0.81
Fähigkeit d. Zeitmanagem.	0.76	-0.20	0.12		0.33			0.74
Delegationsvermögen	0.75	0.14	0.16		0.17	0.31		0.69
Konfliktfähigkeit	0.70		0.18	0.23	0.26		0.23	0.80
Arbeitsjahre in der Branche	-0.13	0.88		0.17				0.67
Kenntnis d. Ablaufstruktur		0.76		0.18		0.24		0.56
Projekterfahrg. als P.-leiter	0.15	0.66	0.24		0.20			0.55
Erfahrung in F&E		0.61				0.14	0.38	0.76
ganzheitl.-vern. Denken			0.83		0.14		0.20	0.82
Beurteilungsvermögen	0.29	0.15	0.81			0.20	-0.15	0.62
Entscheidungsfähigkeit	0.29	0.33	0.58	0.38	0.25	-0.31	0.17	0.71
zeigt Kreativität		0.21		0.82		0.14		0.68
entwickelt Initiative	0.19	0.17	0.14	0.73	0.24	0.18	-0.11	0.71
Durchsetzungsvermögen	0.46	0.34	0.25	0.56	-0.27		0.29	0.64
Fähigk. d. Kostenmanagem.	0.19		0.32	0.43	0.22	-0.15		0.70
ist bereit zu lernen	0.27		0.18	0.12	0.73	0.19		0.70
Planungs-u. Org.vermögen	0.53	0.15		-0.17	0.68			0.77
mitarbeiteror.Teamführung	0.22		0.37	0.20	0.49	0.49		0.85
Einfühlungsvermögen		0.20	0.16	0.28	0.46	0.29	0.43	0.81
Kooperationsvermögen	0.20	0.23			0.13	0.79	0.19	0.81
Motivationsfähigkeit	0.20	0.12	0.23	0.34	0.22	0.58	-0.26	0.76
kann sich verst. ausdrücken	0.38	0.32	0.33		-0.19	0.55	0.34	0.48
kann aktiv zuhören	0.41	0.34		0.13	0.12		0.62	0.78
systemat.-analyt. Denken			0.50	0.15			0.57	0.84
erklärte Varianz	32.5	11.8	7.0	5.9	5.4	4.7	4.5	
Cronbach's Alpha	0.85	0.72	0.80	0.78	0.73	0.75	0.57	

Die in die Faktorenanalyse eingehenden Fähigkeitsvariablen sind durch ein einheitliches Skalenniveau gekennzeichnet und können so direkt in die Faktorenanalyse einbezogen werden. Im ersten Analyseschritt werden alle Fähigkeitsvariablen einbezogen. Es zeigen sich anhand der MSA-Werte erste Hinweise auf Variablen, die aufgrund von geringen Korrelationen nicht durch Faktoren repräsentierbar sind. In mehreren aufeinander folgenden Schritten werden diese Variablen von der Analyse ausgeschlossen. Mit der sich für die verbleibenden 24 Variablen ergebenden Korrelationsmatrix wird die Extraktion linear unabhängiger Faktoren unter Anwendung der Hauptkomponentenmethode durchgeführt. Der Barlett Test of Sphericity (vgl. Brosius 1989, S. 143 f.) weist einen hochsignifikanten ($p < 0{,}000$) Wert von 588,4 für die Korrelationsmatrix auf, so daß eine Faktorenanalyse grundsätzlich sinnvoll ist. Der sich ergebende KMO-Wert von 0,75 zeigt, daß die Variablenauswahl für eine Faktorenanalyse geeignet ist. Die MSA-Werte liegen zu 79,2% über der 0,70 Grenze, die restlichen 20,8% der MSA-Werte schwanken zwischen 0,51 und 0,70 und bestätigen so die Variablenauswahl für die Faktorenanalyse. Die Zahl der extrahierten Faktoren bestimmt sich nach dem Kaiser-Gutman Kriterium. Es werden sieben Faktoren extrahiert, der achte Faktor besitzt einen Eigenwert kleiner als eins und weist gleichzeitig nur einen Varianzerklärungsanteil von 4,1% auf. Er wird daher nicht extrahiert. Cronbach's Alpha erreicht bezüglich der gebildeten Faktoren Werte von 0,57 bis 0,85.

Tab. 2: Rotierte Faktorladungsmatrix

Faktor 4: *Konstruktive Kreativität*

Dieser Faktor wird durch die Variablen gebildet, die zum einen einen kreativen Projektleiter beschreiben. Zum anderen sind in diesem Faktor die Variablen zusammengefaßt, die mit der Einbringung und Durchsetzung der kreativen Idee verknüpft sind.

Faktor 5: *Organisationsvermögen*

Dieser Faktor charakterisiert Fähigkeiten im organisatorischen Bereich. Die Bereitschaft zum Lernen weist überdies darauf hin, daß die erworbenen Erfahrungen in die Handlungsstrategie integriert werden können. Zur Interpretation kann man auch die beiden nachfolgenden Variablen heranziehen, die darauf hinweisen, daß bei aller formalen Organisation auch die Kenntnisse und Fähigkeiten der Team-Mitglieder berücksichtigt, gefördert und eingesetzt werden.

Faktor 6: *Kooperatives Führungsvermögen*

Dieser Faktor ist vor allem durch Führungsfähigkeiten gekennzeichnet. Hinzu tritt die Kommunikationsfähigkeit. Die (schwache) negative Ladung bei der Entscheidungsfähigkeit deutet darauf hin, daß Kooperationsvermögen gelegentlich mit Entscheidungsschwäche verbunden ist.

Faktor 7: *Kommunikativ-analytische Fähigkeit*

Dieser Faktor charakterisiert Fähigkeiten zur Kommunikation und zu systematisch-analytischem Denken.

2.32 Typologie

Die Ermittlung der Faktoren liefert als solche bereits wichtige Hinweise auf die gewünschten Fähigkeiten. Wir nutzen sie hier allerdings nur als *Zwischenschritt auf dem Weg zu einer Clusteranalyse*, durch die die unterschiedlichen Typen von Projektleitern bestimmt werden sollen. In die Clusteranalyse sind 45 der 57 Untersuchungseinheiten einbezogen worden. Die F-Werte und die T-Werte der fünf Clusterlösungen finden sich in Tab. 3, zusammen mit den notwendigen statistischen Erläuterungen. Zur inhaltlichen Interpretation der einzelnen Cluster werden die T-Werte herangezogen.

F-Werte	Projektleitertyp				
Gruppierungsmerkmal	Cluster 1	Cluster 2	Cluster 3	Cluster 4	Cluster 5
Interaktionsvermögen	0.469	0.019	0.597	0.410	0.200
Erfahrung	**1.470**	0.335	0.765	0.654	0.563
Problemlösungskapazität	0.708	0.708	0.875	0.581	0.241
konstruktive Kreativität	0.133	**1.300**	0.801	0.163	0.448
Organisationsvermögen	0.858	0.426	**1.049**	0.884	0.797
kooperatives Führungsvermögen	0.164	**1.898**	**1.584**	0.576	0.569
kommunikativ-analytische Fähigkeit	0.328	**1.635**	0.615	0.406	0.551
Klassenbesetzung	9 (20%)	5 (11,1%)	9 (20%)	5 (11,1%)	17 (37,8%)
T-Werte der Projektleitertypen					
Gruppierungsmerkmal	Cluster 1	Cluster 2	Cluster 3	Cluster 4	Cluster 5
Interaktionsvermögen	1.469	-0.471	-1.057	-0.149	0.124
Erfahrung	0.234	0.919	-0.574	-1.009	0.037
Problemlösungskapazität	0.489	-0.148	0.070	1.327	-0.551
konstruktive Kreativität	0.492	0.947	0.679	-1.247	-0.622
Organisationsvermögen	0.124	-0.993	0.469	-0.081	-0.028
kooperatives Führungsvermögen	0.618	-0.008	0.399	-0.213	-0.354
kommunikativ-analytische Fähigkeit	0.329	-1.148	0.322	-0.475	-0.221

Cluster 5 und 4 können als völlig homogen bezeichnet werden. Die F-Werte sind alle kleiner als eins, d.h. die Untersuchungseinheiten in diesem Cluster besitzen eine geringere Streuung als in der Erhebungsgesamtheit. Aber auch die anderen drei Cluster können nicht als inhomogen bezeichnet werden. Von Inhomogenität wollen wir sprechen, wenn mindestens fünfzig Prozent der F-Werte eines Clusters größer als eins sind. Die Gruppe mit der größten Streuung bildet das Cluster 2. Es ist aber neben Cluster 4 auch gleichzeitig das mit den wenigsten Untersuchungseinheiten besetzte Cluster und beeinflußt so die Güte der gesamten Clusterlösung nicht sehr stark.

Tab. 3: F-Werte und T-Werte der Fünf-Clusterlösung

Der interaktive Projektmanager (Cluster 1)

In dieser Gruppe sind Projektleiter zusammengefaßt, die als "Alleskönner" zu charakterisieren sind. In allen Merkmalen liegen sie über dem Durchschnitt. Sie entsprechen den in der Literatur beschriebenen Projekthelden, die in allen Bereichen herausragende Fähigkeiten zeigen. Insbesondere ist ihr Interaktionsvermögen hervorzuheben. Die interaktiven Projektmanager haben Erfahrung, hinreichende Problemlösungskapazität und verfügen über kooperatives Führungsvermögen. Leider finden sie sich nur in neun Fällen (= 20 %).

Der erfahrene Tüftler (Cluster 2)

Bei diesen Projektleitern sind die Merkmale Erfahrung und konstruktive Kreativität besonders ausgeprägt. Es handelt sich um traditionelle Ingenieure, um erfahrene Konstrukteure. Bei drei Fähigkeiten weisen diese Projektleiter deutliche Defizite auf: Ihnen mangelt es an Interaktionsvermögen, an Organisationsvermögen und an kommunikativ-analytischen Fähigkeiten. Mögen diesem Typ von Projektleitern auch weitere Mitarbeiter unterstellt sein - im Kern sind sie Einzelkämpfer. Sie treten selten auf, in fünf Fällen (11 %).

Der unerfahrene Kreative (Cluster 3)

Das herausragende Merkmal dieses Typs von Projektleiter ist seine konstruktive Kreativität, sein Organisationsvermögen, sein kooperatives Führungsvermögen und seine kommunikativ-analytischen Fähigkeiten. Er entspricht insoweit dem interaktiven Projektleiter des Typ 1. Indessen sind sein Interaktionsvermögen und seine Erfahrung als deutlich unterdurchschnittlich ausgewiesen. Eine Erklärung liefert die Kontextanalyse: Diese Projektleiter sind Quereinsteiger, sie werden in der Regel nicht aus der Forschungs- und Entwicklungsabteilung bestellt. Es ist wohl nicht völlig spekulativ, sie überdies als Querdenker zu bezeichnen. Sie treten ebenfalls in neun Fällen (20 %) auf.

Der unkreative Problemlöser (Cluster 4)

Dieser Typ ist nur durch ein positives Merkmal gekennzeichnet: Er verfügt über eine exzellente Problemlösungskapazität. Hingegen fehlt es ihm an Erfahrung und an konstruktiver Kreativität. Man ist geneigt, sich unter diesem Typ einen "Macher" vorzustellen, der in einer anderen Funktion kommandieren und durchsetzen gelernt hat, dem aber die technisch-fachlichen Qualifikationen völlig fehlen. Auch er tritt selten - in fünf Fällen (11 %) - auf.

Der unkreative, mittelmäßige Projektverwalter (Cluster 5)

Dieses Cluster ist mit 17 Untersuchungseinheiten (38 %) am stärksten besetzt. Es weist vielfach durchschnittliche Werte bei einigen auffälligen Defiziten auf. So werden ihm insbesondere bei der Problemlösungskapazität, bei der konstruktiven Kreativität und beim Organisationsvermögen unterdurchschnittliche Leistungen bescheinigt. Dieser Typ von Projektleiter ist fast in allen Eigenschaften das exakte Gegenteil des Clusters 1.

Analysiert man, worin die Unterschiede der genannten Projektleitertypen in der konkreten Projektarbeit liegen, zeigen sich folgende Muster:

- Der *interaktive Projektmanager* ist bereits weitgehend an der Zielformulierung seines Projektes beteiligt. Er hat umfassende Informationsrechte, aber auch Beratungspflichten. Sein Projekt genießt hohe Priorität. Die Projektkosten sind vergleichsweise hoch.

- Der *erfahrene Tüftler* leitet vor allem Projekte mit geringen Projektkosten, allerdings mit hoher Priorität. Im übrigen entziehen sich seine spezifischen Leistungen im Projekt offensichtlich unseren Fragen.

- Der *unerfahrene Kreative* leitet Projekte mit hoher Priorität und ist gleichzeitig mit ausgeprägten Informationsrechten versehen. Die Notwendigkeit, jederzeit Informationen beschaffen zu müssen, läßt sich durch seine Unerfahrenheit erklären.

- Der *unkreative Problemlöser* betreut demgegenüber tendenziell Projekte, die sich durch besonders hohe Projektkosten auszeichnen. Dagegen sind seine Informationsrechte im Vergleich zu anderen Projektleitertypen geringer. Ähnlich verhält es sich mit seiner Beratungsfunktion. Seine Aufgaben in dem Projekt liegen schwerpunktmäßig nicht auf der fachlichen Ebene. Die Priorität seiner Projekte ist eher niedriger eingestuft. Seine Beteiligung an der Zielformulierung ist geringer.

- Der *unkreative, mittelmäßige Projektverwalter* leitet Projekte mit niedriger Priorität. Er hat kaum Möglichkeiten, an der Formulierung des Projektziels mitzuwirken.

Die Clusterlösung wurde auf ihre *Stabilität gegenüber Rahmendaten* getestet. Sie ist nach diesen Tests unabhängig von der absoluten Größe des F&E-Bereichs, von der relativen Größe des F&E-Budgets, von der verfolgten F&E-Strategie, von der technologischen Dynamik sowie schließlich vom Konkurrenzdruck. Es gehen also keine Störungen von dieser Unternehmensumwelt auf die von uns ermittelten Beziehungen aus.

2.4 Zum Erfolg der unterschiedlichen Typen von Projektleitern

Die Erfolgsmessung wurde auf zwei Siebener-Skalen operationalisiert: zum einen als *Erfolg des Projektleiters*, zum anderen als *Erfolg des Projektes*. In der Regel fallen die Beurteilungen zusammen. Die Erfolgsmessung berücksichtigt in erster Linie den technischen Erfolg des Projektes. Da aber alle Produkte bereits auf dem Markt sind, teilweise bereits bis zu drei Jahren, fließt in dieses Urteil auch eine Bewertung des wirtschaftlichen Erfolges ein. Tab. 4 zeigt die Ausprägungen der Erfolgsvariablen für jeden Projektleitertyp.

Projektleitertypen	Projektleitererfolg		Projekterfolg	
	MW	Stdaw	MW	Stdaw
interaktiver Projektleiter	5.8**	2.0	5.6**	1.0
erfahrener Tüftler	5.0	0.7	4.8	0.4
unerfahrener Kreativer	5.4**	1.0	4.7	1.1
unkreativer Problemlöser	4.8	1.5	3.8*	0.8
unkreativer, mittelmäßiger Projektverwalter	4.5*	0.0	4.5*	1.1
"** versus *" signifikant $p < 0.05$				

Tab. 4: Typen von Projektleitern und Erfolg

- Ganz eindeutig ist der *interaktive Projektleiter* der erfolgreichste Typ. Die ihm bei Betrachtung der Fähigkeiten zugeschriebene Überdurchschnittlichkeit findet sich nun auch in der Beurteilung seiner Arbeitsergebnisse. Er ist vom Input und vom Output her der ideale Projektleiter.

- Dem *erfahrenen Tüftler* werden immerhin noch recht ordentliche Leistungen mit Blick auf den Projekterfolg testiert. Auch bei seinem persönlichen Erfolg fällt er nicht völlig ab. Die Tugenden eines guten Ingenieurs erweisen sich nach allem auch für die Projekttätigkeit als nicht unerheblich.

- Der *unerfahrene Kreative* kann hohe persönliche Erfolge einheimsen, die Beurteilung seines Projekterfolges fällt demgegenüber etwas schwächer aus. Gleichwohl ist die Einschätzung wohl berechtigt, daß er in seinen Leistungen dem traditionellen Ingenieur weitgehend entspricht. Man beachte, daß beiden Typen Kreativität zuerkannt ist. Diese ist für das Projektmanagement immer noch von hoher Bedeutung.

- Das zeigt sich um so deutlicher, wenn man die beiden als unterdurchschnittlich beurteilten Typen betrachtet, den *unkreativen, mittelmäßigen Projektverwalter* und den *unkreativen Problemlöser*, den Macher. Die Befunde sind indessen zu relativieren: Die Mittelwerte auch dieser unterdurchschnittlich erfolgreichen Projektleitertypen liegen auf der Siebener-Skala noch relativ hoch, das ist auch kein Wunder, denn die Projekte wurden insgesamt ja erfolgreich abgeschlossen und erlangten sogar den begehrten Design-Preis.

3. Das Promotoren-Modell im Lichte der Befunde zum Projektmanagement

Die vorgelegten Befunde wurden in der Befragung von Vorgesetzten der Projektleiter ermittelt. Durch diese Testanordnung wird die explizite Untersuchung der Machtpromotoren im Projektmanagement ausgeschlossen. Wir können streng genommen nur zu den Prozeß- und Fachpromotoren im Projektmanagement Stellung nehmen. Immerhin gab es einen deutlichen *Hinweis auf die Wirksamkeit von Machtpromotoren*: In den Fällen, in denen den Projekten nur eine "geringe Priorität" eingeräumt wurde, waren die jeweiligen Projektleiter weniger erfolgreich. Das Wirken der Machtpromotoren im Hintergrund bezieht sich vornehmlich auf das Setzen von Prioritäten.

Nun zu den übrigen Promotoren: In einer Meta-Analyse der seinerzeit vorliegenden empirischen Studien zur Arbeitsteilung im Innovationsmanagement haben Hauschildt/Chakrabarti im Jahre 1988 dem *Prozeßpromotor* folgende Eigenschaften zugeschrieben:

> "Der Prozeßpromotor verknüpft. Er hat Organisationskenntnis. Er weiß, wer von der Innovation betroffen sein könnte. Er stellt die Verbindung zwischen dem Fachpromotor und dem Machtpromotor her. Er ist in der Lage, die Sprache der innovativen Technik in die Sprache zu übersetzen, die traditionell in der Unternehmung gesprochen und verstanden wird. Er wirbt für das Neue. Er kann aus der Idee einen Aktionsplan entwickeln. Er hat diplomatisches Geschick und weiß, wie man unterschiedliche Menschen individuell anspricht und gewinnt. (S. 384)
>
> Der Prozeßpromotor ist der Steuermann des Prozesses ... Er muß insoweit hinreichend sachverständig sein und zugleich die wichtigsten ökonomischen und sozialen Implikationen für die Unternehmung übersehen. Dazu benötigt er einen nicht unerheblichen Informationsstand über Ziele und langfristige Strategien, ohne diese selbst formal mitzubestimmen. ... Er bestimmt die Ablauforganisation des Entscheidungsprozesses, d.h. die Zerlegung des Gesamtproblems in einzelne Teilentscheidungen, die Festlegung der Reihenfolge ihrer Bearbeitung. Er setzt Fristen und Termine. ..." (S. 385)

Die vorliegenden Befunde sprechen die gleichen Eigenschaften dem erfolgreichen Typus eines Projektmanagers zu, den wir hier "interaktiven Projektleiter" genannt haben. *Dieser interaktive Projektleiter ist der ideale Prozeßpromotor.* Die genannten Eigenschaften sind offenbar notwendige Erfolgsbedingungen. Die Befunde zeigen aber auch, daß damit nicht alle hinreichenden Bedingungen genannt sind: Das Promotoren-Modell konzentriert sich einseitig auf das Zusammenspiel von Macht-, Prozeß- und Fachpromotor und hat übersehen, daß die Innovationsprojekte in der Regel eine größere Zahl weiterer Mitarbeiter umfassen. Die hier präsentierten Befunde zeigen den Prozeßpromotor/interaktiven Projektleiter überdies in seiner Führungsfunktion und lassen damit zusätzliche Fähigkeiten zur Motivation des Projektteams deutlich werden.

Im ursprünglichen Konzept Wittes enthielt das Promotoren-Modell lediglich zwei Promotoren, den Macht- und den Fachpromotor. Die vorliegenden Befunde zeigen den *"erfahrenen Tüftler"* ebenfalls als einen *respektablen Fachpromotor*, dem die Leitung eines Innovationsprojektes mit überdurchschnittlichen Erfolgserwartungen übertragen werden kann.

> "Das Schwergewicht seiner Beiträge liegt darin, die technischen Aspekte in die eigentliche Problemlösung, in die Informationssuche und -verarbeitung, in die Alternativenbestimmung, Lagebestimmung und Evaluation einzubringen." (Hauschildt/Chakrabarti 1988, S. 385)

Die starke Fachorientierung des "erfahrenen Tüftlers" kann aber die fehlende soziale Kompetenz nicht überkompensieren. Für die Aufgabe der Projektleitung ist er *nur die zweitbeste Lösung.*

Die übrigen drei Typen von Projektleitern lassen sich dem Promotoren-Modell nur mit Schwierigkeiten zuordnen:

- Der "unerfahrene Kreative" ist in der Lage, seine Defizite an Erfahrung und Interaktionsvermögen durch Kreativität, Organisationstalent und kooperative Führung teilweise zu kompensieren. Insoweit entspricht er noch am ehesten dem interaktiven Projektleiter. Seine Kreativität verweist ihn allerdings in die Nähe des Fachpromotors.

- Ist der "unkreative Problemlöser" mit seinen generalstabsmäßigen Talenten vielleicht ein Machtpromotor ohne rechte Machtbasis?

- Man wird wohl Zustimmung finden, wenn man den "mittelmäßigen, unkreativen Projektverwaltern" den Rang von Promotoren im Sinne des Wortes versagt. Es fehlt ihnen an Enthusiasmus, Kreativität und Führungsqualitäten. Sie sind nicht die "Personen, die einen Innovationsprozeß aktiv und intensiv fördern"(Witte 1973, S. 15 f.). In ihrer Charakterisierung als "Verwalter" beziehen wir uns bewußt auf die Formulierung Wittes: "Promotoren sind ... keine Verwalter, die pflichtgemäß und verordnungsgetreu ein vorgeschriebenes Stellenbild ausfüllen" (Witte 1973, S. 16).

Aber wir müssen redlicherweise feststellen, daß selbst die Nicht-Promotoren sehr wohl in der Lage sind, Projekte der untersuchten Art mit einem deutlichen Innovationsauftrag zum technisch erfolgreichen Ende zu führen. Wir müssen konstatieren, daß sie ganz offensichtlich häufiger auftreten als die Fälle, in denen eine Projektleitung im Sinne des Promotoren-Modells praktiziert wird. Diese Feststellung soll nicht zur Resignation veranlassen. Wenn es gelingt, an die Stelle derartiger Nicht-Promotoren interaktive Projektleiter im Sinne der vorgelegten Untersuchung zu berufen, verbessern sich die Aussichten auf Steigerung von Effektivität und Effizienz des Innovationsmanagements. Hier liegt eine noch nicht aktivierte Produktivitätsreserve für das Innovationsmanagement.

Teil V

Zur Weiterentwicklung des Promotoren-Modells

Jürgen Hauschildt

Zur Weiterentwicklung des Promotoren-Modells

Zur Weiterentwicklung des Promotoren-Modells

Jürgen Hauschildt

> *Das Wesen der Geschichte ist die Wandlung.*
>
> *Jacob Burckhardt*

1. Hat „das" Promotoren-Modell noch Zukunft?

Vor 25 Jahren veröffentlichte Witte seine Forschungsergebnisse zum Promotoren-Modell. Die in dieser Schrift zusammengestellten Folgestudien zeigen, wie fruchtbar dieses Konzept in inhaltlicher und methodischer Hinsicht war. Diese Folgestudien liefern zugleich Bestätigungen, Ergänzungen und Korrekturen des ursprünglichen Ansatzes. Das Promotoren-Modell ist seither unzählige Male zitiert worden. Die Begriffe „Fachpromotor" und „Machtpromotor" sind selbstverständliche Bestandteile der Fachsprache in Wissenschaft und Praxis. *Ganz unstrittig hat das Promotoren-Modell eine große Vergangenheit, hat es aber auch noch Zukunft*?

Das ursprüngliche Promotoren-Modell und seine Erweiterungen um die Rollen von Prozeß- und Beziehungspromotoren sind keine normativen Organisationskonzepte im klassischen Sinne. Sie sind immer als theoretisch bestimmte, vielfach empirisch bestätigte Paradigmen verstanden worden, die deshalb für die Praxis so beachtlich wurden, weil der Nachweis geführt werden konnte, daß sie eine höhere Erfolgswahrscheinlichkeit haben als alternative Konzepte des Innovationsmanagements. Diese empirisch gesicherte Beziehung zum Erfolg ist die Stärke dieser Konzepte. Wie alle empirisch gesicherten Aussagen müssen sich aber auch die Befunde zu den Promotoren die Frage gefallen lassen, ob die ursprünglichen Modellprämissen und Rahmendaten weiterhin uneingeschränkt gültig sind.

Damit ist zu fragen,

- ob sich die mit Promotoren-Konzepten zu lösende Managementaufgabe, nämlich das Durchsetzen einer Innovation, geändert hat, und
- ob die äußeren Umstände, unter denen sich diese Managementaufgabe stellte, gleichgeblieben sind.

Zu fragen ist nach den impliziten und expliziten Annahmen, die dem Promotoren-Modell zugrunde liegen. Sollte sich bei ihnen ein gravierender Wandel zeigen, ist zu prüfen,

- ob die Promotoren-Modelle damit grundsätzlich fragwürdig geworden sind oder
- ob sie andersartig oder völlig neuartig zu konzipieren sind.

Auf jeden Fall ergibt sich eine Fülle von Fragen, die wir als *Anregung für weitere Forschung* zu begreifen und aufzugreifen haben.

Ungeachtet dieses historischen Bezugs auf das Innovationsmanagement könnte man noch weiter ausgreifend fragen, ob sich ein Promotoren-Modell auch für die Organisation anderer komplexer Managementaufgaben eignet, etwa für Desinvestitionen, Akquisitionen, Krisenmanagement.

2. Implizite Annahmen und Ausgangssituation des Promotoren-Modells

2.1 Zum Gegenstand: Der einzelne Innovationsprozeß im Unternehmen

Aufgabe der Promotoren ist es, in spezifischer Arbeitsteilung eine *Innovation* durchzusetzen.

Schon die Antwort auf die Frage, wie eine solche Innovation zu bestimmen ist, fällt schwer. Zwar wird man sich einigen, Produkt-, Prozeß-, Struktur-, Sozial-, Vertragsinnovationen etc. zu unterscheiden, obwohl wir zunehmend zur Erkenntnis gelangen, daß viele Innovationen nicht nur in eine dieser Klassen, sondern gleichzeitig in mehrere einzuordnen sind. Wichtiger ist die Einsicht, daß die

Innovationsprozesse sich offenbar wesentlich in ihren Abläufen unterscheiden, je nachdem, ob es sich um eher technisch bestimmte Innovationen handelt oder um administrative oder soziale Innovationen (Kimberly/Evanisko 1981, S. 689 ff; Gopalakrishnan/Damanpour 1994, S. 110).

Das ursprüngliche Promotoren-Modell wurde am Beispiel der Erstbeschaffung von Computern in Deutschland entwickelt. Es bezieht sich auf das Innovationsmanagement des präsumtiven EDV-Verwenders. Zwar wissen wir heute, daß damit die wohl bedeutendste Innovation dieses Jahrhunderts untersucht wurde, aber es handelte sich nicht um den Innovationsfall, den die Literatur üblicherweise vor Augen hat. Denn es ging um eine technologisch getriebene, zugleich administrativ-organisatorische Prozeßinnovation. Eine wirkliche Innovation war die EDV-Beschaffung nur aus der Perspektive des Verwenders, dem EDV-Hersteller war die Innovationsproblematik erheblich besser vertraut.

Auf jeden Fall hat dieses Erfahrungsobjekt die Sichtweise stark vorgeprägt, in der in den Folgestudien das Innovationsproblem gesehen wurde: *Es wurden jeweils einzelne, zeitlich befristete, in ihrem Anfang und ihrem Ende bestimmte, durch abgrenzbare Objekte isolierbare Prozesse betrachtet.* Diese Festlegung hatte erhebliche Konsequenzen. Denn es wurde abgeblendet

- von der *Aufeinanderfolge* mehrerer Innovationsprozesse mit *unterschiedlichen* Objekten, hingegen hatte sich die Untersuchung Grüns (1973) auf die Folge von *ähnlichen* Objekten bezogen,
- von der *Parallelität* und damit von der Konkurrenz mehrerer Innovationsprozesse mit unterschiedlichen Objekten,
- von der *Verzahnung* einzelner Prozesse in einem Innovationsprogramm, wie sie etwa für systematische Forschung und Entwicklung typisch ist.

Alle Fragen, die heute unter dem Stichwort „Multi-Projekt-Management" (Rickert 1995), „permanente Innovation", „Routinen für Innovation" behandelt werden und die zugleich völlig neue Probleme der personellen Konstellation aufwerfen, wurden von dem klassischen Ansatz des Promotoren-Modells nicht erfaßt. Zugleich wird deutlich, daß die scheinbare Trennung von F&E-Management und Innovationsmanagement zu überwinden ist: *Wie sieht die erfolgreiche Konstellation von Promotoren in der Welt der F&E-Laboratorien aus*?

Ein weiteres kommt hinzu: Die ursprünglich untersuchten Innovationsprozesse vollzogen sich in *klar abgegrenzten Institutionen*, in einzelnen Unternehmungen, Behörden und Verbänden. Die Beziehung zum ökonomischen Partner konnte sich bei dem Erfahrungsobjekt „Computerbeschaffung" auf den jeweiligen Hersteller (oder seine Konkurrenten) und auf selbständige Berater beschränken, in vielen Fällen ließ die Ratlosigkeit des Verwenders gar keine andere Wahl zu. Alle externen Partner standen vor dem Problem, für den individuellen EDV-Verwender eine maßgeschneiderte Anwendungslösung unter Einsatz der bereits standardisierten Hard- und Software zu entwickeln. Damit kam es zu einer ganz spezifischen Kooperationssituation, in der der EDV-Hersteller trotz seiner Unkenntnis der spezifischen Anwendungsprobleme des Kunden letztlich doch nur ein „*Lieferant*“ der ihm wohl bekannten Technologie war, *nicht aber der* gleichermaßen unerfahrene *Partner* in einem Prozeß der Entwicklung einer völlig neuen Lösung. *Das ursprüngliche Promotoren-Modell blieb damit im wesentlichen ein intra-organisationales Managementkonzept.*

2.2 Zur theoretischen Basis: Überwindung von Barrieren

Aufgabe der Promotoren ist es, in spezifischer Arbeitsteilung eine Innovation *durchzusetzen.*

Das Promotoren-Modell basierte ursprünglich vor allem auf dem Axiom, daß sich der Innovation *Widerstände* entgegenstellen, daß *Barrieren* zu überwinden sind. Aus der Art der Barrieren wurden die spezifischen Leistungsbeiträge der Promotoren abgeleitet. Das ursprüngliche Promotoren-Modell war damit im Kern ein *Konfliktbewältigungs-Modell.*

Auch diese Focussierung der Betrachtung hat Aspekte des Innovationsprozesses zurücktreten lassen, die für eine Neubestimmung der Aufgaben von Promotoren nicht unerheblich sein können:

- Die Konzentration auf den Durchsetzungsaspekt lenkt vom *Informations- und Kreativitätsaspekt* der Innovation ab. Innovationen sind ja gerade dadurch gekennzeichnet, daß Informationen völlig neu generiert oder kombiniert werden. Innovationsprozesse sind insoweit zumindest in gleichem Maße *kognitive Prozesse* wie Konfliktbewältigungsprozesse: Welche kognitiven Beiträge liefern die einzelnen Promotoren, welche erbringen sie im Team?

- Durchsetzung bezieht sich stets auf wenigstens einen Betroffenen, vielleicht auch Opponenten, der für die Innovation zu gewinnen oder zu ihr zu zwingen ist. Das Promotoren-Modell ist insoweit immer ein Konzept für eine *soziale Interaktion*. Damit wird der inter-personale Aspekt überbetont und vom *intrapersonalen* Aspekt abgeblendet: Die Innovation verlangt auch von den Promotoren jeweils eine höchst individuelle Entwicklung.

- Die Konfrontation mit den Opponenten blendet vom *Zusammenspiel der Promotoren untereinander* ab. Es ist eine der immer wieder konstatierten Feststellungen, daß das Zusammenspiel der Promotoren sich „spontan" einstellt. Es scheint, als ob der übermächtige Außendruck der Opponenten die Gruppenkohäsion der Promotoren gleichsam erzwingt. Über die Interaktion der Promotoren untereinander wissen wir entsprechend wenig.

- Die Barrierenvorstellung wurde nicht dynamisch interpretiert. Tatsächlich treten die Widerstände nicht gleichzeitig auf. Manche Barrieren bauen sich allmählich auf. Manche Opposition entzündet sich an irgendeinem singulären Ereignis. Kurz: Der Einsatz der unterschiedlichen Machtquellen der Promotoren und die Erbringung ihrer spezifischen Leistungen erfolgen *nicht gleichartig und gleichbleibend* während des gesamten Innovationsprozesses. Das Promotoren-Modell sagt wenig über die „kritischen Augenblicke", in denen das zusammengefaßte Potential aller Promotoren benötigt wird. Wir wissen auch wenig über jene Abschnitte, in denen jeder Promotor auf seine Weise und allein tätig werden muß. Und schließlich: Kann sich der jeweilige Promotor beruhigt zurücklehnen, wenn er „seine" Barriere überwunden hat? Oder ist er besser beraten, wenn er sich die Innovation als einen langen Lauf über viele Hürden vorstellt?

2.3 Zur Ausgangssituation: Persönlichkeit und hierarchische Struktur

Das Promotoren-Modell reicht in seiner Entstehung in die 60er Jahre zurück. Seinerzeit war zwar die alles dominierende Rolle „des" Unternehmers oder „des" Innovators bereits fragwürdig geworden. Man zweifelte aber nicht an der Tatsache, daß Innovationen von der Strahlungskraft einzelner Persönlichkeiten bestimmt sind. An die Stelle der starken *Individuen* trat seinerzeit die Vorstellung, daß es eine Mehrpersonen-Gruppe sei, die in Arbeitsteilung das gemeinsame Ziel realisiert. Organisatorisch gesprochen: Bei allem Respekt für die ablauforganisatorischen Aspekte des Projektmanagements stand immer noch die „*Struktur*", also das Geflecht der formalen Beziehungen, im Zentrum der Gedankenwelt.

In diesen Jahren waren Begriff und Instrumentarium des *Projektmanagements* noch weitgehend unterentwickelt. Organisation befaßte sich vor allem mit Wiederholungsvorgängen. Offenbar versprach die Strukturierung dieser Routineprozesse größere Effizienzgewinne als die bewußte Gestaltung einzelner Projekte. Auch das Promotoren-Modell blieb - als solches - Kind seiner Zeit, wenn es auf die Funktionen der Promotoren und auf ihre Beziehungen zur Aufbauorganisation Bezug nahm. Hinzu kam, daß die mit dem (aufbauorganisatorischen) Promotoren-Modell korrespondierende Prüfung eines (ablauforganisatorischen) Modells der Prozeßgliederung unbefriedigende Ergebnisse brachte (Witte 1968, S. 625 ff).

In den 60er Jahren sah man in *Konflikten* vornehmlich „negative, ja destruktive, immer jedenfalls effizienzmindernde 'Koordinationskrisen'" (Steinle 1993, Sp. 2201). Das Harmonie-Ideal der reibungslosen, kostengünstigen, sich stetig entwickelnden Betriebsabläufe dominierte. In dieser *Welt der large-scale-economy* sind Innovationen Kostentreiber, denn sie lösen Konflikte aus. Es ist nur konsequent, derartige Konflikte zu vermeiden. Und wenn sie denn unvermeidlich sind, hat man sie rigoros zu beenden. Kein Wunder, daß man in dieser Situation nach *hierarchischem Potential* ruft. Der Machtpromotor tritt nicht zuletzt deshalb so deutlich hervor, weil er diese Strategien der Konfliktregulierung durch Person und Position zu realisieren verspricht.

Und nicht zuletzt: Innovationen waren *kein gesellschaftspolitisches Problem*. Man pflegte traditionelle technologische Stärken. Man verließ sich auf das Erfindungspotential der Technischen Hochschulen und der industriellen Forschungs- und Entwicklungszentren. Man erlebte, daß die eigenen Erfindungen imitiert wurden. Man wußte das Innovationsmanagement gut aufgehoben bei den Naturwissenschaftlern und Ingenieuren. Hätte man seinerzeit nach den Attributen eines Fachpromotors gefragt, so wäre vermutlich das Bild des Dr. Ing. oder des Dr. rer. nat. mit mehrjähriger Industrieerfahrung gezeichnet worden. Für die interessierte Öffentlichkeit war Innovation kein Thema. Es war allenfalls das etwas exaltierte Unterkapitel zum Thema „Technischer Fortschritt".

3. Die Ausgangsannahmen des Promotoren-Modells im Wandel

3.1 Zum Gegenstand: Innovation als neuartige Zweck-Mittel-Kombination

Innovationen sind zum Problem geworden. Es reicht nicht mehr aus, sie nach Tatsache und Ausmaß der Neuartigkeit oder gar der Erstmaligkeit zu bestimmen. Sie sind als Prozeß bewußt und als Wahrnehmungsproblem erkannt. Und wohl die wichtigste Perspektive: Innovationen sind kein technisches oder technologisches Problem allein, sondern werden erst dadurch ökonomisch beachtlich, daß sie *neuartige Kombinationen von (technischen) Mitteln und (ökonomischen) Zwecken* bieten. Erst der erfolgreichen Verwertung von neuen Produkten im Markt oder von neuen Prozessen im Betrieb wird der Rang einer Innovation eingeräumt.

Die Innovationsvorstellung löst sich damit zunehmend von der technologischen Perspektive. Das wird am deutlichsten bei Informations- und Kommunikations(IK)-Innovationen, wie z.B. Neue Medien, Internet, Telekommunikationssnetze. Sie haben zwar eine ungeheuer komplexe technologische Basis - ihr Innovationsgehalt erwächst indessen aus den neuen Nutzungsmöglichkeiten. Kein PC-Nutzer muß - und will - ein Informatiker sein. Seine Anwendungsgebiete und die Benutzeroberfläche, nicht die technische Infrastruktur, sind für seine Einschätzung dieser Innovationen beachtlich.

Die Innovationsvorstellung löst sich vollends vom technischen Bezug im ingenieurwissenschaftlichen Sinne, wenn wir *Sozial-, Finanz-, Marketing-, Dienstleistungs-* oder *Organisationsinnovationen* betrachten. Damit ist zugleich zu vermuten, daß die Zahl der Projekte, denen das Attribut „innovativ" verliehen wird, pro Unternehmung zugenommen hat. Wenn überdies die enge Vorstellungswelt der traditionellen Betriebswirtschaftslehre verlassen wird, gilt die Aufmerksamkeit gleichermaßen Schulinnovationen, Innovationen des Gesundheitssystems, ökologischen Innovationen, militärischen Innovationen etc. Entscheidungsträger, die sich innerhalb der Unternehmung vielleicht noch von Innovationen abschotten können, werden spätestens in ihrem *außerbetrieblichen Lebensbereich* von Innovationen erfaßt.

Innovation wird damit unter vielfachen Bezügen eine dauerhafte, nachhaltige, vielfach an wechselnden Objekten vollzogene *Aufgabe* in unterschiedlichen Systemkonstellationen. Innovationsprozesse folgen aufeinander, laufen parallel, stören sich, befruchten sich, werden von konkurrierenden Innovationen überholt und sind Kristallisationskerne für neue Partnerschaften. Das Management des *einzelnen* Innovationsprozesses ist nur ein kleiner Ausschnitt, gleichsam die „Monade" des Innovationsgeschehens.

Die traditionelle technologische Orientierung bot einen ungeheuren Vorteil: Sie erlaubte es, das Innovationsproblem durch ihr technisches Objekt recht gut zu isolieren, zu benennen, zu befristen, zu planen, zu kalkulieren, zu steuern, zu kontrollieren - also das *Denkschema des Projektmanagements* anzuwenden. Dem entspricht, daß Promotoren sich „ihrer" Innovation verpflichtet fühlen oder ihr zugeordnet werden. Kann diese Einstellung oder Vorstellung aufrecht erhalten werden, wenn die technologische Orientierung fragwürdig wird und zudem ein „Multi-Innovationsmanagement" an die Stelle des „Einzel-Innovationsmanagements" tritt?

3.2 Zu den Rahmendaten: Wandel der Organisationsrealität

Der Wandel der theoretischen Basis ist ohne Blick auf den Wandel der Rahmendaten nicht erklärbar. *Die Organisationsrealität der 90er Jahre unterscheidet sich in dramatischer Weise von der der vorangegangenen Jahrzehnte*. Die wohlgeordnete Welt der sogenannten „mechanistischen" Organisation ist für Wissenschaft und Praxis fragwürdig geworden. Der Wandel zeigt folgende Schwerpunkte:

Die *Teile der Organisation sind selbständiger* geworden: Viele Geschäftseinheiten innerhalb der Unternehmen werden heute als profit center geführt und verstehen sich damit als quasi unabhängige Leistungsanbieter, die ihre eigenen Gewinn- und Verlustrechnungen erstellen und ihre Mitarbeiter durch individuelle Anreize motivieren. Beim Outsourcing von Randkompetenzen auf selbständige, aber eng verbundene Partnerfirmen wurde die bürokratische Steuerung über Hierarchie und Anweisung durch marktwirtschaftliche Steuerung über Preise und Verhandlungen ersetzt. Die Globalisierung der Unternehmenstätigkeit verlangt Selbststeuerung der regional entfernten Einheiten.

Diese organisatorischen Entwicklungen haben *neue Koordinationsbedürfnisse* bewußt werden lassen. Neben die klassische Koordination durch den gemeinsamen Vorgesetzten tritt ein *Schnittstellen-Management*, durch das die kooperierenden betrieblichen Teilbereiche auch dann koordiniert werden, wenn sie keinen gemeinsamen Vorgesetzten haben (Brockhoff/Hauschildt 1993, S. 396 ff.). Das Aufkommen dieses Schnittstellen-Managements hat neue Techniken der Konfliktregulierung bewußt werden lassen. Die Mitglieder von Unternehmen kennen das Instrumentarium eines rationalen Konfliktmanagements. Der Umgang mit Konflikten ist unbefangener geworden.

Damit schwindet die dominante Rolle der Aufbauorganisation. An ihre Stelle tritt zunehmend das *Prozeßdenken,* das eine Unternehmung als eine Menge von systematisch zu verkettenden Prozessen begreift und weniger als eine starre Struktur von traditionellen Spezialisierungen. Dem entspricht, daß allerorts mehr Projektmanagement gefordert und realisiert wird. Die Techniken des Projektmanagements sind zudem ausgefeilter, gleichzeitig auch robuster geworden. Sie gehören zum Standardwissen einer Führungskraft. Es wird in Zukunft ganz selbstverständlich sein, daß ein Manager nur dann Karriere macht, wenn er zuvor an einem größeren Projekt erfolgreich mitgewirkt hat. Und wo die klassische Aufbauorganisation mit dem Projektmanagement zusammentrifft - vor allem in der Matrix-Projektorganisation - hat man inzwischen gelernt, mit den Problemen der Doppeltunterstellung und der geteilten Verantwortung fertig zu werden.

Die Reorganisationswelle, die unter dem Stichwort „*lean management*" die frühen 90er Jahre bestimmte, definierte Hierarchien wiederum neu: Das Stichwort „schlanke" Hierarchie steht für die Ablösung mittlerer hierarchischer Schichten, verbunden mit einer deutlichen Verjüngung der Führungskräfte. Vordergründig wird vermutet, daß damit vor allem die konservativen, innovations-aversen, am reibungslosen Gleichlauf des Betriebsgeschehens interessierten Führungskräfte die Unternehmen verlassen haben. Möglicherweise reduziert sich damit Opposition gegen Innovationen, immerhin war das aber eine Opposition, die sich auf Sachverstand gründete.

Im gleichen Zeitraum wird eine stärkere Zielorientierung auf bestimmte technisch-marktliche Segmente („*Kernkompetenzen*") zu sowie auf die monetär-ökonomische Leitmaxime des „*shareholder's value*" angestrebt. Zwar ist positiv zu registrieren, daß damit ein Gewinn an Zielklarheit verbunden ist. Aber die negativen Konsequenzen sollten nicht übersehen werden: Denn konsequenterweise wird die Kontrollintensität gesteigert und der Kontrollrhythmus verkürzt. Damit steigt die *Risikoaversion* der Führungskräfte, und zugleich verkürzen sich ihre *Zeithorizonte* drastisch. Manager stehen unter dem Eindruck, daß ihre Amtsvorgänger mit längeren Zeithorizonten und größerer Risikofreude schlechtere ökonomische Resultate vorweisen mußten und vielleicht genau deshalb entbehrlich wurden. Dies ist kein guter Boden für das Management von Innovationen.

Die Fortschritte der *Informations- und Kommunikationstechnik* haben dazu beigetragen, die Selbständigkeit der Teilbereiche und die Aktionsfähigkeit der Beteiligten enorm zu erhöhen. Man kann heute direkt miteinander kommunizieren, auf vielen Wegen und über unterschiedliche Medien. Die Bedeutung von Herrschaftswissen, das bei wenigen, an der Spitze stehenden Persönlichkeiten konzentriert ist, schwindet. Die zur Selbststeuerung der autonomen Teileinheiten oder der Projektteams notwendigen Informationen werden ganz selbstverständlich an diejenigen vermittelt, denen die Aufgabe der *Selbststeuerung* obliegt.

Die Konzentration auf *Kernkompetenzen* in einer Unternehmung hat eine weitere Folge: Die Bereitschaft zur Kooperation mit externen, wirtschaftlich selbständigen Partnern wächst. Besonders erfolgreich sind *Kooperationen* mit den Kunden und Lieferanten, also mit den „Nachbarn" in der Wertschöpfungskette. Kooperation mindert technische Risiken, reduziert Kosten und verpflichtet die Marktpartner. Sie verlangt, daß man sich sehr gewissenhaft um die Auswahl der geeigneten Partner bemüht und sodann die partnerschaftliche Zusammenarbeit bewußt fördert.

Zusammengefaßt: Die *Unternehmen sind offener, konflikttoleranter, prozeßbezogener, projektorientierter, zielklarer, risikobewußter, informationsaktiver und kooperationsbereiter geworden.* Vielfach hat sich dieser Wandel ungesteuert vollzogen, die Änderungen haben sich im Laufe der Zeit gleichsam von selbst eingestellt. Inzwischen setzt sich die Einsicht durch, daß diesem Wandel mit einem *strategischen, bewußt gestalteten Konzept* zu begegnen ist. Hier liegt der Ansatzpunkt für die Schaffung einer neuen *Organisationskultur*. Diese muß eine klare Haltung zur Innovation einschließen.

Damit läßt sich nun konstatieren, daß eine Fülle von Widerständen fortgefallen ist, gegen die sich die Promotoren zu einer Zeit noch durchsetzen mußten, als das Promotoren-Modell konzipiert wurde. Im folgenden Abschnitt zur theoretischen Basis des Promotoren-Modells in der Gegenwart sind diese ganz offensichtlichen Veränderungen der Umwelt zu berücksichtigen.

3.3 Zur theoretischen Basis

Das Promotoren-Modell kann nicht mehr ausschließlich mit dem Überwinden von Widerständen begründet werden. Innovationsprozesse sind gleichermaßen Prozesse der Sammlung und neuartigen Kombination von Informationen. Diese kognitiven Aufgaben sind gegenüber den konfliktbewältigenden Funktionen der Promotoren weniger beachtet worden. Diese Perspektive soll im folgenden vorgetragen werden. Im Anschluß daran soll dann gefragt werden, ob die Annahmen zu den Widerständen noch gelten oder ob mit dem Wandel von Gegenstand und Intensität des Widerstandes auch das Promotoren-Modell zu modifizieren ist.

3.31 Deutlichere Bestimmung der kognitiven Funktionen von Promotoren

Leitbild für die Entwicklung der kognitiven Funktionen der Promotoren ist das *Grundmodell des Entscheidungsprozesses* mit seinen Aktivitäten: Bestimmung des Problems, Zielbildung, Alternativensuche oder -generierung, Klärung der Entscheidungssituation, Prozeßsteuerung sowie schließlich der Entschluß, der als Bestimmung der zu realisierenden Alternative alle diese Vorarbeiten zusammenfaßt. Die Aktivitäten sind in hochkomplexen Regelkreisen immer wieder interdependent verflochten. Konsequenterweise ist nach dem *Tätigkeitsprofil der Promotoren* zu fragen und nicht etwa nach der Tätigkeitenfolge im Prozeß.

Innovationsmanagement ist Informationsmanagement. Allen kennzeichnete diese kognitive Funktion der Innovationsmanager plastisch mit den folgenden Worten:

> „Technology consumes information, transforms it, and produces a product in a form that can still be regarded as information bearing. The information, however, is no longer in a verbal form. Whereas science both consumes and produces information in the form of human language, engineers transform information from this verbal format to a physically encoded form. They produce physical hardware in the form of products and processes."(1985, S. 2, Erstveröffentlichung 1977).

Witte konnte bereits im COLUMBUS-Projekt dokumentieren, daß die *wichtigsten Aktivitäten der Promotoren kognitive* sind: So ragen etwa Tätigkeiten wie „Information anfordern"; „Information abgeben"; „Ist aufnehmen, erfassen, untersuchen"; „prüfen, werten, vergleichen"; „beurteilen", „vorausschauen, prognostizieren", „besichtigen" deutlich heraus und machen - je nach Zähltechnik - etwa die Hälfte aller Tätigkeiten aus. Hinzu kommt eine mit etwa einem Drittel aller Tätigkeiten auffällig hohe Anzahl von Steuerungsaktivitäten (Witte 1972, S. 137, 143 sowie Witte 1973, S. 64 ff.). Gemünden kann diesen Befund mit anspruchsvolleren Meßmethoden noch weiter konkretisieren: „Es gehört zur Rolle des Verwenders im Entscheidungsprozeß, daß er die EDV-Konfiguration *prüft, bewertet, vergleicht* und *beurteilt.*" (1981, S. 125, Hervorhebung durch Verf.) Zu ganz ähnlichen Einschätzungen kommt Pulczynski, der mit dem gleichen Erhebungsinstrument den Innovationsprozeß der großen Windenergieanlage GROWIAN untersucht hat (1991, S. 375).

Die Aktivitäten der einzelnen Promotoren sind in der jüngsten Zeit erneut von Ancona/Caldwell (1992, S. 634 ff.) untersucht worden. Zwar fragen sie nicht nach den Leistungsbeiträgen der einzelnen Mitglieder des Innovationsteams, sondern nach den tatsächlich vollzogenen Aktivitäten. Indessen bereitet es keine Schwierigkeiten, diese Aktivitäten den einzelnen Promotoren zuzuordnen. Sie bestimmen faktorenanalytisch vier charakteristische Tätigkeitsfelder (S. 640 f.):

- *„Ambassadorial activities"*: Zielbildung und Blockieren von Opposition - die typischen Aufgaben des Machtpromotors, die erste eine kognitive, die zweite eine konfliktregulierende.

- *„Task coordinator activities"*: Koordination, Verhandlung und Schnittstellen-Management - die typischen Aufgaben des Prozeßpromotors, in ihrem kognitiven Gehalt sicherlich stark mit Konfliktregulierung gemischt.

- *„Scouting activities"*: Informationsbeschaffung, Aufbau von Expertise, Lösungssuche - die typischen Aufgaben des Fachpromotors, vorwiegend kognitive Aktivitäten.

- *„Guard activities"*: Verhinderung des unerwünschten Abflusses von Ideen und Informationen, eine Aktivität, die mit der eigentlichen Problemlösung nichts zu tun hat.

Bemerkenswert ist nun die *Einsicht, daß die isolierte Wahrnehmung dieser Funktionen deutlich schlechtere Resultate zeigt als eine umfassende und gut koordinierte.* Wir interpretieren diese Befunde normativ als Aufforderung, jede einseitige Orientierung zu vermeiden und die Promotoren eben nicht isoliert, sondern integriert arbeiten zu lassen.

Die Untersuchungen von Friedman et al. (1992, S. 211 ff.) ergänzen diese Einsichten um die *hierarchische Perspektive* und schließen damit stärker den *perso-*

nalwirtschaftlichen Aspekt der Führung des Innovationsteams ein. Friedman et al. identifizieren faktorenanalytisch drei Typen von Tätigkeiten:

- *Projektmanagement*: im wesentlichen Bestimmung von Projektzielen, Prioritäten, Reihenfolgen, Terminen,

- *Personalführung*: im wesentlichen Bewertung der Leistung von Untergebenen und kritische Diskussion mit ihnen,

- *strategische Planung*: im wesentlichen Festlegung zukünftiger Projekte, Bewertung neuer Technologien, Moderation und Vorsitz in Gremien.

In dieser Untersuchung wird bewußt von technischen Problemen einzelner Forschungs- und Entwicklungsprojekte abgeblendet. Für unsere Problematik ist aber die Beobachtung wichtig, daß mit der Ranghöhe der F&E-Manager der Anteil und die Bedeutung zusätzlicher Aufgaben zunimmt, ohne daß die zuvor bestimmten Aufgaben unwichtig werden:

- Auf der untersten Ebene dominieren die Aufgaben des Projektmanagements.

- Auf der mittleren Ebene kommen die Aufgaben des Personalmanagements hinzu.

- Auf der höchsten Ebene müssen dann zusätzlich noch die strategischen Planungsaufgaben bewältigt werden.

Es kommt zwar zu einer Arbeitsteilung, aber in dem Sinne, daß *mit höherem Rang* der Zeitbedarf für die *Generalistentätigkeit zunimmt*, ohne daß aber die Spezialistenaufgaben voll delegiert werden können. Dementsprechend auch die geforderten persönlichen Eigenschaften: Für das Projektmanagement benötigt man vor allem die Beherrschung des Informationssystems, für die Personalführung zusätzliche soziale Sensibilität und für die strategische Planung überdies die Fähigkeit, in Konfliktsituationen alternative Lösungen zu finden, sie zu vermitteln und durchzusetzen.

Die kognitiven Leistungen der Promotoren scheinen uns damit hinreichend belegt. Ebenso deutlich zeigen die empirischen Befunde die hohe Bedeutung ihrer internen Koordination. Mag dies vielfach auch ein Ausdruck ihrer Konfliktregulierungsfunktion sein, eine ausschließliche Begründung für die Leistung der Promotoren liefert diese Funktion indessen nicht.

Die weitergehende Frage, ob sich diese kognitiven Aufgaben der Innovationspromotoren gegenüber den 60er Jahren *gewandelt* haben, ist mangels fundierter

Untersuchungen nicht definitiv zu beantworten. Insofern seien die folgenden Überlegungen auch eher als Fragen und weniger als Antworten zu verstehen.

Zur Frage, ob die *Bewältigung technologischer Probleme* von Innovationen heute höhere Anforderungen stellt als früher, kann sich der Betriebswirt nicht kompetent äußern. Möglicherweise ist aber die *Verfügbarkeit des Wissens* gestiegen, sicherlich wohl die *Geschwindigkeit der Informationsbeschaffung.* Das bedeutet indessen nicht, daß damit auch die Kreativität bei der Findung neuer Zweck-Mittel-Kombinationen gewachsen ist, denn diese Kreativität ist eine Funktion der freien *Informationsverarbeitungskapazität.* Wenn man unterstellt, daß mit der Wahrscheinlichkeit der Erlangung neuer Informationen auch die Wahrscheinlichkeit der Bildung neuer Kombinationen überproportional wächst, und wenn man überdies annimmt, daß diese wachsende Informationsmenge nicht zur Überlastung der menschlichen Informationsverarbeitungskapazität führt, dann darf auf eine Bedeutungssteigerung der kognitiven - technologischen - Leistung der Promotoren geschlossen werden. Betroffen wäre hiervon in erster Linie die Rolle der Fachpromotoren.

Ganz sicher ist unter der *Profilierung der Zielsetzung* in den Unternehmen das Bewußtsein gewachsen, daß der Innovationserfolg nur aus der Verwertung der neuen Produkte am Markt oder der neuen Prozesse in der Produktion erwächst. Innovationen sind keine Domäne der Ingenieure und Naturwissenschaftler mehr. Abgesehen von der damit auftretenden Konfliktproblematik fordert diese Erkenntnis aber zu einer kognitiven Bewältigung der entsprechenden Verwertungsproblematik auf. Je knapper die finanziellen Ressourcen, desto dringlicher stellt sich die vorherige Klärung dieser Problematik. Anders gesagt: Wer im Überfluß lebt, kann sich technische Steckenpferde leisten. Wer hingegen im Engpaß steht, muß die ökonomische Verwertung ständig im Auge haben. Vermutlich hat die Rationalisierungswelle der 90er Jahre in diesem Sinne die kognitiven Anforderungen der Innovationspromotoren verändert. Betroffen hiervon ist in erster Linie die Rolle der Macht- und Prozeßpromotoren.

Für den Diffusionstheoretiker Rogers (1983, S. 213) sind nicht zuletzt die „Testbarkeit“ und die „Sichtbarkeit“ neuer Produkte für ihren Erfolg am Markt ausschlaggebend. Unter diesem Aspekt haben es relativ abstrakte Produkte wie Dienstleistungen oder Software schwerer als konkrete Ge- oder Verbrauchsgüter. Je mehr der *Anteil dieser unsichtbaren Produkteigenschaften* zunimmt, desto schwieriger werden Adoption und Diffusion im Markt, oder anders: desto bedeutsamer werden kognitive Aktivitäten im Innovationsprozeß, die sich auf die potentielle Verwertung der Innovation richten.

Man kann schon nach diesen sicherlich noch weiter differenzierungsfähigen Erwägungen auf jeden Fall den Schluß wagen, daß die Bedeutung der kognitiven Funktionen des Innovationsmanagements nicht geringer geworden ist. Vermutlich haben sie an Gewicht gewonnen.

3.32 Akzentverschiebungen bei den konfliktbewältigenden Funktionen von Promotoren

Zur Beantwortung der Frage, ob die Widerstände gegen die Innovation sich gewandelt haben, greifen wir auf das in Abb. 1 dargestellte Modell zurück. Dieses Modell hat sicherlich einen technischen und ökonomischen Kern, aber auch eine Basis, die auf psychologischen Erklärungen beruht. Der Betriebswirt muß hier notgedrungen die Grenzen seines Faches überschreiten, auf die Gefahr hin, zu diesen Aspekten allenfalls Fragen vortragen zu können.

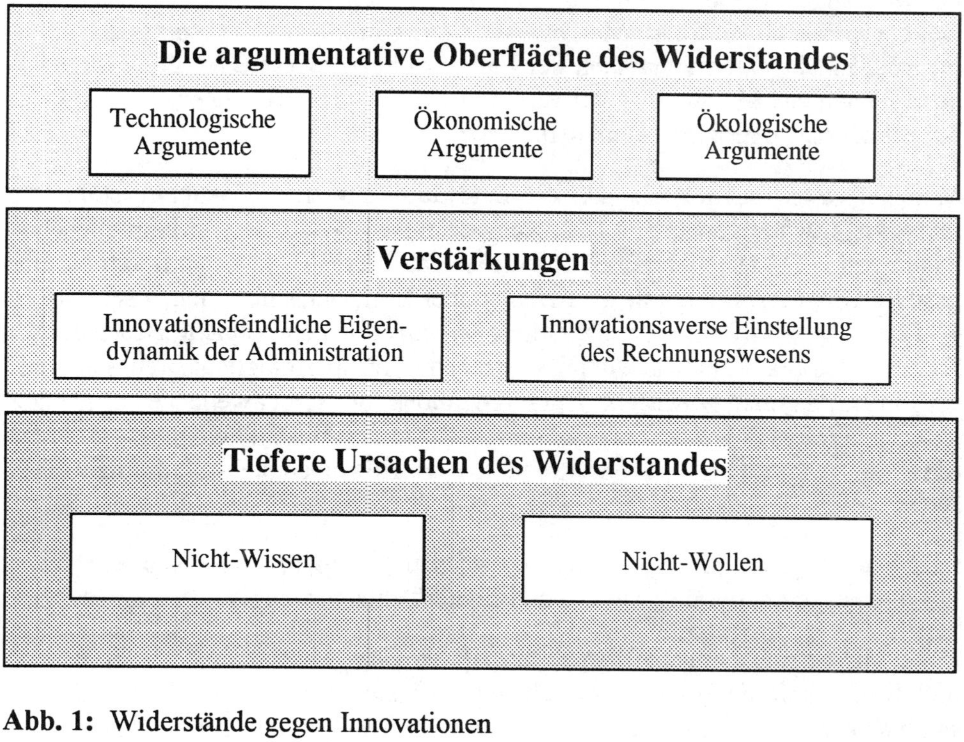

Abb. 1: Widerstände gegen Innovationen

(1) Es fehlt bisher an seriösen Untersuchungen, die sich mit dem Wandel der Argumentation gegen Innovationen befassen. Man wird wohl keinen Einwand finden, wenn man konstatiert, daß *ökologische Argumente* in Menge und auch an Qualität zugenommen haben. Technikfolgenabschätzung ist heute kein Privileg von Bürgerinitiativen oder institutionellen Umweltschützern mehr. Ein professionelles Innovationsmanagement wird diese Argumente als Herausforderung begreifen und bereits bei Planung und Konzeption des Projektes zu erfassen und zu berücksichtigen suchen (Timmis 1991, S. 145; Winnacker 1991, S. 123), wenn diese Art der Opposition nicht sogar Ausgangspunkt für weitere innovative Entwicklungen ist.

(2) *Technologische Argumente* gegen Innovationen gründen sich in erster Linie auf *Zweifel an der Funktionsfähigkeit* der neuen Produkte oder Verfahren. Es werden die versprochenen Effekte in Frage gestellt. Man äußert Bedenken gegen die Dauerhaftigkeit dieser Effekte, auch wenn sie demonstriert werden. Man ist mißtrauisch gegen die Übertragung der Ergebnisse von Versuchsanlagen auf großtechnischen Einsatz. Man fragt nach Nebeneffekten, Folgeerscheinungen und technischen Risiken.

Oft wird zudem die *technologische Unreife* des Projektes betont. Es werden dann weitere Versuche gefordert. Man möchte die Erfahrung anderer Nutzer abwarten. Es wird auf die Geschwindigkeit der Entwicklung verwiesen, bei der ein zu früher Einstieg riskant sei. Man müsse alle Irrungen und Wirrungen des Entwicklungsprozesses mittragen, wenn man sich zu früh binde.

Man bezweifelt schließlich, daß die Innovation auf eine *Umgebung* stößt, die ihren Ansprüchen genügt. Es fehle an spezialisiertem Personal, Materialien und Sachmitteln. Die Vorlieferanten seien nicht auf verläßliche Dauerlieferung eingestellt. Die Versorgung mit Ersatzteilen oder Ergänzungslieferungen seien nicht gesichert. Meßkonventionen, Klassifikationsstandards, eingespielte Beurteilungsprozesse fehlten. Handelshemmnisse drohen, Transportmöglichkeiten seien auf die Innovation nicht eingestellt. Kurz: die Innovation werde, wenn sie nur technologisch betrachtet werde, zu eng gesehen. Sie sei Bestandteil eines größeren Systems, dessen Grenzen, Strukturen und Beziehungen keinesfalls abzusehen seien.

Es ist die Eigenschaft dieser Argumente, daß sie im Prinzip einen *rationalen Diskurs* gestatten, der durch „facts and figures“ entscheidbar ist.

Es ist aus betriebswirtschaftlicher Perspektive kaum abschätzbar, ob die Menge und die Qualität dieser technologischen Zweifel sich im Laufe der letzten dreißig Jahre gewandelt haben. Aus dem Aufkommen völlig neuer Technologien kann allenfalls geschlossen werden, daß sich die Argumentationsinhalte gewandelt haben. Neue Technologien müssen sicherlich neue Fachpromotoren hervorbringen, aber deren Funktionen im Innovationsprozeß werden davon auf den ersten Blick nicht berührt. Und im übrigen ist es eine Lebenserfahrung, daß eine 100%-Lösung fast nie auf Anhieb realisierbar ist. Insofern ist der Einsatz von Fachpromotoren im Innovationsmanagement auf Dauer notwendig.

(3) Die *ökonomischen Argumente* gegen Innovationen haben indessen eine andere Qualität erhalten. Nach wie vor verweigert der Gesetzgeber den selbsterstellten, immateriellen Vermögensgütern den Ausweis in der Bilanz. Demgegenüber sind aber die finanziellen Vorleistungen für Innovationen erheblich gewachsen. Nur wo ein sachgerechtes internes Innovationsrechnungswesen existiert, kann die Argumentation der Opposition entkräftet werden, daß Innovationen „entbehrlicher Luxus", „riskanter Mitteleinsatz", „unkontrollierte Budgetverschwendung", „Investition mit unabsehbaren Folgelasten", „Zerstörung wertvoller Substanz" - kurz: „Kandidaten für den Rotstift" - seien. Über die Grundstruktur sachgerechter Innovationserfolgsrechnungen besteht indessen kein Zweifel. Sie funktionieren auch überall dort, wo neue technische Entwicklungen von rechtlich und wirtschaftlich selbständigen F&E-Zentren, von selbständigen Forschungsinstitutionen, von joint-ventures mit eigener Rechnungslegung oder von Kooperationen mit staatlicher Beteiligung erbracht werden. Und auch die Effektivität rein innerbetrieblicher Innovationserfolgsrechnungen läßt sich empirisch zeigen (Littkemann 1997): Wo Innovationen als Projekt, als Investition, als Verursacher von Erlösen und Kosten (nicht nur von Kosten) gesehen und abgerechnet werden, hat das Innovationsmanagement im Rechnungswesen auch einen wirksamen Partner gegen ökonomische Argumente des Widerstandes. Ausgefeilte Innovationserfolgsrechnungen finden sich vorzugsweise bei erfolgreichen Projekten.

(4) Auch die *innovationsfeindliche Eigendynamik der Administration* dürfte sich in dem Maße reduzieren, in dem Innovation als strategische Aufgabe gesehen wird. Die Bemühungen um eine „innovationsfördernde Unternehmenskultur", die Programme des „total quality management", der „kontinuierlichen Verbesserung", ja selbst die Zertifizierungsaktionen haben bewußt gemacht, daß Innovation ihren festen Platz im Denken und Handeln jeder Führungskraft haben muß. Hinzu kommt, daß man sich von abrupten, tiefgreifenden und radikalen Umstellungen löst und zunehmend eher gleitende, inkrementale, aber langfristig stetige Anpassungsmaßnahmen präferiert. Diese Tendenzen berühren insbesondere die Aufgaben des Macht- und des Prozeßpromotors.

(5) Ein Blick auf das Nicht-Wissen als eine der tieferen Ursachen des Widerstandes zeigt, daß fehlendes *Fachwissen* allein keine hinreichende Erklärung für Opposition ist. Die unbekannten fachlichen Wissenselemente erlangen vielmehr erst an Wert durch die *methodischen* Wissenskomponenten und das sog. „knowledge management". Das Fachwissen verlangt Systematik und Ordnung. Diese sind Voraussetzung für eine Speicherung, die schnellen Zugriff ermöglicht. Die eigentliche Innovation liegt in Verknüpfungsleistungen begründet, durch die die einzelnen Informationen über nomologische Sätze zu Wirkungsprognosen, möglichst völlig neuen, geführt werden. Und alle diese neuen Wissenselemente bleiben inaktiv, wenn sie nicht über Artikulation in sozialer Interaktion einsetzbar sind. Die Lernfähigkeit beschreibt schließlich die dynamische Perspektive als Fähigkeit des Individuums, die komplexen Prozesse zunehmend besser zu begreifen und zu trainieren.

Man wird Zustimmung finden, wenn man behauptet, daß die Zahl der fachlich relevanten Wissenselemente für abgrenzbare Disziplinen seit den 60er Jahren erheblich, vermutlich progressiv, gewachsen ist. Damit kompliziert sich das methodische Wissen über Ordnung, Speicherung, Verknüpfung dieses Fachwissens ebenfalls. Und man wird wohl auch keinen Widerspruch ernten, wenn man feststellt, daß die Innovationsaktivität der Unternehmen deutlich gestiegen ist.

Hat sich damit die Barriere des Nicht-Wissens zwingend erhöht? Das wäre vielleicht nicht der Fall, wenn die Betroffenen sich eingestehen und auch anderen offen zugeben würden, daß ihr Nicht-Wissen zugenommen hat. Leider ist aber wohl zu vermuten, daß dies unter dem harten Druck des zwischen- und innerbetrieblichen Wettbewerbs wohl kaum der Fall sein wird. Wir müssen annehmen, daß die *Widerstände gegen Innovationen wegen des Nicht-Wissens zunehmen* werden. Die diesbezügliche Annahme des Promotoren-Modells gilt also weiter. Im übrigen ist die Bedeutung von Widerstand aufgrund besonders hohen Fachwissens überhaupt noch nicht geklärt.

(6) *Nicht-Wollen* ist zwar sicherlich aus dem Unterbewußtsein gespeist, hat aber auch vielfach höchst rationale, wohlreflektierte Gründe:

Kapazitätsmängel haben viele Ausprägungen: finanzielle, personelle, zeitliche Engpässe. Innovationsprojekte stehen mit besonders schlechten Aussichten in der Warteschlange vor einem dieser Engpässe. Denn ihr hohes Risiko ist ihr größtes Handicap in der Konkurrenz mit anderen Projekten. Je größer diese *Projektkonkurrenz* um knappe Ressourcen, desto geringer ist die Wahrscheinlichkeit, daß gerade sie vorgezogen werden. Hat nun eine solche Projektkonkurrenz zugenommen? Eine gültige empirische Antwort liegt hierzu nicht vor. Sicher ist indessen, daß die Beraterliteratur zum Projektmanagement vor allem in der zweiten

Hälfte der 80er Jahre dramatisch angewachsen ist - ein Zeichen für den gestiegenen Wissensbedarf der Praxis, das wir wiederum als Zeichen für wachsende Projektkonkurrenz interpretieren.

Innovationen bedrohen Machtpositionen. Sie führen zu neuen Spezialisierungen. Sie reduzieren die Bedeutung der eigenen Position - etwa gemessen an Umsatz-, Erfolgs- oder Budgetgrößen. Sie lassen neue Formen des Schnittstellen-Managements entstehen, die die hierarchische Macht ersetzen. Sie stellen das geltende Gleichgewicht etablierter Machtstrukturen prinzipiell in Frage. Es ist nicht zu vermuten, daß dieser Antrieb zur Opposition sich geändert hat, fraglich ist indessen, ob er so zugenommen hat, daß den Promotoren zusätzliche Aufgaben erwachsen. Auf jeden Fall besteht kein Grund, von der impliziten Annahme des Promotoren-Modells abzurücken, daß Nicht-Wollen in erheblichem Maße von der Absicht getragen ist, die errungenen Machtpositionen zu erhalten.

Es ist indessen darauf hinzuweisen, daß Machtpositionen aufgrund von Innovationen auch ausgebaut und gefestigt werden können. Insofern ist die postulierte Beziehung nicht in jedem Falle zwingend.

Mit wachsendem ökologischen Bewußtsein, aber auch mit Ängsten vor den Zugriffsmöglichkeiten der modernen Medizin, mit Sorge vor der alle Aufmerksamkeit beanspruchenden Ausbreitung neuer Medien, mit der diffuseren Kritik an den Machbarkeitsüberzeugungen der Ingenieurwissenschaften haben sich *neue Werthaltungen* ausgeprägt, die Innovationen deshalb distanziert gegenüberstehen, weil sie in ihnen weniger die Chancen, eher das Risiko sehen. Innovationsmanager geraten in erhebliche Rollenkonflikte, wenn sie von ihren Kindern, von ihrem Freundeskreis, von einer kirchlichen Gruppe aufgefordert werden, die Verantwortung für ein „Restrisiko" zu übernehmen, selbst wenn dieses noch so klein ist.

Wir können hier abbrechen. Denn es scheint sicher, daß eine wesentliche Annahme des Promotoren-Modells nach wie vor gilt: *Widerstände des Nicht-Wollens gegen Innovationen.* Typisch menschliche Verhaltensweisen, wie Trägheit, Desinteresse, Attentismus, sind im übrigen ebenfalls zu nennen, wenn vom Widerstand des Nicht-Wollens die Rede ist.

4. Konsequenzen des Wandels für das Promotoren-Modell

4.1 Der Grundansatz bleibt gültig

Auf eine sehr einfache Formel gebracht: Solange Innovationen auf Widerstände stoßen, werden Persönlichkeiten benötigt, die die neuartige Zweck-Mittel-Kombination in spezifischer Arbeitsteilung durchsetzen. Soweit diese Widerstände in Nicht-Wissen begründet sind, benötigt man nach wie vor Fachpromotoren. Wenn die Widerstände auf Nicht-Wollen basieren, werden sich auch weiterhin Machtpromotoren einschalten. Und wenn die Widerstände sich daraus erklären, daß eine Innovation in großen Systemen die Mitwirkung oder Duldung vieler Beteiligter und Betroffener fordert, werden immer wieder Prozeßpromotoren im Schnittstellen-Management auftauchen. Diese *Troika-Konstellation* hat sich über die zeitliche Distanz, über die hinweg wir das Promotoren-Modell mit empirischen Befunden verfolgen können, *unbestreitbar* bewährt.

Und es besteht kein Zweifel, daß diese Voraussetzungen *auch in Zukunft* zutreffen. Innovationen werden komplexer. Sie sind kein Privileg kleiner Unternehmen (Hauschildt 1997, S. 118), sondern werden auch eine fundamentale Aufgabe für Großunternehmen. Vielleicht wird man bezweifeln, daß die Zahl der Innovationen weiter steigt. Man kann aber nicht bezweifeln, daß Innovationen jeweils höheren Kapitaleinsatz und Zeitbedarf fordern. Der Bedarf an Promotoren wird nicht sinken, er wird steigen. Wir behaupten demnach:

> *Effizienz und Effektivität von Innovationen werden wesentlich davon bestimmt, daß sich Promotoren für ihre Durchsetzung engagieren.*

Aber unsere Überlegungen haben auch erkennen lassen, daß man mit dieser robusten Vorstellung allein dem Innovationsphänomen nicht gerecht wird. Denn wenn der Widerstand sich im Zweifel *nicht gemindert* hat, hat er sich *doch geändert.* Gewachsen sind Widerstände, die auf erhöhtes Risikobewußtsein und auf verkürzte Zeithorizonte zurückzuführen sind. Eine neue Dimension haben weltanschaulich begründete Widerstände. In den 90er Jahren wuchsen Widerstände, die in Innovationen Anlässe oder Ursachen für Stellenabbau und Entlassungen sahen. Demgegenüber dürften die Widerstände, die aus einer innovations-aversen Einstellung des Rechnungswesens resultieren, allmählich zurückgeführt werden. Auch dürfte es gelungen sein, allzu innovationsfeindliche Einstellungen der auf

Routineprozesse optimierten Administration zu erkennen und abzubauen. Schon diese Einsichten fordern Modifikationen des Promotoren-Modells:

> *Effektivität und Effizienz von Innovationen werden wesentlich davon bestimmt, wie individuell sich die Promotoren auf den Wandel der Widerstände einstellen.*

4.2 Mögliche Modifikationen der Promotoren-Rollen

Die Veränderungen der konfliktbewältigenden Funktion der Promotoren fordern somit eine Flexibilisierung des Promotoren-Modells. Hinzu kommt, daß auch der Wandel der wirtschaftlichen, sozialen und politischen Umwelt sowie der Organisationsrealität nach Ergänzungen und neuen Gewichtungen des Promotoren-Modells ruft.

(1) Der Wandel des Promotoren-Modells hat zunächst zu berücksichtigen, daß die *kognitiven Aufgaben* bei der bisherigen Rollenbestimmung der Promotoren *zu kurz gekommen* sind. Es wird Zeit, daß die Aufgaben der Informationsgewinnung und der Informationsverknüpfung deutlicher bewußt werden:

- Der *Fachpromotor* ist nicht „im Besitz" des objektspezifischen Fachwissens. Er muß es erwerben, mit allen Irrungen und Wirrungen. Vermutlich kann er dabei auf fachlichem Vorwissen aufbauen, auf jeden Fall muß er Kenntnisse darüber haben, wie man dieses Vorwissen erweitert und auf die Innovation ausrichtet.

- Der *Prozeßpromotor* muß dieses Fachwissen ebenfalls in dem Umfange erwerben, wie es nötig ist, um die Betroffenen und Beteiligten zu bestimmen und für das Projekt zu gewinnen. Seine spezielle kognitive Leistung besteht darin, die Sprache der innovativen Technik in die Sprache des Anwenders zu übertragen. Er fungiert als vielfacher Dolmetscher zwischen Fach- und Machtpromotor, zwischen Technikern und Kaufleuten, zwischen Spezialisten und Generalisten, zwischen Unternehmung und ihren externen Partnern. Er muß zumindest soweit Fachmann sein, um zu wissen, welche Argumente der Opposition zu beachten sind.

- Der *Machtpromotor* kann sich ebenfalls nicht von der fachlichen Seite der Innovation abkoppeln. Er muß diese mit den übrigen strategischen Überlegungen des Top-Managements in Übereinstimmung bringen. Er darf sich bei fachlichen Einwendungen hochrangiger Opponenten nicht von vornherein als uninformiert zeigen. Er hat sich mit Beratern und anderen Diffusionsagenten auseinanderzusetzen, die den Weg über ihn in die Unternehmung suchen.

Wenn man diese Überlegungen zusammenfaßt, dann wird gefordert, daß die Promotoren sich auf jeden Fall *intensiv in die Domäne des Fachpromotors einarbeiten* müssen. Mögen ein Machtpromotor und ein Prozeßpromotor vielleicht zu Beginn des Innovationsprozesses noch ahnungslos und fasziniert vor der innovativen technischen Idee stehen, am Ende des Prozesses sind sie wissend, vielleicht desillusioniert.

Umgekehrt kann sich der *Fachpromotor* von der *Um- und Durchsetzungsproblematik* seiner Innovation nicht abkapseln. Er muß insoweit die typischen Argumente und Forderungen der Anwender aufnehmen. Er muß die charakteristischen Einwände der Opponenten - z.B. aus dem Rechnungswesen - intellektuell verstehen und berücksichtigen können. Er hat die Problemverzweigungen und ihre Präzedenzwirkung wenigstens insoweit wahrzunehmen, zu bedenken und offenzulegen, um die Verknüpfungsleistung des Prozeßpromotors zu ermöglichen und zu erleichtern. Und schließlich: Er hat die Grenzen des Einflusses des Machtpromotors zu bedenken. Hier ist gerade seine Kreativität gefordert: Auf den Fachmann blicken alle in einer Situation, in der sich gegensätzliche Forderungen blockieren. Alle hoffen, daß ihm etwas einfalle, um die widerstreitenden Interessen und Ansprüche zu einem Kompromiß zu führen.

Wir behaupten demnach:

> *Effektivität und Effizienz von Innovationen werden wesentlich davon bestimmt, wie intensiv sich Fach-, Prozeß- und Machtpromotoren in die jeweiligen Domänen ihrer Mitpromotoren lernend einarbeiten.*

(2) Für die *geänderte Organisationsrealität* schlagen Picot et al. (1996) den Begriff der „grenzenlosen Unternehmung" vor. Er kennzeichnet treffend die entscheidende Wende von der Konzentration auf innere Vorgänge der abgeschlossenen Systeme hin zur bewußten, höchst komplexen Verflechtung der Unternehmung mit ihren spezifischen Umwelten. Zugleich wird bewußt, wie diese Offenheit auf die innerbetrieblichen Strukturen und Prozesse zurückwirkt.

Erste Konsequenzen für das Promotoren-Konzept sind von Gemünden und Walter gezogen worden, wenn sie den Beziehungspromotor theoretisch bestimmen und in seiner positiven Wirkung auf den Innovationserfolg auch empirisch belegen[1]. Es bleibt aber noch offen, wie das *Verhältnis zwischen Beziehungspromotor und Prozeßpromotor* beschaffen ist. Die im innerorganisatorischen Geschehen gefragten Leistungen und Einflußquellen des Prozeßpromotors entsprechen weitgehend auch denen des Beziehungspromotors: soziale Kompetenz, Organisationskenntnis, Überwindung von Wissens- und Sprachbarrieren. Insofern ist zu vermuten, daß Prozeßpromotoren zunächst auch mit den Funktionen des Beziehungspromotors betraut werden. Eine Grenze für diese zusätzlichen Aufgaben dürfte im Zweifel durch die persönliche Leistungsfähigkeit des Prozeßpromotors gezogen werden. Möglicherweise verselbständigt sich bei der Aufeinanderfolge mehrerer Innovationsprozesse die Rolle des Beziehungspromotors, so daß er eine eigene Position in der Aufbauorganisation erlangt, wie Hauschildt/Schewe es mit Blick auf die Gatekeeper-Position vermuten[2]. Wir behaupten demnach:

> *Effektivität und Effizienz von Innovationsprozessen, die auf einer nachhaltigen Kooperation mit externen Partnern beruhen, werden wesentlich davon bestimmt, ob einer der Promotoren bewußt die Rolle eines Beziehungspromotors übernimmt.*

(3) Die vorn gekennzeichneten dramatischen Änderungen der Organisationsrealität führen letztlich zu einem prinzipiellen *Wandel der Unternehmens- und Organisationskultur*. Sie lassen das Leitbild der *„mechanistischen Organisation“* immer fragwürdiger werden. Dieses Management-System ist das einer wohlgeordneten Bürokratie. Seine wesentlichen Eigenschaften sind: klar gegliederte, wohl definierte Ziele, präzise Stellenbeschreibungen, personenunabhängige Stellenbesetzungen, Zentralisierung der Entscheidung an der Spitze der Hierarchie, vertikal verlaufende Kommunikationsbeziehungen, Orientierung am jeweiligen Vorgesetzten, Loyalität und Gehorsam. Es ist dieses die Vorstellungswelt von Organisatoren, die sich auf die effektive und effiziente Bewältigung von Wiederholungsvorgängen konzentrieren. Diesem mechanistischen System ist schon sehr früh eine *„organische“* Variante gegenübergestellt worden (Burns/Stalker 1961, S. 119 ff). Die Eigenschaften dieser Variante sind: unscharfe, nicht auf Dauer festgelegte Ziele, keine endgültige Aufgabendefinition und Stellenfixierung, Organisation „ad personam“, kein Denken in Rechten und Pflichten, sondern Denken in Problemlösungen. Kontrolle, Autorität und Kommunikation werden nicht mit Blick auf den Vorgesetzten, sondern in einem komplexen Interaktionsnetz realisiert. Der Kommunikationsfluß läuft lateral und nicht vertikal. Diese organische Unternehmenskultur entspricht in vielem dem Mikrokosmos des Pro-

---

1 Siehe die Beiträge auf den Seiten 111 bis 158 dieser Schrift.

2 Siehe den Beitrag auf den Seiten 159 bis 176 dieser Schrift.

motoren-Modells. *Über das Promotoren-Modell gelangen organische Kulturelemente in mechanistische Systeme.*

Vermutlich werden ursprünglich mechanistische Systeme damit ihre Unternehmenskultur ändern und in Richtung eines *innovationsbewußten* oder sogar *innovationsförderlichen Leitbildes* weiterentwickeln. Ziel der Umorientierung der Unternehmenskultur ist es, eine größere Offenheit für Innovationen quer durch alle Funktionsbereiche und Hierarchieebenen zu erzeugen. Man will die Tugenden einer wohlgeordneten Welt der Wiederholungsaufgaben mit den Vorzügen einer kreativen und änderungsbereiten Einstellung gegenüber den einmaligen Innovationen verbinden. In einer derartigen Kultur soll vor allem der Widerstand gegen neue Ideen, Produkte und Prozesse im Ansatz geringer sein. Damit würden sich dann auch die spezifischen Leistungen des Machtpromotors ändern. Zwar wird er nach wie vor bei der Zielbildung, bei der Bestimmung des strategischen Fit und vor allen Dingen bei der Zuweisung von Ressourcen ein gewichtiges Wort mitsprechen. Vorstellbar ist aber, daß er weit weniger damit befaßt ist, die Opposition zu blockieren und vor allem den versteckten Widerstand aufzuspüren und zu bekämpfen.

Wir behaupten demnach:

> *Effektivität und Effizienz von Promotoren werden durch eine innovationsbewußte Unternehmenskultur noch weiter gesteigert.*

4.3 Dynamisierung der Betrachtung

(1) Die empirische Forschung zu den Promotoren hat bisher vorwiegend eine *intra-prozessuale Perspektive*: Sie betrachtet einen einzelnen Prozeß aus der Rückschau und fragt, welche Leistungen von welchen Personen mit welchen Machtquellen erbracht wurden. Gestützt auf dieses Gesamtbild werden dann Existenz und Arbeitsteilung der Promotoren beurteilt. Innovationsprozesse dauern üblicherweise mehrere Jahre. Das abschließende Urteil über die Promotoren dieser Prozesse muß nun keineswegs den Promotorenkonstellationen während jedes Prozeßabschnittes entsprechen. Promotoren fallen ja nicht vom Himmel, sondern entwickeln sich allmählich in die ihnen zugeschriebenen Rollen hinein. Über diesen *Prozeß der allmählichen Übernahme der Rollen* wissen wir wenig. Unbekannt ist auch, ob dabei bestimmte Schlüsselereignisse auftreten müssen,

die die Promotoren veranlassen, die Rolle zu übernehmen. Derartige Prozesse können nach einem bottom-up- oder nach einem top-down-Modell verlaufen, keines ist zwingend: Ein Ingenieur befaßt sich mit einer Innovation, sucht und findet - mehr oder weniger zufällig - endlich einen Machtpromotor, der sich für seine Ideen interessiert und ihn fördert. Umgekehrt: ein neu berufener Top-Manager fühlt sich verpflichtet, sich von seinen Vorgängern bewußt abzuheben und fragt zielstrebig im Unternehmen danach, welche Projekte in der Vergangenheit abgelehnt oder abgebrochen wurden und wer diese Projekte fachlich betreut hat. Er sucht die Fachpromotoren. Denkbar ist auch, daß ein hochrangiges Gremium, z.B. Vorstand oder Aufsichtsrat, bei der Behandlung eines Problems den Eindruck gewinnt, daß ein anderes, vielleicht nur am Rande berührtes innovatives Problem einer gründlichen Vorbereitung bedürfe, und beauftragt den am stärksten an diesem Problem interessierten Abteilungsleiter damit, die betroffenen Bereiche zu einer koordinierten Problembehandlung zu veranlassen.

Die bisherigen Forschungen haben sich weiterhin nicht mit dem *Wechsel der Promotorenrollen* befaßt. So ist durchaus vorstellbar, daß eine Person, die in einer ersten Phase die Rolle des Machtpromotors übernimmt, in einer zweiten Phase die des Prozeßpromotors ausfüllen muß. Dies ist z.B. der Fall, wenn der Innovationsprozeß aus einer Tochtergesellschaft heraus gestartet wird und in der Muttergesellschaft fortgeführt wird. Die Machtinstrumente des Machtpromotors reichen nicht über sein eigenes System hinaus. Zum Wechsel der Rollen gehört auch die Überlegung, daß Fachpromotoren während des Innovationsprozesses so viel über die Konflikthandhabung und das Prozeßmanagement lernen, daß sie in der Lage sind, in späteren Prozeßabschnitten auch die Leistungsbeiträge von Prozeßpromotoren zu übernehmen.

Wenig ist bekannt über die *Einsatz- und Interaktionsintensität der Promotoren* während des Prozeßverlaufs. Es ist kaum vorstellbar, daß sie bei den unterschiedlichen Promotorenrollen gleich hoch sind. Vermutlich sind sie bei Erreichen wichtiger Meilensteine des Innovationsprozesses deutlich höher als in ruhigeren, kognitiven Phasen einer systematischen Informationssuche und -verarbeitung. Wenn der Machtpromotor seine Funktion in Nebentätigkeit ausübt, ist nicht auszuschließen, daß er gerade dann nicht verfügbar ist, wenn er seine Rolle wahrzunehmen hätte.

Diese fragmentarischen Überlegungen können wenigstens zu folgender Vermutung zusammengefaßt werden:

> *Effektivität und Effizienz der Innovation werden dadurch bestimmt, daß die Promotoren im Innovationsprozeß ihre Rollen frühzeitig und bewußt übernehmen.*

(2) Die Problematik der Promotorendynamik erhöht sich, wenn wir die bisherige Perspektive verlassen und nicht nur einen einzigen, sondern mehrere Innovationsprozesse betrachten. Diese *inter-prozessuale Perspektive* richtet sich zum einen auf die Folge und zum anderen auf die Parallelität von Innovationsprozessen. Die dabei auftretenden Probleme seien hier lediglich als Fragen formuliert:

- Was geschieht mit den Promotoren, wenn das Projekt beendet ist? Kann der Fachpromotor des vorangegangenen Projektes die Rolle eines Prozeßpromotors im Folgeprojekt übernehmen? Kann der Prozeßpromotor im Folgeprojekt die Rolle eines Machtpromotors ausfüllen?
- Ist der Wechsel der Rollen vom Erfolg der vorangegangenen Projekte abhängig? Wenn ja, wird die Kompetenz auf größere Projekte oder auf komplexere Projekte übertragen?
- Ist es ratsam, ein eingespieltes Team von Promotoren auch in nachfolgenden Innovationsprozessen einzusetzen, wie Balachandra et al. (1996, S. 253 f.) für F&E-Projekte in sehr hohem Ausmaß feststellen? Für den Fall, daß man sich zu Änderungen entschließt: Wer wird ersetzt, durch wen? Wie wird ein neues Mitglied in ein eingespieltes Team integriert? Besteht Gefahr, daß ein eingespieltes Team betriebsblind wird und seine Innovationsfähigkeit verliert?
- Gibt es eine Konkurrenz mehrerer, gleichzeitig ablaufender Projekte? Wie werden Verteilungskonflikte der Promotoren unterschiedlicher Projekte gelöst? Kann ein Machtpromotor mehrere, möglicherweise konkurrierende Projekte betreuen?

Hinter diesen Fragen steht eine gemeinsame Vermutung:

> *Effektivität und Effizienz von Innovationen werden von der Erfahrung der Promotoren bestimmt, die sie in anderen Innovationsprozessen, auch in einer anderen Promotorenrolle, gewonnen haben.*

Literaturverzeichnis

Adams, J. S.: The Structure and Dynamics of Behavior in Organizational Boundary Roles, in: Dunnette, M. D. (Hrsg.): Handbook of Industrial and Organizational Psychology. Chicago 1976, S. 1175 - 1199.

Albach, H./de Pay, D./Rojas, R.: Quellen, Zeiten und Kosten von Innovationen, in: Zeitschrift für Betriebswirtschaft, Jg. 61, (1991), S. 309 - 324.

Aldrich, H. E./Herker, D.: Boundary Spanning Roles and Organization Structure, in: Academy of Management Review, Vol. 2, (1977), S. 217 - 230.

Allen, T. J.: Communications in the Research and Development Laboratory, in: Technology Review, Vol. 70, (1967), S. 31 - 38.

Allen, T. J.: Communication Networks in R&D Laboratories, in: R&D Management, Vol. 1, (1970), S. 14 - 21.

Allen, T. J.: Managing the Flow of Technology: Technology Transfer and the Dissemination of Technological Information within the R&D Organization, 2. Aufl.. Cambridge Mass./London 1985.

Allen, T. J./Cohen, S. I.: Information Flow in Research and Development Laboratories, in: Administrative Science Quarterly, Vol. 14, (1969), S. 12 - 19.

Allen,T. J./Katz, R./Grady, J. J./Slavin, N.: Project Team Aging and Performance: The Roles of Project and Functional Managers, in: R&D Management, Vol. 4, (1988), S. 295 - 308.

Allen, T. J./Lee, D. M. S./Tushman, M. L.: R&D Performance as a Function of Internal Communication, Project Management and the Nature of the Work, in: IEEE-Transactions on Engineering Management, Vol. 1, (1980), S.2 - 12.

Allen, T. J./Tushman, M. L./Lee, D. M.: Technology Transfer as a Function of Position in the Spectrum from Research through Development to Technical Services, in: Academy of Management Journal, Vol. 22, (1979), S. 694 - 708.

Ancona, D. G./Caldwell, D. F.: Beyond Task and Maintenance - Defining External Functions in Groups, in: Groups and Organizations Studies, Vol. 13, (1988), S. 468 - 494.

Ancona, D. G./Caldwell, D. F.: Beyond Boundary Spanning: Managing External Dependence in Product Development Teams, in: The Journal of High Technology Management Research, Vol. 1, (1990), S. 119 - 135.

Ancona, D. G./Caldwell, D. F.: Bridging the Boundary: External Activity and Performance in Organizational Teams, in: Administrative Science Quarterly, Vol. 37, (1992), S. 634 - 665.

Anderson, E. W./Weitz, B.: Determinants of Continuity in Conventional Industrial Channel Dyads, in: Marketing Science, Vol. 8, (1989), S. 310 - 323.

Anderson, J. C./Narus, J. A.: A Model of the Distributor's Perspective of Distributor-Manufacturer Working Relationships, in: Journal of Marketing, Vol. 48, (1984), S. 62 - 74.

Anderson, J. C./Narus, J. A.: A Model of Distributor Firm and Manufacturer Firm Working Partnerships, in: Journal of Marketing, Vol. 54, (1990), S. 42 - 58.

Andersson, M.: Improving Project Management Capabilities, in: CA Magazine, Vol. 117, (1984), S. 86 - 90.

Archibald, R.: Managing High-Technology Programs and Projects. New York et al. 1976.

Ashley, D./Lurie, C./Jaselskis, E.: Determinants of Construction Project Success, in: Project Management Journal, Vol. 18, (1987), S. 69 - 79.

Baker, N./Green, S./Bean, A.: A Multivariate Analysis of Environmental, Organizational and Process Variables in the Process of Organized Technological Innovation, University of Cincinnati, College of Business Administration. Cincinnati 1984.

Balachandra, R./Brockhoff, K./Pearson, A.: R&D Projekt Termination Decisions: Processes, Communication and Personnel Changes, in: Journal of Product Innovation Management, Vol. 13, (1996), S. 245 - 256.

Balachandra, R./Raelin J.: When to kill that R&D project, in: Research Management, Vol. 4, (1984), S. 30 - 33.

Bantel, K. A./Jackson, S. E.: Top management and innovations in banking: Does the composition of the top team make a difference?, in: Strategic Management Journal, Vol. 10, (1989), S. 107 - 124.

Becker, S. W./Whisler, T. L.: The Innovative Organization. A Selective View of Current Theory and Research, in: Journal of Business, Vol. 40, (1967), S. 462 - 469.

Beise, M./Licht, G./Spielkamp, A.: Technologietransfer an kleine und mittlere Unternehmen. Baden-Baden 1995.

Bentley, T.: Project management 2: the skills needed, in: Management Accounting, Vol. 70, (1992), S. 20.

Blau, P. M.: Exchange and Power in Social Life. New York/London/Sydney 1964.

Bloom, N.: Select the right manager for success, in: Personnel Journal, Vol. 68, (1989), S. 77 - 80.

Brandenberger, J./Ruosch, E.: Projektmanagement im Bauwesen. Zürich 1985.

Brass, D. J./Burkhardt, M. E.: Potential Power and Power Use: An Investigation of Structure and Behavior, in: Academy of Management Journal, Vol. 36, (1993), S. 441 - 470.

Brentani, U. de: Success and Failure in New Industrial Services, in: Journal of Product Innovation Management, Vol. 6, (1989), S. 239 - 258.

Brockhoff, K./Hauschildt, J.: Schnittstellen-Management - Koordination ohne Hierarchie, in: Zeitschrift Führung + Organisation, Jg. 62, (1993), S. 396 - 403.

Brose, P./Corsten, H.: Interaktionstabellen - ein Ansatz zur Erhöhung der Anwendbarkeit des Promotorenmodells, in: Zeitschrift Führung + Organisation, Jg. 8, (1981), S. 447 - 452.

Brosius, G.: SPSS/PC + Advanced Statistics and Tables. Einführung und praktische Beispiele. Hamburg et al. 1989.

Burns, T./Stalker, G. M.: The Management of Innovation. London 1961.

Chakrabarti, A. K.: The Role of Champions in Product Innovation, in: California Management Review, Vol. 17, (1974), S. 58 - 62.

Chakrabarti, A. K./O'Keefe, R. D.: A Study of Key Communicators in Research and Development Laboratories, in: Groups and Organization Studies, Vol. 3, (1977), S. 336 - 346.

Clark, K. B.: Project Scope and Project Performance: The Effect of Parts Strategy and Supplier Involvement on Product Development, in: Management Science, Vol. 35, (1989), S. 1247 - 1263.

Cohn, S. F./Turyn, R. M.: The Structure of the Firm and the Adoptation of Process Innovations, in: IEEE-Transactions on Engineering Management, Vol. 27, (1980), S. 98 - 102.

Cooper, R. G.: Identifying Industrial New Product Success: Project NewProd, in: Industrial Marketing Management, Vol. 8, (1979), S. 124 - 135.

Cooper, R. G./Kleinschmidt, E. J.: Resource Allocation in the New Product Process, in: Industrial Marketing Management, Vol. 17, (1988), S. 249 - 262.

Crawford, C. M.: New Product Failure Rates - Facts and Fallacies, in: Research Management, Vol. 22, (1979), S. 9 - 13.

Crawford, C. M.: New Product Failure Rates: A Reprise, in: Research Management, Vol. 30, (1987), S. 20 - 24.

Cyert, R. M./Simon, H. A./Trow, D. B.: Observation of a Business Decision, in: Rubenstein, A. H./Haberstroh, C. J. (Hrsg.): Some Theories of Organization. Homewood, Ill. 1966, S. 591 - 605.

De Meyer, A.: Management of technology in traditional industries: a pilot study in ten Belgian companies, in: R&D Management, Vol. 1, (1983), S. 15 - 22.

Deutsch, M.: An Exploratory Analysis Relating the Software Project Management Process to Project Success, in: IEEE-Transactions on Engineering Management, Vol. 4, (1991), S. 365 - 375.

Dienstbach, H.: Dynamik der Unternehmensorganisation. Wiesbaden 1972.

Diller, H.: Key-Account-Management als vertikales Marketingkonzept, in: Marketing ZFP, Jg. 11, (1989), S. 213 - 223.

Diller, H.: Euro-Key-Account-Management, in: Marketing ZFP, Jg. 14, (1992), S. 239 - 245.

Diller, H./Kusterer, M.: Beziehungsmanagement. Theoretische Grundlagen und explorative Befunde, in: Marketing ZFP, Jg. 10, (1988), S. 211 - 220.

Dodgson, M.: Learning, Trust, and Technological Collaboration, in: Human Relations, Vol. 46, (1993), S. 77 - 95.

Domsch, M./Gerpott, H./Gerpott, T. J.: Technologische Gatekeeper in der industriellen F&E: Merkmale und Leistungswirkungen. Stuttgart 1989.

Domsch, M./Ladwig, D./Siemers, S.: Innovation durch Partizipation - Eine erfolgversprechende Strategie für den Mittelstand. Stuttgart 1995.

Doz, Y. L.: Technology Partnerships between Larger and Smaller Firms: Some Critical Issues, in: International Studies of Management & Organization,Vol. 17, (1988), S. 31 - 57.

Drumm, H. J.: Das Paradigma der Neuen Dezentralisation, in: Die Betriebswirtschaft, Jg. 56, (1996), S. 7 - 20.

Dumont du Voitel, R.: Aktoren in der Initiierung von organisationalem Wandel. Ein empirischer Beitrag zu einer Theorie des geplanten organisationalen Wandels. Diss. Universität Mannheim 1976.

Dwyer, F. R./Schurr, P. H./Oh, S.: Developing Buyer-Seller Relationships, in: Journal of Marketing, Vol. 51, (1987), S. 11 - 27.

Ebadi, Y. M./Dilts, D. A.: The Relation between Research and Development Project Performance and Technical Communication in a Developing Country - Afghanistan, in: Management Science, Vol. 7, (1986), S. 822 - 830.

Ebadi, Y. M./Utterback, J. M.: The Effects of Communication on Technological Innovation, in: Management Science, Vol. 30, (1984), S. 572 - 585.

Einsiedel, A.: Profile of Effective Project Managers, in: Project Management Journal, Vol. 18, (1987), S. 51 - 56.

Ettlie, J. E.: A note on the relationship between managerial change values, innovative intentions and innovative technology outcomes in food sector firms, in: R&D Management, Vol. 13, (1983), S. 231 - 244.

Ettlie, J. E./Bridges, W. P./O'Keefe, R. D.: Organization strategy and structural differences for radical versus incremental innovation, in: Management Science, Vol. 30, (1984), S. 682 - 695.

Fischer, W. A./Hamilton, W./McLaughlin, C. P./Zmud, R. W.: The Elusive Product Champion, in: Research Management, Vol. 3, (1986), S. 13 - 16.

Ford, D.: The Development of Buyer-Seller Relationships in Industrial Markets, in: European Journal of Marketing, Vol. 14, (1980), S. 339 - 353.

Ford, D.: Buyer-Seller Relationships in International Industrial Markets, in: Industrial Marketing Management, Vol. 13, (1984), S. 101 - 112.

Friedman, L./Fleishman, E. A./Fletcher, J.: Cognitive and interpersonal abilities related to the primary activities of R&D managers, in: Journal of Engineering and Technology Management, Vol. 9, (1992), S. 211 - 242.

Friedman, R. A./Podolny, J.: Differentiation of Boundary Spanning Roles: Labor Negotiations and Implications for Role Conflict, in: Administrative Science Quarterly, Vol. 37, (1992), S. 28 - 47.

Fronz, M.: Verhaltenswissenschaftliche Aspekte des Projekt-Managements, in: Zeitschrift für Organisation, Jg. 41, (1972), S. 175 - 182.

Gaddis, P.: The Project Manager, in: Harvard Business Review, Vol. 35, (1957), S. 89 - 97.

Galbraith, J. R.: Designing the Innovating Organization, in: Organizational Dynamics, Winter 1982, S. 5 - 25.

Gemünden, H. G.: Effiziente Interaktionsstrategien im Investitionsgütermarketing, in: Marketing ZFP, Jg. 2, (1980), S. 21 - 32.

Gemünden, H. G.: Innovationsmarketing - Interaktionsbeziehungen zwischen Hersteller und Verwender innovativer Investitionsgüter. Tübingen 1981.

Gemünden, H. G.: Promotors. Key Persons for the Development and Marketing of Innovative Industrial Products, in: Backhaus, K. / Wilson, D. T. (Hrsg.): Industrial Marketing - A German-American Perspective. Berlin et al. 1985, S. 134 - 166.

Gemünden, H. G.: Coping with Inter-Organizational Conflicts - Efficient Interaction Strategies for Buyer and Seller Organization, in: Journal of Business Research, Vol. 13, (1985), S. 167 - 181.

Gemünden, H. G.: Innovationen in Geschäftsbeziehungen und Netzwerken. Arbeitspapier des Instituts für Angewandte Betriebswirtschaftslehre und Unternehmensführung der Universität Karlsruhe. Karlsruhe 1990.

Gemünden, H. G.: Success Factors in Export Marketing - A Meta-Analytic Assessment of the Empirical Studies, in: Paliwoda, S. (Hrsg.): New Perspectives on International Marketing. London/New York 1991, S. 33 - 62.

Gemünden, H. G.: Informationsverhalten, in: Hauschildt, J./Grün, O. (Hrsg.): Ergebnisse empirischer betriebswirtschaftlicher Forschung. Zu einer Realtheorie der Unternehmung. Festschrift für E. Witte. Stuttgart 1993, S. 841 - 877.

Gemünden, H. G.: European Business-to-Business Relationships of Baden-Württemberg's Firms - Results of an Empirical Study, in: Urban, S. (Hrsg.): Europe's Economic Future. Wiesbaden 1994, S. 187 - 209.

Gemünden, H. G./Helfert, G./Walter, A.: Geschäftsbeziehungen in Europa, in: Absatzwirtschaft, Sondernummer Oktober 1996, S. 104 - 114.

Gemünden, H. G./Heydebreck, P./Herden, R.: Technological Interweavement: A Means of Achieving Innovation Success, in: R&D Management, Vol. 22, (1992), S. 359 - 376.

Gemünden, H. G./Ritter, Th./Heydebreck, P.: Network Configuration and Innovation Success: An Empirical Analysis in German High-Tech Industries, in: International Journal of Research in Marketing, Vol. 13, (1996), S. 449 - 462.

Gemünden, H. G./Walter, A.: Der Einfluß von Beziehungspromotoren auf den Erfolg von Technologie-Transfer-Projekten. Arbeitspapier des Institutes für Angewandte Betriebswirtschaftslehre und Unternehmensführung der Universität Karlsruhe. Karlsruhe 1994.

Gemünden, H. G./Walter, A.: Der Beziehungspromotor - Schlüsselperson für interorganisationale Innovationsprozesse, in: Zeitschrift für Betriebswirtschaft, Jg. 65, (1995), S. 971 - 986.

Gemünden, H. G./Walter, A.: Die Förderung des Technologietransfers durch Beziehungspromotoren, in: Zeitschrift Führung + Organisation, Jg. 65, (1996), S. 237 - 245.

Gemünden, H. G./Walter, A./Helfert, G.: Grenzüberschreitende Geschäftsbeziehungen. Erfolgsfaktoren und Gestaltungsempfehlungen für kleine und mittlere Unternehmen. Münster 1996.

Gerpott, T. J.: Karriereentwicklung von Industrieforschern: Positionswechsel in derselben Unternehmung. Berlin 1988.

Gerstenfeld, A.: A Study of Successful Projects, Unsuccessful Projects, and Projects in Process in West-Germany, in: IEEE-Transactions on Engineering Management, Vol. 23, (1976), S. 116 - 123.

Gerstenfeld, A./Turk, C. D./Farrow, R. L./Spicer, R. F.: Marketing and R&D, in: Research Management, Vol. 6, (1969), S. 409 - 412.

Globe, S./Levy, G. W./Schwartz, C. M.: Key Factors and Events in the Innovation Process, in: Research Management, Vol. 16, (1973), S. 8 - 15.

Götz, P.: Key-Account-Management im Zuliefergeschäft. Berlin 1995.

Goldhar, J. D./Bragaw, L. K./Schwartz, J. J.: Information Flows, Management Styles, and Technological Innovation, in: IEEE-Transaction on Engineering Management, Vol. 23, (1976), S. 51 - 62.

Gopalakrishnan, S./Damanpour, F.: Patterns of generation and adoption of innovation in organizations: Contingency models of innovation attributes, in: Journal of Engineering and Technology Management, Vol. 11, (1994), S. 95 - 116.

Green, S. G.: Top Management Support of R&D Projects: A Strategic Leadership Perspective, in: IEEE-Transactions on Engineering Management, Vol. 42, (1995), S. 223-232.

Grün, O.: Das Lernverhalten in Entwicklungsprozessen der Unternehmung. Tübingen 1973.

Grün, O./Hamel, W./Witte E.: Felduntersuchungen zur Struktur von Informations- und Entscheidungsprozessen, in: Witte, E. (Hrsg): Das Informationsverhalten in Entscheidungsprozessen. Tübingen 1972, S. 111 - 164.

Gzuk, R.: Messung der Effizienz von Entscheidungen. Beitrag zu einer Methodologie der Erfolgsfeststellung betriebswirtschaftlicher Entscheidungen. Tübingen 1975.

Haberfellner, R.: Projektmanagement, in: Frese, E. (Hrsg.): Handwörterbuch der Organisation, 3. Aufl.. Stuttgart 1992, Sp. 2090 - 2102.

Hagedoorn, J./Schakenraad, J.: The Effects of Strategic Technology Alliances on Company Performance, in: Strategic Management Journal, Vol. 15, (1994), S. 291 - 309.

Håkansson, H.: An Interaction Approach, in: Håkansson, H. (Hrsg.): International Marketing and Purchasing of Industrial Goods - An Interaction Approach by IMP Project Group. Chichester/New York/Brisbane/Toronto/Singapore 1982, S. 10 - 27.

Håkansson, H.: Corporate Technological Behaviour. Cooperation and Networks. Worcester 1989.

Hallén, L./Sandström, M.: Relationship Atmosphere in International Business, in: Paliwoda, S. J./Stanley, S. (Hrsg.): New Perspectives on International Marketing. London 1991, S. 108 - 125.

Hallén, L./Wiedersheim-Paul, F.: Psychic Distance and Buyer-Seller Interaction, in: Organisasjon, Marked og Samfunn, Vol. 16, (1979), S. 308 - 324.

Hamburger, D.: The Project Manager: Risk Taker and Contingency Planner - Part 1: The Project Manager as a risk taker, in: Project Management Journal, Vol. 21, (1990a).

Hamburger, D.: The Project Manager: Risk Taker and Contingency Planner - Part 2: The Project Manager as a contingency planner, in: Project Management Journal, Vol. 21, (1990b).

Hamel, W.: Zieländerungen im Entscheidungsprozeß. Tübingen 1974.

Hansel, J./Lomnitz, G.: Projektleiter-Praxis. Berlin et al. 1987.

Hauptmann, O.: Influence of Task Type on the Relationship between Communication and Performance: The Case of Software Development, in: R&D Management, Vol. 2, (1986), S. 127 - 139.

Hauschildt, J.: Initiative, in: Grochla, E. (Hrsg.): Handwörterbuch der Organisation. Stuttgart 1969, Sp. 734 - 741.

Hauschildt, J.: Entscheidungsziele. Zielbildung in innovativen Entscheidungsprozessen: theoretische Ansätze und empirische Forschung. Tübingen 1977.

Hauschildt, J.: Zur Messung des Innovationserfolges, in: Zeitschrift für Betriebswirtschaft, Jg. 61, (1991), S. 451 - 476.

Hauschildt, J.: External acquisition of knowledge for innovations - a research agenda, in: R&D Management, Vol. 22, (1992), S. 105 - 110.

Hauschildt, J.: Innovationsmanagement. 2. Aufl.. München 1997.

Hauschildt, J./Chakrabarti, A. K.: Arbeitsteilung im Innovationsmanagement, in: Zeitschrift Führung + Organisation, Jg. 57, (1988), S. 378 - 388.

Hauschildt, J./Kirchmann E.: Arbeitsteilung im Innovationsmanagement. Zur Existenz und Effizienz von Prozeßpromotoren, in: Zeitschrift Führung + Organisation, Jg. 66, (1997), S. 68 - 73.

Havelock, R. G.: The Change Agent's Guide to Innovation. Englewood Cliffs, N. J. 1973, deutsch: Schulinnovationen - ein Leitfaden. Bern/Stuttgart 1976.

Henderson, D.: Career Blueprints for Project Managers, in: Project Management Quarterly, Vol. 3, (1972), S. 11 - 13.

Herstatt, C.: Anwender als Quelle für die Produktinnovation. Diss. ETH Zürich 1991.

Heydebreck, P.: Technologische Verflechtung: Ein Instrument zum Erreichen von Produkt- und Prozeßinnovationserfolg. Frankfurt 1996.

Hippel, E. von: The Dominant Role of Users in the Scientific Instrument Innovation Process, in: Research Policy, Vol. 5, (1976), S. 213 - 239.

Hippel, E. von: Successful Industrial Products from Customer Ideas. Presentation of a New Customer-Active Paradigm with Evidence and Implications. Journal of Marketing, Vol. 42, (1978), S. 39 - 49.

Hippel, E. von: Get New Products from Customers. Harvard Business Review, Vol. 60, (1982), S. 117 - 122.

Hippel, E. von: Lead Users: A Source of Novel Product Concepts, in: Management Science, Vol. 32, (1986), S. 791 - 805.

Hofstetter, H.: Verhaltenswissenschaftliche Aspekte des Projektmanagements, in: Reschke, H./Schelle, H./Schnopp, R. (Hrsg.): Handbuch Projektmanagement. Köln 1989, S. 59 - 78.

Howell, J. M./Higgins, C. A.: Champions of Technological Innovation, in: Administrative Science Quarterly, Vol. 35, (1990), S. 317 - 341.

Ibarra, H.: Network Centrality, Power, and Innovation Involvement: Determinants of Technical and Administrative Roles, in: Academy of Management Journal, Vol. 36, (1993), S. 471 - 501.

Irle, M.: Führungsverhalten in organisierten Gruppen, in: Mayer, A./Herwig, B. (Hrsg.): Handbuch der Psychologie, Bd. 9. Göttingen 1970, S. 521 - 551.

Jenkins, M./Naumann, J./Wetherbe, J.: Empirical Investigation of Systems Development Practices and Results, in: Information & Management, Vol. 7, (1984), S.73 - 82.

Jervis, P.: Innovation and Technology Transfer - The Roles and Characteristics of Individuals, in: IEEE-Transactions on Engineering Management, Vol. 22, (1975), S. 19 - 27.

Jessen, S.: The nature of project leadership. London et al. 1992.

Judson, A.: A Manager's Guide to Making Changes. London/New York/Sydney 1966.

Katz, R.: Skills of an Effective Administrator, in: Harvard Business Review, Vol. 33, (1955), S. 33 - 42.

Katz, R.: Retrospective Commentary, in: Harvard Business Review, Vol. 52, (1974), S. 101 - 102.

Katz, R.: The Effects of Group Longevity on Project Communication and Performance, in: Administrative Science Quarterly, Vol. 27, (1982), S. 81 - 104.

Katz, R./Allen, T.: Project Performance and the Locus of Influence in the R&D Matrix, in: Academy of Management Journal, Vol. 2, (1985), S. 67 - 87.

Katz, R./Tushman, M. L.: Communication Patterns, Project Performance, and Task Characteristics: An Empirical Evaluation and Integration in an R&D Setting, in: Organizational Behavior and Human Performance, Vol. 23, (1979), S. 139 - 162.

Katz, R./Tushman, M. L.: An Investigation into the Managerial Roles and Career Paths of Gatekeepers and Project Supervisors in a Major R&D Facility, in: R&D Management, Vol. 11, (1981), S. 103 - 110.

Katz, R./Tushman, M. L.: A Longitudinal Study of the Effects of Boundary Spanning Supervision on Turnover and Promotion in Research and Development, in: Academy of Management Journal, Vol. 26, (1983), S. 437 - 456.

Keim, G.: Projektleiter in der industriellen Forschung und Entwicklung - Theoretische Ansätze und empirische Prüfung. Wiesbaden 1997.

Keller, R. T./Holland, W. E.: Boundary-Spanning Roles in a Research and Development Organization: An Empirical Investigation, in: Academy of Management Journal, Vol. 18, (1975), S. 388 - 393.

Keplinger, W.: Merkmale erfolgreichen Projekt-Managements. Graz 1991.

Kerzner, H.: Project Management - A system approach to Planning, Scheduling, and Controlling. New York 1979.

Kerzner, H.: Project management for executives. New York 1982.

Kieser, A.: Innovationen, in: Grochla, E. (Hrsg.): Handwörterbuch der Organisation. Stuttgart 1969, Sp. 741 - 750.

Kimberly, J. R./Evanisko, M. J.: Organizational Innovation: The Influence of Individual, Organizational, and Contextual Factors on Hospital Adoption of Technological and Administrative Innovations, in: Academy of Management Journal, Vol. 24, (1981), S. 689 - 713.

Kirchmann, E. M. W.: Innovationskooperation zwischen Herstellern und Anwendern. Wiesbaden 1994.

Kirchmann, E. M. W.: Enge Kooperation. Durch frühzeitige Einbeziehung des Kunden zu neuen Produkten und Verfahren, in: Blick durch die Wirtschaft, 5. August 1996, S. 9.

Klein, H.: Die Konsultation externer Berater, in: Klein, H. /Knorpp, J. (Hrsg.): Entscheidung unter Außeneinfluß. Tübingen 1974, S. 1 - 108.

Klimstra, P./Potts, J.: Managing R&D Projects, in: Research Technology Management, Vol. 31, (1988), S. 23 - 39.

Knight, K. E.: A Descriptive Model of the Intra-Firm Innovation-Process, in: The Journal of Business, Vol. 40, (1967), S. 478 - 496.

Knöpfel, H./Gray, C./Dworatschek, S.: Projektorganisationsformen: Internationale Studie über ihre Verwendung und ihren Erfolg, in: Projekt Management, Jg. 1, (1992), S. 3 - 14.

Knopf, R.: Dimensionen des Erfolgs von Reorganisationsprozessen. Diss. Universität Mannheim 1975.

Kotzbauer, N.: Erfolgsfaktoren neuer Produkte - Der Einfluß der Innovationshöhe auf den Erfolg technischer Produkte. Frankfurt am Main 1992.

Krüger, W.: Projektmanagement und Führung, in: Handwörterbuch der Führung, 2. Aufl.. Stuttgart 1995, Sp. 1780 - 1793.

Kutschker, M./Kirsch, W.: Industriegütermarketing und Einkauf in Europa - Deutschlandstudie, in: Planungs- und Organisationswissenschaftliche Schriften. München 1979.

Lange, E. C.: Abbruchentscheidungen von Forschungs- und Entwicklungsprojekten - Eine empirische Untersuchung. Wiesbaden 1993.

Lange, J.: Strategisches Projektmanagement: Forschungsprogrammatische Einordnung und Konzeptionalisierung eines Ansatzes zur Bewältigung des strategischen Problems von Unternehmungen. Saarbrücken 1987.

Langrish, J./Gibbons, M./Evans, W. G./Jevons, F. R.: Wealth from Knowledge - Studies of Innovation in Industry. London/Basingstroke 1972.

Larson, E. W./Gobeli, D. H.: Relative Effectiveness of Different Project Structures, in: Project Management Journal, Vol. 2, (1987), S. 81 - 85.

Larson, E. W./Gobeli, D. H.: Organizing for Product Development Projects, in: Journal of Product Innovation Management, Vol. 5, (1988), S. 180 - 190.

Lechler, T.: Erfolgsfaktoren des Projektmanagements. Frankfurt am Main 1997.

Le Compte, K.: Organizational Structures in Transition, in: Rubenstein, A. H./Haberstroh, C. J. (Hrsg.): Some Theories of Organization. Homewood, Ill. 1966, S. 309 - 324.

Lewin, K.: Forces Behind Food Habits and Methods of Change, in: Bulletin of the National Research Council, Vol. 108, (1943), S. 35 - 65.

Lewin, K.: Quasi-Stationary Social Equilibria and the Problem of Permanent Change, in: Bennis, W. G./Benne, K./Chin, R. (Hrsg.): The Planning of Change. New York 1961, S. 238 - 244.

Litke, H.-D.: Projektmanagement: Methoden, Techniken, Verhaltensweisen. München 1995.

Littkemann, J.: Innovationen und Rechnungswesen. Wiesbaden 1997.

Lund, M.: Commitment Old and New: Social Pressure and Individual Choice in Making Relationships Last, in: Hinde, R. A./Groebel, J. (Hrsg.): Cooperation and Prosocial Behavior. Cambridge 1991, S. 212 - 223.

Lutschewitz, H./Kutschker, M.: Die Diffusion von innovativen Investitionsgütern. Theoretische Konzeption und empirische Befunde. München 1977.

Macdonald, S.: Nothing either Good or Bad: Industrial Espionage and Technology Transfer, in: International Journal of Technology Transfer, Vol. 8, (1993), S. 95 - 105.

Macdonald, S./Williams, C.: Beyond the Boundary: An Information Perspective on the Role of the Gatekeeper in the Organization, in: Journal of Product Innovation Management, Vol. 10, (1993), S. 417 - 427.

Madauss, B.: Handbuch Projektmanagement. Stuttgart 1990.

Maidique, M. A.: Entrepreneures, Champions and Technological Innovation, in: Sloan Management Review, Vol. 2, (1980), S. 59 - 76.

Maidique, M. A./Zirger, B.: A Study of Success and Failure in Product Innovation: The case of the U.S. Electronics Industry, in: IEEE-Transactions on Engineering Management, Vol. 3, (1984), S. 192 - 203.

Mann, F. C./Williams, L. K.: Observations on the Dynamics of a Change to Electronic Data-Processing Equipment, in: Rubenstein, A. H./Haberstroh, C. J. (Hrsg.): Some Theories of Organization. Homewood, Ill. 1966, S. 336 - 366.

March, J. G./Simon, H. A.: Organizations. New York/London/Sydney 1958.

Markham, S. K./Green, S. G./Basu, R.: Champions and antagonists: Relationships with R&D project characteristics and management, in: Journal of Engineering and Technology Management, Vol. 8, (1991), S. 217 - 242.

Martin, C. C.: Project Management - How to make it work. New York 1976.

Meyer, A. de: A technological lifecycle approach to the organizational factors determining gatekeeper activities, in: R&D Management, Vol. 14, (1984), S. 239 - 246.

Meyer, M.: Project Complexity, Time, and Cost in the Development of Advanced Information Systems. Unveröffentlichtes Arbeitspapier 1991.

Might, R.: An Evaluation of the Effectiveness of Project Control Systems, in: IEEE-Transactions on Engineering Management, Vol. 3, (1984), S. 127 - 137.

Might, R./Fischer, W.: The Role of Structural Factors in Determining Project Management Success, in: IEEE-Transactions on Engineering Management, Vol. 2, (1985), S. 71 - 77.

Miles, R. H./Perrault, W. D., Jr.: Organizational Role Conflict: Its Antecedents and Consequences, in: Organizational Behavior and Human Performance, Vol. 17, (1976), S. 19 - 44.

Moorman, C./Zaltman, G./Deshpandé, R.: Relationships Between Providers and Users of Market Research: The Dynamics of Trust within and between Organizations, in: Journal of Marketing Research, Vol. 29, (1992), S. 314 - 328.

Mühlfelder, P./Nippa, N.: Erfolgsfaktoren des Projektmanagements, Voraussetzungen für einen erfolgreichen Einsatz des Projektsteuerungskonzepts, in: Zeitschrift Führung + Organisation, Jg. 58, (1989), S. 368 - 380.

Murphy, D./Baker, N./Fisher, D.: Determinants of Project Success, Boston College. National Aeronautics and Space Administration. Boston 1974.

Myers, C./Devey, M.: How Management Practices Can Affect Project Outcomes: An Exploration of the PPS Database. Arbeitspapier, N - 2196 - SFC, US. Synthetic Fuels Corporation, USA 1984.

Myers, L. A.: Information Systems in Research and Development: The Technological Gatekeeper Reconsidered, in: R&D Management, Vol. 4, (1983), S. 199 - 206.

Myers, S./Marquis, D. G.: Successful Industrial Innovations. Washington DC 1969.

Oh, K./Kim, Y./Lee, J.: An Empirical Study of Communication Patterns, Leadership Styles, and Subordinate Satisfaction in R&D Project Teams in Korea, in: Journal of Engineering and Technology Management, Vol. 8, (1991), S. 15 - 35.

Parkinson, S. T.: Factors Influencing Buyer-Seller Relationships in the Market for High-Technology Products, in: Journal of Business Research, Vol. 13, (1985), S. 49 - 60.

Pavitt, K.: Internationalization of Technological Innovation, in: Science and Public Policy, Vol. 19, (1992), S. 119 - 123.

Payne, R.: Conference Report - The Role of the Product Champion. R&D Management, Vol. 1, (1985), S. 71 - 75.

Persson, O.: Notes and Comments - Critical Comments on the Gatekeeper Concept in Science and Technology, in: R&D Management, Vol. 11, (1981), S. 37 - 40.

Pettigrew, A. M.: Information Control as a Power Ressource, in: Sociology, Vol. 6, (1972), S. 187 - 204.

Picot, A./Reichwald, R./Wigand, R. T.: Die genzenlose Unternehmung - Information, Organisation und Management. Wiesbaden 1996.

Pinkenburg, H.: Projektmanagement als Führungskonzept in Prozessen tiefgreifenden organisatorischen Wandels, in: Planungs- und Organisationswissenschaftliche Schriften. München 1980.

Pinto, J. K.: Project Implementation: A Determination of its Critical Success Factors, Moderators and their Relative Importance Across the Project Life Cycle. Pittsburgh 1986.

Pinto, J. K./Slevin, P.: Critical Success Factors in Successful Project Implementation, in: IEEE-Transactions on Engineering Management, Vol. 34, (1987), S. 22 - 27.

Plötner, O.: Das Vertrauen des Kunden. Relevanz, Aufbau und Steuerung auf industriellen Märkten. Wiesbaden 1995.

Pruden, H. O.: Interorganizational Conflict, Linkage, and Exchange: A Study of Industrial Salesmen, in: Academy of Management Journal, Vol. 12, (1969), S. 339 - 350.

Pulczynski, J.: Interorganisationales Innovationsmanagement - Eine kritische Analyse des Forschungsprojektes GROWIAN. Kiel 1991.

Rafael, I. D./Rubenstein, A. H.: Top management roles in R&D projects, in: R&D Management, Vol. 1, (1984), S. 37 - 46.

Ramiller, N.: Perceived Compatibility of Information Technology Innovations among Secondary Adopters: Toward a Reassessment, in: Journal of Engineering and Technology Management, Vol. 11, (1994), S. 1 - 23.

Reschke, H./Schelle, H.: Projektmanagement, in: Beiträge zum Projektmanagement-Forum. München 1989.

Rickert, D.: Multi-Projektmanagement in der industriellen Forschung und Entwicklung. Wiesbaden 1995.

Ring, P. S./Van de Ven, A. H.: Developmental Processes of Cooperative Interorganizational Relationships, in: Academy of Management Review, Vol. 19, (1994), S. 90 - 118.

Rinza, P.: Projektmanagement. Planung, Überwachung und Steuerung von technischen und nichttechnischen Vorhaben, 2. Aufl.. Düsseldorf 1985.

Rogers, E. M.: Information exchange and technological Innovation, in: Sahal, D. (Hrsg.): The transfer and utilization of technical knowledge. Lexington et al. 1982, S. 105 - 123.

Rogers, E. M.: Diffusion of Innovations, 3rd ed.. New York/London 1983.

Rogers, E. M./Shoemaker, F. F.: Communication of Innovations. A Cross-Cultural Approach. New York 1971.

Roman, D.: Managing Projects: A System Approach. New York et al. 1986.

Rothholz, P.: Barrieren im Technologie-Transfer. Frankfurt am Main 1986.

Rothwell, R.: Intracorporate Entrepreneurs, in: Management Decision, Vol. 13, (1975), S. 142 - 154.

Rothwell, R./Dodgson, M.: External Linkages and Innovation in Small and Medium-Sized Enterprises, in: R&D Management, Vol. 21, (1991), S. 125 - 136.

Rothwell, R./Freeman, C./Horsley, A./Jervis, V./Robertson, A. B./Townsend, J.: SAPPHO updated - project SAPPHO phase II, in: Research Policy, Vol. 3, (1974), S. 258 - 291.

Rubenstein, A./Chakrabarti, R./O'Keefe, R./Souder, W./Young, H.: Factors Influencing Innovation Success at the Project Level, in: Research Management, Vol. 5, (1976), S. 15 - 20.

Rubin, I. M./Seelig, W.: Experience as a Factor in the Selection and Performance of Project Managers, in: IEEE-Transactions on Engineering Management, Vol. 4, (1967), S. 131 - 135.

Schelle, H.: Zur Lehre vom Projektmanagement, in: Reschke,H./Schelle, H./Schnopp, R. (Hrsg.): Handbuch Projektmanagement, Köln 1989, S. 2 - 23.

Schmelzer, H.: Einführung in das Projektmanagement von Forschungs- und Entwicklungsprojekten (FuE-Projektmanagement), in: Platz, J./Schmelzer, H. (Hrsg.): Projektmanagement in der industriellen Forschung und Entwicklung. Heidelberg 1986a.

Schmelzer, H.: Aufbauorganisation, in: Platz, J./Schmelzer, H. (Hrsg.): Projektmanagement in der industriellen Forschung und Entwicklung. Heidelberg 1986b.

Schmelzer, H.: Organisation und Controlling von Produktentwicklungen - Praxis des wettbewerbsorientierten Entwicklungsmanagement. Stuttgart 1992.

Schneider, J.: Projektmanagement beim Marketing von Innovationsgütern - Makro- und Mikroanalyse einer Führungsposition auf der Basis der Rollentheorie. Diss. Mannheim 1973.

Scholl, W./Hoffmann, L./Gierschner, C.: Innovation und Information - Wie in Unternehmen neues Wissen produziert wird, in: DFG-Abschlußbericht, 1993.

Schon, D. A.: Champions for Radical New Inventions, in: Harvard Business Review, Vol. 41, (1963), S. 77 - 86.

Schrader, S.: Informal Technology Transfer Between Firms: Cooperation Through Information Trading, in: Research Policy, Vol. 20, (1991), S. 153 - 170.

Schulz, D. H.: Die Initiative zu Entscheidungen. Tübingen 1977.

Schumpeter, J.: Theorie der wirtschaftlichen Entwicklung. Leipzig 1912.

Seabright, M. A./Levinthal, D. A./Fichman, M.: Role of Individual Attachments in the Dissolution of Interorganizational Relationships, in: Academy of Management Journal, Vol. 35, (1992), S. 122 - 160.

Sharad, D.: Organizing for project/construction management, Proceedings of the 11th Sem./Symp./Project Management Institute. Atlanta 1979, S. 415 - 424.

Shepard, H. A.: Innovation-Resisting and Innovation-Producing Organizations, in: The Journal of Business, Vol. 40, (1967), S. 470 - 477.

Souder, W.: Promoting an Effective R&D/Marketing Interface, in: Research Management, Vol. 23, (1980), S. 10 - 15.

Souder, W.: Disharmony between R&D and Marketing, in: Industrial Marketing Management, Vol. 10, (1981), S. 67 - 73.

Souder, W.: Managing Relations between R&D and Marketing in New Product Development Projects, in: Journal of Product Innovation Management, Vol. 5, (1988), S. 6 - 19.

Souder, W./Chakrabarti, A.: The R&D/Marketing Interface: Results from an Empirical Study of Innovation Projects, in: IEEE-Transactions on Engineering Management, Vol. 4, (1978), S. 119 - 125.

Spekman, R. E.: Influence and Information: An Exploratory Investigation of the Boundary Role Person's Basis of Power, in: Academy of Management Journal, Vol. 22, (1979), S. 104 - 117.

Steinle, C.: Konfliktmanagement, in: Wittmann, W. et al. (Hrsg.): Handwörterbuch der Betriebswirtschaft, 5. Aufl.. Stuttgart 1993, Sp. 2200 - 2216.

Stickney, F./Johnston, W.: Identification and development of individuals for project management positions, Proceedings of the 9th Sem./Symp./Project Management Institute. Chicago 1977, S. 416 - 424.

Strobel, W.: Auswahl und Förderung von Projektmanagern, in: Reschke, H./Schelle, H./Schnopp, R. (Hrsg.): Handbuch Projektmanagement. Köln 1989, S. 127 - 140.

Strohm, O.: Arbeitsorganisation, Methodik und Benutzerorientierung bei der Softwareentwicklung, Projektbericht Nr. 2 zum Forschungsprojekt: Benutzerorientierte Softwareentwicklung und Schnittstellengestaltung, Spinas/Rauterberger/Strohm/ Weber/Ulich (Hrsg.). ETH Zürich 1990.

Stroope, R./Jenes, F.: In Search of the Innovative Project Manager: The Human Side, Proceedings of the 16th Sem./Symp./Project Management Institute. Philadelphia 1984, S. 87 - 94.

Strothmann, K.-H./Clemens, B./Ziegler, R.: Die Bedeutung des Technologie-Transfers für kleine und mittlere Unternehmen. Wiesbaden 1980.

Stuckenbruck, L.: The Ten Attributes of the Proficient Project Manager, Proceedings of the 8th Sem./Symp./Project Management Institute. Montreal 1976, S. 40 - 47.

Taylor, R. L.: The technological gatekeeper, in: R&D Management, Vol. 5, (1975), S. 239 - 243.

Thamhain, H. J./Wilemon, D. L.: Criteria for Controlling Projects According to Plan, in: Project Management Journal, Vol. 2, (1986), S. 75 - 81.

Thamhain, H. J./Wilemon, D. L.: Building High Performing Engineering Project Teams, in: IEEE-Transactions on Engineering Management, Vol. 3, (1987), S. 130 - 137.

Thom, N.: Grundlagen des betrieblichen Innovationsmanagements. Königstein 1980.

Timmis, K. N.: „Sicherheitsforschung" in bezug auf Freisetzung und Risikoabschätzung: Die Notwendigkeit, eine langfristige Strategie für eine koordinierte interdisziplinäre Grundlagenforschung zu entwickeln, in: Albach, H./Schade, D./Sinn. H. (Hrsg.): Technikfolgenforschung und Technikfolgenabschätzung. Berlin et al. 1991, S. 141 - 161.

Turnbull, P. W.: Roles of Personal Contact in Industrial Export Marketing, in: Ford, D. (Hrsg.): Understanding Business Markets. London 1990, S. 78 - 86.

Turpin, T./Garrett-Jones, S./Rankin N.: Bricoleurs and Boundary Riders: Managing Basic Research and Innovation Knowledge Networks, in: R&D Management, Vol. 26, (1996), S. 267 - 282.

Tushman, M. L.: Special Boundary Roles in the Innovation Process, in: Administrative Science Quarterly, Vol. 22, (1977), S. 587 - 605.

Tushman, M. L./Katz, R.: External Communication and Project Performance: An Investigation into the Role of Gatekeepers, in: Management Science, Vol. 26, (1980), S. 1071 - 1085.

Tushman, M. L./Nadler, D. A.: Communication and Technical Roles in R&D Laboratories: An Information Processing Approach, in: Dean, B. V./Goldhar, J. L. (Hrsg.): Management of Research and Innovation. Amsterdam 1986, S. 91 - 112.

Tushman, M. L./Romanelli, E.: Uncertainty, Social Location and Influence in Decision Making: A Sociometric Analysis, in: Management Science, Vol. 29, (1983), S. 12 - 23.

Tushman, M. L./Scanlan, T. J.: Characteristics and External Orientations of Boundary Spanning Individuals, in: Academy of Management Journal, Vol. 24, (1981a), S. 83 - 98.

Tushman, M. L./Scanlan, T. J.: Boundary Spanning Individuals: Their Role in Information Transfer and Their Antecedents, in: Academy of Management Journal, Vol. 24, (1981b), S. 289 - 305.

Uhlmann, L.: Der Innovationsprozeß in westeuropäischen Industrieländern. Band 2: Der Ablauf industrieller Innovationsprozesse. Berlin/München 1978.

Utterback, J. M.: The Process of Innovation: A Study of the Origination and Development of Ideas for New Scientific Instruments, in: IEEE-Transactions on Engineering Management, Vol. 18, (1971), S. 124 - 131.

Utterback, J. M.: Innovation in Industry and the Diffusion of Technolgy, in: Science, Vol. 4125, (1974), S. 620 - 626.

Utterback, J. M./Allen, T. J./Hollomon, J. H./Sirbu, M. A.: The Process of Innovation in Five Industries in Europe and Japan, in: IEEE-Transactions on Engineering Management, Vol. 23, (1976), S. 3 - 9.

Van de Ven, A. H.: Central Problems in the Management of Innovation, in: Management Science, Vol. 32, (1986), S. 590 - 607.

van Genuchten, : Why is Software late? An Empirical Study of Reasons for Delay in Software Development, in: IEEE-Transactions on Software Engineeering, Vol. 17, (1991), S. 582 - 590.

Vetter, R./Wiesenbauer, L.: Fähigkeiten eines Projektleiters, in: Office Management, Vol. 2, (1992), S. 43 - 47.

Walter, A.: Der Beziehungspromotor: Erfolgreicher Gestalter von Geschäftsbeziehungen. Wiesbaden 1998.

Walter, H.: Zusammenhang zwischen Forschung und Entwicklung, Innovation und technischem Fortschritt, in: Ifo-Institut für Wirtschaftsforschung (Hrsg.): Innovation in der Wirtschaft. München 1970, S. 30 - 48.

Waudig, D.: Verlauf und Erfolg kooperativer Innovationsprozesse zwischen Hochschule und Industrie. Eine interaktionsorientierte Fallstudie anhand eines Kooperationsprojektes HECTOR (HEtergeneous Computers TOgetheR) zwischen IBM Deutschland und der Universität (TH) Karlsruhe. Diss. Universität Karlsruhe 1994.

Weltz, F./Ortmann, R. G.: Das Software-Projekt, Projektmanagement in der Praxis. Frankfurt 1992.

Wermter, M.: Strategisches Projektmanagement: Der Weg zum Markterfolg. Zürich 1992.

Wilson, D. T./Mummalaneni, V.: Bonding and Commitment in Buyer-Seller Relationships: A Preliminary Conceptualisation, in: Industrial Marketing and Purchasing, Vol. 1, (1986), S. 44 - 58.

Wilson, J. Q.: Innovation in Organization: Notes Toward a Theory, in: Thompson, J. D. (Hrsg.): Approaches to Organizational Design. Pittsburgh 1966, S. 193 - 218.

Winnacker, E.-L.: Das Potential der Gentechnik für Erkenntnisgewinn und Praxis - Versuch einer Nutzen-Risikobilanz, in: Albach, H./Schade, D./Sinn, H. (Hrsg.): Technikfolgenforschung und Technikfolgenabschätzung. Berlin et al. 1991, S. 121 - 139.

Witte, E.: Phasen-Theorem und Organisation komplexer Entscheidungsverläufe, in: Zeitschrift für betriebswirtschaftliche Forschung, Jg. 20, (1968), S. 625-647.

Witte, E.: Entscheidungsprozesse, in: Grochla, E. (Hrsg.): Handwörterbuch der Organisation. Stuttgart 1969, Sp. 497 - 506.

Witte, E.: Führungsstile, in: Grochla, E. (Hrsg.): Handwörterbuch der Organisation. Stuttgart 1969, Sp. 595 - 602.

Witte, E.: Mikroskopie einer unternehmerischen Entscheidung. Bericht aus der empirischen Forschung, in: IBM Nachrichten, 19, (1969), S. 490 - 495.

Witte, E.: Organization of Management Decision Processes. The German Economic Review, Vol. 7, (1969), S. 25 - 62.

Witte, E.: Organisatorische Barrieren im Entscheidungsprozeß zu Infrastrukturobjekten, in: Grundfragen der Infrastrukturplanung für wachsende Wirtschaften. Schriften des Vereins für Sozialpolitik, N. F., Bd. 58. Berlin 1971, S. 381 - 398.

Witte, E.: Das Informationsverhalten in Entscheidungsprozessen. Tübingen 1972.

Witte, E.: Field Research on Complex Decision-Making Processes - the Phase Theorem, in: International Studies of Management and Organization, Vol. 2, (1972), S. 156 - 182.

Witte, E.: Organisation für Innovationsentscheidungen: Das Promotoren-Modell. Göttingen 1973.

Witte, E.: Innovationsfähige Organisation, in: Zeitschrift für Organisation, Jg. 42, (1973), S. 17 - 24.

Witte, E.: Power and Innovation: a Two-Center Theory, in: International Studies of Management and Organization, Vol. 7, (1977), S. 47 - 70.

Witte, E.: Kraft und Gegenkraft im Entscheidungsprozeß, in: Witte, E. /Hauschildt, J./ Grün, O. (Hrsg.): Innovative Entscheidungsprozesse. Tübingen 1988, S. 162 - 169.

Woodside, A. G.: Theory of Rejecting Superior New Technologies, in: Journal of Business & Industrial Marketing, Vol. 11, (1996), S. 25 - 43.

Young, L. C./Wilkinson, I. F.: The Role of Trust and Co-operation in Marketing Channels: A Preliminary Study, in: European Journal of Marketing, Vol. 23, (1989), S. 109 - 122.

Zaleznik, A./Moment, D.: The Dynamics of Interpersonal Behavior. New York/London/Sydney 1964.

Zander, A.: Resistance to Change - Analysis and Prevention, in: Bennis, W. G./Benne, K./Chin, R. (Hrsg.): The Planning of Change. New York 1961, S. 543 - 548.

Zogg, A.: Systemorientiertes Projekt - Management. Zürich 1974.

Stichwortverzeichnis